고독을 잃어버린 시간

44 Letters from
the Liquid Modern World

44 LETTERS FROM THE LIQUID MODERN WORLD
by Zygmunt Bauman
Copyright © D-la Repubblica delle Donne

Copyright © This volume Polity Press, 2010
All rights reserved. This edition is published by arrangement with Polity Press Ltd., Cambridge.
Korean edition copyright © 2012 by Dongnyok Publishers.

고독을 잃어버린 시간

유동하는 현대 세계에서 보내는 44통의 편지

초판 1쇄 펴낸날	2012년 8월 14일
초판 16쇄 펴낸날	2017년 1월 10일
개정판 1쇄 펴낸날	2019년 4월 12일
개정판 4쇄 펴낸날	2024년 10월 10일

지은이 지그문트 바우만   **편집** 이정신 이지원 김혜윤 홍주은
옮긴이 오윤성   **디자인** 김태호
펴낸이 이건복   **마케팅** 임세현
펴낸곳 도서출판 동녘   **관리** 서숙희 이주원

만든 사람들
편집 구형민   **디자인** kafieldesign

인쇄·제본 새한문화사   **라미네이팅** 북웨어   **종이** 한서지업사

등록 제311-1980-01호 1980년 3월 25일
주소 (10881) 경기도 파주시 회동길 77-26
전화 영업 031-955-3000 편집 031-955-3005 **팩스** 031-955-3009
홈페이지 www.dongnyok.com **전자우편** editor@dongnyok.com
페이스북·인스타그램 @dongnyokpub

ISBN 978-89-7297-938-8 (03300)

고독을 잃어버린 시간

유동하는 현대 세계에서 보내는 44통의 편지

지그문트 바우만 지음
오윤성 옮김

zygmunt bauman

동녘

차
례

차
례

차
례

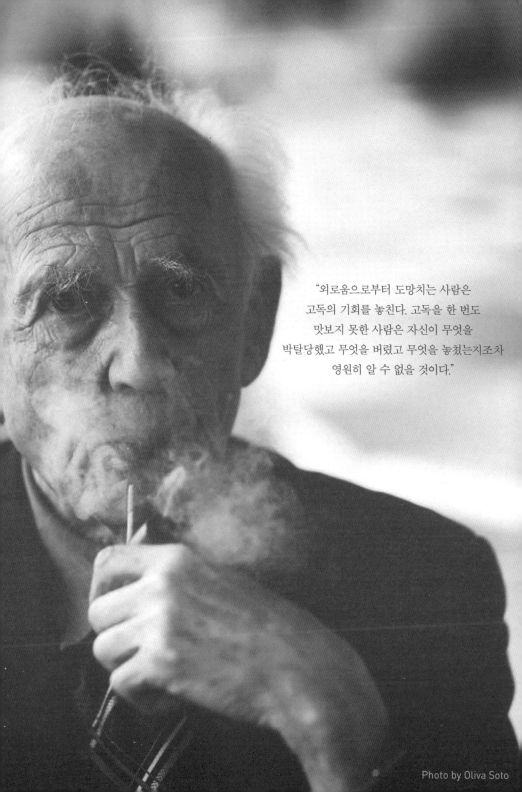

"외로움으로부터 도망치는 사람은
고독의 기회를 놓친다. 고독을 한 번도
맛보지 못한 사람은 자신이 무엇을
박탈당했고 무엇을 버렸고 무엇을 놓쳤는지조차
영원히 알 수 없을 것이다."

1

편지에 관한 편지:
유동하는 현대 세계에서 보내다

2주에 한 번씩 독자에게 '유동하는 현대 세계에서 보내는 편지'를 써달라는 《라 레푸블리카 델레 돈네La Repubblica delle Donne》편집진의 요청에 나는 지금까지 2년 가까이 그 일을 해왔다. (즉, 이 책은 2008년과 2009년에 쓴 편지를 모아 편집하고 약간 보충한 것이다.)

편지의 발신지가 될 세계인 '유동하는 현대'는 나와 독자 여러분, 즉 이제부터 편지를 쓸 사람과 그것을 읽을 만한, 혹은 읽게 될, 혹은 읽어 줬으면 하는 사람이 함께 살아가는 세상이다. 내가 세계를 '유동'한다고 표현하는 이유는, 마치 액체가 그러하듯 이 세계가 가만있지를 못해 그 형태를 오래 유지할 수 없기 때문이다. 지금 우리가 사는 이 세상에선 거의 모든 것이 쉴 없이 변화한다. 우리가 따르는 유행이며, 우리의 이목을 끄는 것들이며(우리의 이목은 수시로 방향을 바꾸어 어제 주목했던 물건과 사건에서 오늘은 관심을 거두고, 오늘 우리를 들뜨게 하는 물건과 사건을 내일은 외면한다), 우리가 꿈꾸는 것과 두려워하는 것, 우리가 욕망하는 것과 질색하는 것, 우리가 희망을 품는 이유와 불안을 느끼는 이유, 그 모든 것이 끊임없이 달라진다. 우리를 둘러싼 상황, 즉 생계를 꾸려나가고 미래를 도모하는 데 바탕이 되는 조건이나 사람들과 관계를 맺고 끊는(혹은 맺을 수 없는) 데 영향을 미치는 상황 역시 계속 달라진다. 더 행복해질 기회와 불행해질 위험이 강물처럼 혹은 배처럼 흘러왔다 흘러가면서 거듭 자리를 옮기는 데다, 그 흐름은 또 어찌나 빠르고 잽싼지 우리로서는 뭔가 합리적이고 효과적인 방법으로 변화의 방향을 정하거나 돌릴 수 없고 그 물길을 유지할 수도, 막을 수도 없다.

요컨대 이 세상, 유동하는 현대 세계는 쉬지 않고 우리의 허를 찌른다. 오늘은 확실하고 적절해 보이는 것이 내일이면 쓸데없고 엉뚱하고 후회스러운 실수로 보이기 십상이다. 그런 일이 벌어지리라 예상하기에, 우리는 우리의 집인 세계와 마찬가지로 그 거주자요 때로는 설계자, 작동자, 사용자, 피해자이기도 한 우리 자신 또한 변화에 부단히 대처해야 할 필요성을 느낀다. 우리 모두가, 요즘 유행하는 말마따나 '유연한' 존재가 되어야 한다고 말이다. 그리하여 지금 벌어지고 있는 일과 곧 벌어질 법한 일에 대해 더 많은 정보를 갈구한다. 다행히도 이제 우리에겐 우리 부모 세대가 상상조차 하지 못했던 것들이 있다. 인터넷과 월드와이드웹이 있고, 우리를 즉각 전 지구의 구석까지 '실시간'으로 연결해주는

'정보 고속도로'가 있으며, 그 모든 것이 주머니에 쏙 들어가는 간편한 휴대전화나 아이팟에 담겨서 낮이든 밤이든, 어느 곳에 가든 손 닿는 범위에 있다. 그런데 이것이 다행일까? 안타깝게도 결국 그리 잘된 일은 아닐 것이다. 왜? 우리의 부모들이 정보 부족으로 힘들었다면 이제 우리는 정보의 홍수라는 훨씬 더 놀라운 사태에 익사할 지경이고, 홍수 속에서는 (둥둥 떠다니거나 서핑을 한다면 모를까) 헤엄을 치거나 잠수하기가 거의 불가능하니 말이다. 이 무익하고 무의미한 쓰레기 더미에서 가치 있는 뉴스를 걸러내는 방법은 무엇일까? 무분별한 잡음 속에서 중요한 메시지를 골라내려면 어떻게 해야 할까? 서로 충돌하는 의견과 제안의 소란 속에서 진실의 알곡, 귀 기울여야 할 이야기와 쭉정이 같은 거짓말, 허상, 쓰레기, 낭비를 골라줄 탈곡기가 우리에겐 없는 것 같다.

이 편지들을 통해 나는 (당장은 우리에게 없고 안타깝지만 당분간도 없을) 그런 탈곡기가 있었다면 해주었을 법한 일을 시도하려고 한다. 일단 가장 먼저 할 일은 중요한 것을 중요하지 않은 것과 가르고, 지금도 문제이긴 하지만 앞으로 점점 더 큰 문제가 될 법한 일들을 가짜 경보나 일시적인 소동과 구분하는 것이다. 그러나 앞서 말했듯이 우리가 사는 이 유동하는 현대 세계는 끊임없이 움직이기에, 아무리 한곳에 머무르려 애쓴들 우리 모두는 좋든 싫든, 알든 모르든, 즐겁게든 서글프게든 끝나지 않을 여행길에 오른 셈이다. 그러니 결국 이 편지들은 '여행기'일 수밖에 없다. 편지를 쓴 사람이 리즈Leeds에 살며 그 도시에서 한 발짝 벗어나지 않았어도, 그가 전하는 이야기들은 결국 여행담이 될 것이다. 여행하며 쓴,

여행에 관한 글 말이다.

발터 벤야민Walter Benjamin은 산만하고 무규칙하게 나타나는 문화적 미동 가운데 유례없이 날카로운 시선으로 논리와 체계의 실마리를 찾아낸 철학자다. 그는 이야기를 두 가지 유형으로 구분했다. 뱃사람의 이야기와 농부의 이야기. 뱃사람은 한 번도 들어본 적 없는 별난 것에 관한 이야기를 전한다. 머나먼 곳, 사람의 발길이 닿지 않은 곳이요 앞으로도 닿지 않을 곳에 관한 이야기다. 괴수와 괴물의 이야기, 마녀와 마법사의 이야기, 용맹한 기사와 교활한 악인의 이야기. 뱃사람의 이야기에 나오는 인물은 그 활약상을 경청하는 이들과는 너무도 딴판인 존재이며, 그들이 하는 일은 보통 사람(특히나 마법에 걸린 듯 넋을 잃고 뱃사람의 이야기에 귀 기울이는 사람들)이라면 현실에서는커녕 가정이나 상상 속에서조차 엄두도 못 낼 일들이다. 반면에 농부는 익숙하게 여겨지는 가깝고도 평범한 사건, 가령 끝없이 반복되는 계절의 순환이라든가, 집과 농장과 논밭에서 매일같이 이루어지는 사소한 일에 대해 이야기한다. 조금 전 나는 '익숙하게 **여겨지는**'이라고 썼다. 그런 일이라면 속속들이 잘 알기에 거기서 새롭게 깨달을 만한 점은 없으리라 예상하는 반응 또한 착각이기 때문이다. 이런 착각은 바로 그처럼 거리가 너무 가까워서 대상이 제대로 보이지 않을 때 발생한다. '지척에 있는 것' '늘 그 자리에 있는 것' '절대 바뀌지 않는 것'만큼 재빠르고 단호하며 완강하게 탐색의 시선을 벗어나는 것도 없다. 그런 것들은 이를테면 '밝은 빛 속에 숨어 있는' 셈이다. 사람을 기만하고 오도하는 익숙함이라는 빛에! 평범성은

　　　　　　　　　　　　　　고독을 잃어버린 시간

모든 탐색의 시선을 방해하는 장막이다. 평범한 것을 관심 대상으로 삼아 면밀하게 조사하기 위해서는 일단 우리의 감각을 뭉그러뜨리는 뻔한 일상성, 그 아늑하지만 지독한 순환으로부터 그것을 잘라내고 뜯어내야 한다. 평범한 것을 제대로 살피려면 먼저 적당한 거리에 따로 떨어뜨려놓아야 한다. 그것을 '평범하다'고 주장하는 허세부터 버려야 한다. 그런 뒤에야 비로소, 평범한 것 속에 숨어 있는 풍부하고 심원한 미스터리, 한번 생각하기 시작하면 곧 낯설고 혼란스러운 모습을 드러내는 미스터리가 발굴되고 탐사될 수 있다.

벤야민이 거의 한 세기 전에 구분한 이 범주는 오늘날 더 이상 처음처럼 깔끔하게 맞아떨어지지 않는다. 이제 뱃사람은 별난 곳을 오가는 유일한 존재가 아니며, 제아무리 외진 곳이라 해도 지구의 다른 모든 곳에서 밀려오는 영향으로부터 비켜난 외딴 장소란 존재하지 않는 이 세계화된 세상에서는 농부의 이야기와 뱃사람의 이야기를 구분하는 일조차 어려울지 모른다. 결국, 내가 이 편지에 담고자 하는 내용은 이를테면 **농부**가 들려주는 **뱃사람**의 이야기다. 나는 가장 평범한 삶으로부터 건져낸 이야기를 통해 우리가 놓칠 뻔한 특별함을 눈앞에 드러내어 밝히려 한다. 익숙해 보이는 것에 진정으로 **익숙해지고** 싶다면, 먼저 그 익숙함을 **낯설게** 만들어야만 한다.

쉬운 일은 아니다. 해내리라는 보장은 어디에도 없고, 잘 해낼 수 있을지는 더욱 의심스럽다. 그러나 바로 이것이 마흔네 통의 편지를 쓰고 읽을 나와 여러분이 함께 추구할 목표임을 밝혀둔다.

그런데 왜 하필 마흔네 통일까? 마흔넷이라는 숫자에 무슨 특별한 의미가 있을까? 아니면 우연과 임의에서 나온 제멋대로의 선택이었을까? 대다수 독자가(폴란드계가 아닌 이상 아마도 모든 사람이) 이 점을 궁금해하리라. 그러니 설명을 좀 드리겠다.

폴란드의 위대한 낭만주의 시인 아담 미츠키에비치Adam Mickiewicz는 한 신비로운 인물을 상상해냈다. 한편으로는 자유의 전권공사, 자유의 대변인, 자유의 대리인이요, 다른 한편으로는 지상에서 자유를 다스리는 총독이나 부섭정, 그 둘이 뒤섞인 혹은 합쳐진 인물이다. 미츠키에비치 시의 작중인물은 저 심오한 존재가 곧 도착할 것을 공표/예감하면서 그를 이렇게 소개한다. "그의 이름은 44."

왜 그 이름이었을까? 이 문제에 대해서는 나보다 훨씬 더 유능한 여러 문학사가들이 미스터리를 해독하려 했지만 별 소득은 없었다. 가령 시인의 이름을 히브리어로 표기하고 그 글자의 절댓값을 다 합하면 44가 나온다며, 이는 시인이 폴란드 해방 투쟁에서 자리하는 높은 위신과 시인 모친의 유대계 혈통을 함께 가리키는 암시라는 주장이 있다. 그러나 지금까지 가장 널리 인정받는 해석은 미츠키에비치가 일부러 수수께끼 같은 메시지를 넣었다기보다, 그저 영감에 충만하여 시적 운율의 조화를 강조하려는 동기에서—물론 영감이 번뜩이는 순간에 대개 그렇듯 동기 따윈 전혀 없었을 수도 있다—저 낭랑하고도 장엄하게 발음되는 단어(폴란드어로 '치테르지에시치 이 치테리czterdzieści i cztery')를 이름으로 선택했다는 것이다.

고독을 잃어버린 시간

이 책에 한데 모은 편지들을 나는 지금까지 거의 2년에 걸쳐 썼다. 이런 편지는 몇 통을 써야 좋을까? 언제, 어디에서 멈춰야 하는 것일까? 유동하는 현대 세계에서 편지를 쓰겠다는 충동은 아마 언제까지고 소진되지 않을 것이다. 언제까지고 소맷부리에서 새로운 놀라움을 꺼내고 매일같이 인간의 이해력을 시험하는 새로운 난제를 창안하는 이런 세계라면 그 충동이 결코 소진되지 않음을 끝내 확인시켜줄 것이다. 놀라운 사건과 어려운 도전은 인간의 경험이라는 스펙트럼 전체에 흩어져 있고, 따라서 그것을 글로 전하기 위해 어느 지점에 멈춰 서야 할지, 그 범위를 어느 정도로 정해야 할지는 임의의 선택에 따를 수밖에 없다. 이 편지들도 예외가 아니다. 편지의 숫자는 임의로 선택되었다.

그럼에도, 왜 다른 것이 아닌 이 숫자일까? 아담 미츠키에비치 덕분에 44라는 숫자가 자유의 힘과 자유를 향한 희망, 자유의 도래를 상징하게 되었기 때문이다. 이 숫자는 이제 보게 될 서한들의 주된 모티프를 간접적으로나마, 그 비밀을 아는 자에게만이라도 암시한다. 자유라는 유령은 다양한 주제로 쓰인 이 마흔네 통의 편지 어디에나 나타난다. 설령 유령이라는 이름에 걸맞은 본성에 따라 눈에는 보이지 않더라도, 어디에나.

2
고독을 잃어버린 시간

미국 《고등교육 신문》의 웹 사이트(http://chronicle.com)에 한 10대에 관한 글이 올라왔다. 그는 문자메시지를 한 달에 3000건씩 쓴다는데, 그 얘기는 하루 평균 100건의 문자를 보낸다는 뜻, 즉 깨어 있는 동안 10분에 한 번꼴로 메시지를 보낸다는 뜻이었다. "아침에도, 낮에도, 밤에도, 주중에도, 주말에도, 수업 시간에도, 점심시간에도, 숙제를 하면서도, 이를 닦으면서도" 말이다. 결국 그는 10분 이상 혼자 있는 법이 거의 없다는 얘기다. 그러니까 **자기 자신하고만** 지내는 시간, 자신의 생각과 자신의 꿈, 자신의 걱정과 바람만 생각하며 보내는 시간이 없다는 뜻이다. 아마도 그는 곁에 다른 사람 없이 자신만을 벗하여 살아가는 방법을 잊었을 것이다. 더 중요하게는, 애초에 그런 기술을 배울 기회가 전혀 없었을 것이다. 요컨대 혼자 있는 기술을 쓸 줄 모르니 혼자 있지 못하는 것이다.

그를 비롯한 청소년들이 혼자 있는 기술 없이 살아남는 데 필요한 도구를 들자면, 메시지를 주고받는 그 작은 기계만이 아니다. 뉴욕 대학의 조너선 치머만Jonathan Zimmerman 교수에 따르면 미국 10대 청소년의 최대 75퍼센트는 시간이 날 때마다 페이스북이나 마이스페이스 같은 웹 사이트에 접속하는데, 뭘 그렇게들 하는지 보면…… 수다를 떤다. 그들은 메시지가 도착했음을 알리는 화면이나 전자음에 중독되었다. 지금의 10대는 온라인 채팅이라는 강력한 새 약물에 빠져 있다는 게 치머만의 얘기다. 다들 알다시피 청소년이든 성인이든 모든 약물중독자는 고통스러운 금단증상을 겪는다. 혹시 어떤 바이러스(또는 부모나 교사)로 인해 인터넷이 끊기거나 휴대전화가 실행되지 않는다면 거기에 중독된 청소년이 어떤 고통을 겪을지 우리는 충분히 상상할 수 있다.

예측 불허에 끊임없이 우리의 허를 찌르는, 좀처럼 익숙해지지 않는 이 세계에 홀로 남겨진다는 것은 생각만으로도 끔찍한 일인지 모른다. 혼자 있는 상태가 무척 불편하고 위험하고 무섭다고 할 만한 이유도 충분히 많다. 케이블로, 유선으로, 무선으로 촘촘하게 연결된 세상에 태어난 지금 세대가 겪고 있는 일을 전자 기기 탓으로만 돌린다면 그건 어리석은, 또 그만큼 부당한 얘기가 될 것이다. 새로운 전자 제품들은 없던 필요를 스스로 만들어내고 충족하고자 등장한 게 아니다. 대부분은 이미 완연히 형성되어 있던 필요를 훨씬 더 절실하고 확연하게 다듬은 것일 뿐이다. 그러면서 모두가 가지고 싶어 할 만큼 멋지고, 모두가 가질 수 있을 만큼 흔하고, 키를 몇 번 누르기만 하면 되는 정도로 간단한 형태로 그 필요를 해결해주는 것이다. 워크맨, 즉 언제 어디서나 '세상의 소리를 들려주는' 최초의 휴대용 기기를 발명하고 판매한 회사는 고객에게 이렇게 약속했다. "다시는 혼자가 되지 않을 거예요!" 물론 그들은 그 말의 의미를 잘 알고 있었다. 왜 그 문구로 해당 상품을 광고해야 하는지도 잘 알았으며, 실제 당시 워크맨의 판매로 그들은 억만장자가 되었다. 거리를 걷는 수많은 사람이 얼마나 외로운지, 고독을 얼마나 괴로워하고 싫어하는지 그들은 알았다. 사람들은 곁에 있던 사람을 잃었을 뿐 아니라 그 빈자리를 슬퍼하고 있었다. 집에 온종일 사람이 없는 가정이 갈수록 늘고 가족이 모여들던 난로와 저녁 식탁이 각 방의 텔레비전에 밀려나면서, 비유하자면 다들 '각자의 고치에 틀어박히면서', 곁사람이 주는 따뜻한 생기와 활기에서 힘을 얻는 이들은 점점 줄고 있었다. 혼자서는 그 시간과 나날을 어떻게 채워야 하는지도 모르는데.

워크맨의 밀봉된 소음에 의존할수록, 점점 비어가는 곁자리의 공허는 더 깊어지기만 했다. 게다가 공허에 잠겨 있는 시간이 길어질수록, 자기 자신의 근육이나 상상력 등 첨단 기술이 도래하기 전의 수단을 동원하여 공허에서 빠져나오는 능력은 점점 더 쇠했다. 그러다 마침내 도래한 인터넷은 공허를 잊거나 덮게 해주었고, 그로써 공허의 독성을 해독했다. 혹은, 적어도 공허로 인한 고통만큼은 덜어주었거나. 그간 너무도 자주 비어 있던, 그리고 또 점점 더 커가던 옆자리의 사람이, 나무문이 아니라 모니터를 통해서이긴 해도, 그 모습이 전과 다른 아날로그이거나 디지털(어쨌든 둘 다 가상의 것이다)이긴 해도, 다시 돌아온 듯했다. 외로움의 고문에서 벗어나기만을 바라던 이들은 이 새로운 공존 형식이 얼굴과 얼굴을 맞대고 손에 손을 맞잡던 옛날 방식보다 훨씬 더 좋다고 생각했다. 면대면 상호작용의 기술을 배웠다가 잊었거나 애초에 배우지 못한 사람들은 온라인 가상 '접속'의 결점으로 아쉬워할 수도 있을 거의 모든 면면을 오히려 장점으로 널리 환영했다. 페이스북과 마이스페이스 같은 연락망은 현실과 가상, 두 세계의 가장 좋은 것을 함께 제공하는 서비스로 환영받았다. 적어도, 곁에 사람이 있기를 애타게 바라면서도 정작 사람들과 함께 있으면 불편함을 느끼고 서투르며 불운한 이들에게만은 그래 보였다.

일단, 이제 더는, 두 번 다시는 혼자일 필요가 없다. 하루 스물네 시간, 일주일 중 어느 때라도 버튼 하나만 누르면 외톨이 집단 중 한 사람을 곁으로 소환할 수 있다. 온라인 세상에서는 그 누구도 결코 멀리 있지 않고, 그 누구든 언제든 재까닥 불러낼 수 있다. 혹시 상대가 잠들어 있더라도 메시지를 보낼 사람은 차고 넘치며, 아니면 잠깐 트위터라도 하면서 그 시간을 때우면 된다. 둘째, 굳이 어디로 향할지 장담할 수 없는 대화를 시작했다가 내키지 않는 상황을 이어가면서까지 다른 사람과 '접촉'할 필요가 없다. 대화가 탐탁지 않은 방향으로 틀어질 징후가 하나라도 보이면 그대로 '접촉'을 끊으면 된다. 그러니 위험할 것도, 변명하거나 사과하거나 거짓말할 필요도 없다. 필요한 거라곤 고통이나 위험이 결코 끼어들 수 없는, 거미집처럼 가벼운 손가락 터치뿐. 이제는 혼자임을 두려워하지 않아도 되는 동시에, 다른 사람의 요구에 노출될 위험도, 희생이나 타협을 요구받을 위험도, 다른 사람이 원한다는 이유만으로 하기 싫은 일을 해야 할 위험도 없다. 심지어 사람들로 붐비는 공간에 앉아 있을 때나 쇼핑몰의 혼잡한 통로를 어슬렁거릴 때, 아는 얼굴이나 모르는 얼굴로 가득한 길을 거닐 때에도 이 안정적인 기분을 유지하고 누릴 수 있다. '정신은 이곳에 없는' '혼자만의' 상태를 선택할 수 있을 뿐 아니라 지금 여기서는 사람과 접촉할 생각이 없음을 얼마든지 주변에 알릴 수 있으므로 물리적으로 곁에 없기에 그 순간만큼은 당신에게 아무것도 요구하지 않는다. 그래서 무심하게 대해도 좋은 누군가, 즉 안전하게 접촉할 수 있는 누군가에게 메시지를 보내느라 손가락을 바삐 놀리는 행위로, 혹은 그런 상대에게서 방금 온 메시지에 시선을 주는 동작만으로 군중에게서 벗어날 수 있는 것이다. 그런 장비가 손 안에 있으면 떼로 몰려다니는 무리 안에서도 원한다면 얼마든지, 그것도 원하는 즉시, 예컨대 옆사람이 좀 억세게 군다거나 너무 다가붙는다고 느껴지는 그 순간 곧장 혼자가 될 수 있다. 이제 우리는 "죽음이 우리를 갈라놓을 때까지" 운운하는 충성을 맹세하지 않는다. 사람이 필요할 때면 언제든 모든 사람을 이용할 수 있고, 그러면서도 나 자신이 다른 사람들에게 언제든 이용 가능한 상황에서 비롯되는 고약한 결과는 쉽게 피할 수 있다.

이것은 혹시 지상낙원인가? 드디어 꿈이 이루어진 것인가? 인간 상호

작용에 끈질기게 따라붙는 모순, 그러니까 우리의 마음에 안정감과 활기를 불어넣는 동시에 번거롭고 무척 아슬아슬하다는 그 특성은 마침내 해소된 것일까? 이 문제에 관해서는 계속 의견이 갈린다. 그러나 누구도 부정할 수 없을 사실이 있으니, 이 모든 것에는 치러야 할 대가가 있다는 점이다. 잘 생각해보면 선뜻 지불할 수 없을 만큼 비싼 대가일지도 모른다. '상시 접속' 중인 사람은 결코 온전하게, 충분히 혼자일 수 없기에 그렇다. 또한 결코 혼자가 될 수 없는 사람은 (다시 치머만 교수의 말을 빌리자면) "즐거움을 위해 책을 읽고, 그림을 그리고, 창밖을 바라보고, 나 아닌 다른 사람의 세계를 상상하기가 어렵"기에 그렇다. "그런 사람은 가장 가까운 주변에 있는 진짜 사람과 소통하기가 어렵다. 클릭 한 번이면 친구들이 나타나는데 누가 가족과 이야기를 나누겠는가?"(게다가 그 친구들은 다 쓰지도 못할 만큼 많고 황홀할 만큼 다양하다. 페이스북 '친구'만 해도 500명은 넘지 않나.)

외로움으로부터 도망치는 사람은 **고독**의 기회를 놓친다. 사람이 생각을 '그러모아' 숙고하고 반성하고 창조하는 능력, 그 마지막 단계에서 타인과의 대화에 의미와 본질을 부여하는 능력에 바탕이 되는 숭고한 조건을 잃는 것이다. 그러나 고독을 한 번도 맛보지 못한 사람은 자신이 무엇을 박탈당했고 무엇을 버렸고 무엇을 놓쳤는지조차 영원히 알 수 없을 것이다.

3
부모 세대와 자식 세대의 대화라는 것

아르헨티나의 위대한 소설가 호르헤 루이스 보르헤스Jorge Luis Borges는 그의 가장 훌륭한 단편 중 하나인 〈아베로에스의 탐구La Busca de Averroes〉 안에 "실패와 패배의 과정을 기술해보고자" 이 이야기를 쓰게 되었다고 밝혔다. 그는 신의 존재에 대해 반박할 수 없는 최종적인 증명을 찾는 신학자, 현자의 돌을 찾는 연금술사, 영구기관을 찾는 기술광, 원의 사각을 구하려는 수학자를 떠올렸다. 하지만 결국 "다른 사람에겐 금지되어 있지 않지만 자신에게는 금지된 목표를 추구하는 사람의 경우가 보다 시적"일 것이라고 판단했다. 그래서 그는, 아리스토텔레스의 《시학》 번역에 착수하지만 "이슬람권에 갇혀 있던 탓에 '비극'과 '희극'이라는 용어의 뜻을 결코 이해할 수 없었던" 아베로에스의 사례를 고른다. "연

고독을 잃어버린 시간

극이라는 것에 대해 한 번도 생각해본 적 없는" 아베로에스는 과연 "희곡이 무엇인지 상상"하려 해도 결코 상상할 수 없는 처지였다.

홀륭한 작가가 멋진 이야기로 만들기에 더할 나위 없는 이 주제는 마침내 보르헤스에게 선택되었고 실로 "보다 시적"으로 다가온다. 그러나 영감이 부족하고 세속적이고 사뭇 지루한 사회학자의 관점에서 보자면 아베로에스야말로 오히려 **평범한** 사례다. 영구기관을 만들려 하거나 현자의 돌을 찾으려 하는 용자는 몇 명에 불과하다. 반면에 다른 사람은 쉽게 이해하는 것을 그 자신만은 도무지 이해하지 못하는 상황을 우리는 개인적 체험을 통해 너무도 잘 알고 있으며 매일같이 거듭, 아마 과거 세대보다 더 자주 확인한다. 그중 딱 하나만 예로 들어보자. 부모인 경우 자식과 대화하는 일, 그리고 자식이 (아직 그럴 기회가 있다면) 부모와 대화하는 일이 있겠다.

'나이 든' 세대와 '젊은' 세대 간의 상호 몰이해와 그로 인한 의심에는 유구한 역사가 있다. 이 의심의 징후를 더듬다보면 꽤 오랜 옛날까지 거슬러 올라가기도 한다. 그러나 삶의 조건들이 저 밑바닥에서부터 점점 더 빠른 속도로 끊임없이 변하는 **현대**에 와서는 다른 세대를 향한 의심이 과거보다 훨씬 더 확연하게 드러나고 있다. 지난 수백 년 동안은 똑같은 일이 끝없이 반복되는 가운데 변화가 굼뜨게만 일어났다면, 그와 완전히 대비되는 현대 사회의 특징은 바로 과격하리만치 빨라지는 변화 속도다. 이제 '세상사의 변천'이라든가 '현실 변화'는 한 개인의 생애 안에서 직접 경험되고 목격된다. 그리고 전과 다른 이러한 인식/감각으로부터 오래된 세대의 퇴장 및 새로운 세대의 입장과 인간 조건의 변화 사이에 모종의 연관성(혹은 인과성까지도)이 성립하기에 이르렀다.

그러한 함의가 나타난 후부터 눈에 띄기 시작하고 (최소한 근현대 초기와 전반에는) 당연한 사실로 추정된 개념이 있으니, 끊임없는 변화 과정의 각각 다른 국면에서 세계에 진입한 연령 집단은 흔히 **공통되는** 삶의 조건까지도 저마다 아주 **다르게** 평가한다. 통상 자식이 진입하는 세계는 부모가 본인의 어린 시절에 대해 기억하는 세계, 본인이 교육받고 적응하여 '정상상태'의 기준으로 삼은 세계와는 완전히 다르다. 또한 자식은 부모가 어린이였을 때의 세계, 이제는 사라진 그 다른 세계를 접할 일이 결코 없다. 한 연령 집단이 보기에는 '자연스러운' 것, 즉 '**원래** 그런 것'이자 '**보통** 그렇게 하는 것', 고로 '**마땅히** 그렇게 해야 하는 것'이 다른 연령 집단에는 일탈로 여겨질 수 있다. 그들에게는 그쪽이 오히려 괴상한 규범 이탈이요, 비논리적이고 비이성적인 상태다. 그편이 더 부당하고 고약하고 비열하고 우스꽝스러운 꼴, 철저하게 뜯어고쳐야 할 골칫거리다. 한 연령 집단이 보기에는 그간 배우고 통달한 기술과 요령을 활용할 수 있는 편안하고 아늑한 상황이 다른 연령 집단에는 이상하고 불쾌한 조건일 수도 있다. 어떤 연령의 사람들은 몸에 맞는 옷처럼 느끼는 상황을 다른 연령의 사람들은 불편해하고 난처해하고 어쩔 줄 몰라 한다.

이러한 인식 차이가 이제는 얼마나 다단해졌는가 하면, 근현대 이전과 달리 현재의 어른 세대는 더 이상 어린 세대를 '성인의 축소판'이나 '미래의 어른', 즉 아직 충분히 성숙하지 않았지만 결국 성숙할 존재(이때

고독을 잃어버린 시간

의 '성숙하다'는 '우리와 같아진다'를 의미한다)로 보지 않는다. 오늘날 어린 사람들에겐 **'우리와 같은** 어른이 되어가는 도중'이라는 기대나 가정이 아니라, 아예 **다른 종류**의 인간, 살아가는 내내 '우리'와 **늘** 다를 수밖에 없는 존재라는 평가가 적용된다. 이제 '우리' 어른 세대와 '그들' 어린 세대의 다름은 젊은 쪽이 삶의 실체를 (필연적으로) 깨닫는 과정에서 가라앉고 사라질 잠깐의 염증 정도가 아니라, 결코 없어지지 않을, 절대로 돌이킬 수 없는 차이다.

그 결과, 나이 든 집단과 젊은 집단은 오해와 착각이 뒤섞인 시선으로 서로를 바라보기 일쑤다. 어른 입장에서는 자기들, 그러니까 선임들이 수고롭게 만들고 정성으로 지켜온 저 익숙하고 편안하고 적절한 '정상상태'를 신참들이 당장 어지럽히고 무너뜨릴까 두렵다. 반면에 젊은이들은 나이 들어가는 옛 용사들이 엉성하게, 엉망으로 만들어놓은 것을 바로잡아야 한다는 강렬한 충동에 사로잡힌다. 두 집단 모두가 지금의 상황에, 또 각자의 자리에서 보이는 세계의 현재 진로에 (충분히는) 만족하지 못하고, 급기야 불만의 원인을 상대에게서 찾는다. 폭넓은 독자층의 인정을 받는 영국의 한 주간지는 서로 격돌하는 두 종류의 단언/소견을 두 주 연속으로 지면에 실었다. 먼저 한 칼럼니스트가 "지금의 젊은이들은 소처럼 둔하고, 게을러터지고, 클라미디아투성이에, 어디 한 군데 쓸 데가 없다"라고 비난하자, 이에 분노한 한 독자가 그 게으르고 무신경하다는 청년들이 실제로는 "학업을 훌륭하게 수행하고 있으며, 어른들이 어질러놓은 난장판 때문에 걱정이 많다"라고 반박했다.[1] 이처럼 양측의 **평가**와 주관에 치우친 **관점**이 서로 달라 충돌하는 사건은 이 밖에도 셀 수 없이 많다. 그리고 이런 식으로 시작된 언쟁에 '객관적'인 해결은 난망하다.

하지만 지금의 젊은 세대 태반이 실질적인 궁핍, 가망 없는 장기 불황, 대량 실업 등을 한 번도 겪지 않았다는 사실 또한 기억하도록 하자. 이들은 사회가 제작하고 공동체가 수선하는 튼튼한 '우산' 아래 몸을 쉴 수 있는 세계에 나고 자랐다. 언제든 가져다 마음대로 쓸 수 있는 그 우산이 혹독한 날씨와 차가운 빗물과 살을 에는 바람을 영원히 막아줄 것 같았다. 무엇보다도 그들의 세계는 자고 일어나면 어제보다 더 화창한 날이 펼쳐지고 곳곳에 유쾌한 모험이 더욱 풍성하게 기다리고 있으리라는 희망/예상으로 채워져 있었다. 그러나 이 글을 쓰는 지금, 바로 그 세계 위로 먹구름이 몰려오며 하루하루 더 어둑해지고 있다. 지금 젊은이들이 세계의 '자연스러운' 상태로 여기는 행복한 조건, 밝은 앞날만을 약속하는 상황은 머지않아 끝날지도 모른다. 지난 불경기가 남긴 퇴적물, 이를테면 실업 장기화나 급속히 축소되는 삶의 기회, 어두워지는 삶의 전망 등은, 결국엔 씻겨 나갈지 몰라도 지금 당장 사라지지는 않을 것이다. 늘 화창하고 하루하루 더 화창해지던 나날은, 결국엔 돌아올지 몰라도 지금 당장은 돌아올 리 만무하다.

그러므로 지금의 젊은 세대가 타고난 세계관과 태도가 앞으로의 세계에 결국 얼마나 부합할지, 그리고 그때의 세계가 이들이 타고난 기대치에 얼마나 부합할지를 판단하기에 지금은 때가 너무 이르다.

고독을 잃어버린 시간

4
가상 세계의 안과 밖

안-소피Ann-Sophie(20세, 코펜하겐 경영대학 재학생)는 플레밍 위슬러Flemming Wisler의 질문에 이렇게 답했다. "나는 삶에 끌려다니고 싶지 않다. 직업을 위해 모든 걸 희생하고 싶지 않다. (…) 마음 편히 사는 게 제일 중요하다. (…) 매일같이 똑같은 일에 파묻혀 살고 싶어 하는 사람은 없다."[2] 바꿔 말하면 이런 얘기다. 선택의 폭을 넓게 유지할 것. "죽음이 우리를 갈라놓을 때까지" 충성하겠다는 맹세는 그 무엇에도, 그 누구에게도 하지 말 것. 세상에는 놀랍고 유혹적이고 유망한 기회가 가득하니 돌이킬 수 없는 약속으로 스스로의 손발을 묶었다가 뭐 하나라도 놓치는 우를 범하지 말 것.

요즘 젊은 세대가 꼭 배워야 한다고 느끼며 통달하고 싶어 하는 인생

필수 기술의 목록에서 **서핑**은 점점 더 구식이 되어가는 '측심'이나 '측연'보다 더 높은 순위를 차지한다. 딱히 놀랄 일도 아니다. 그러나 뉴욕주 쿠퍼스타운 중학교 상담 교사인 케이티 발도Katie Baldo에 따르면 "요즘 청소년은 아이팟이니 휴대전화니 비디오게임이니 하는 것에 정신을 빼앗긴 나머지 중요한 사회적 신호들을 놓치고 있다. 복도를 걷다보면 다들 눈빛으로든 말로든 인사를 나눌 겨를이 없다는 걸 알 수 있다."[3] 시선을 맞추고 그로써 타인과의 물리적 근거리를 확인하는 행위는 낭비로 이어질 뿐이다. 그런 행동을 했다간 부족하기만 한 소중한 시간을 한몫 떼어 (심층 탐사를 하려면 피할 수 없는) '다이빙'에 할애해야만 하고, 그랬다간 다른 더 많은, 더 솔깃한 표면을 서핑할 기회가 줄거나 사라진다.

끝없는 비상사태와도 같은 삶에서는 **가상**의 관계가 **현실**의 관계를 가볍게 압도한다. 젊은이들을 쉬지 않고 움직이도록 다그치는 것은 주로 오프라인 세계이지만, 전자 장비들 덕분에 개인과 개인이 짧게, 얕게, 그것도 주로 일회성으로 서로 조우할 기회가 크게 늘지만 않았어도 바빠 움직여야 한다는 압박감이 지금처럼 심하지는 않았을 것이다. 또한 가상의 관계에는 '삭제' 키와 '스팸 신고' 키가 장착되어 있어서 깊이 있는 대화의 번거로운 결과(특히 시간 낭비)를 막아준다. 이 대목에서 우리는 할 애슈비Hal Ashby 감독의 1979년 영화 〈챈스Being There〉에서 피터 셀러스Peter Sellers가 연기한 주인공 '챈스Chance'를 떠올릴 수밖에 없다. 오랜 세월 텔레비전이 보여주는 세상과만 마주 보며 지내다가 마침내 봄비는 도시 거리로 나선 그는 번잡하고 불쾌한 비둘기 떼를 보고 손에 쥔 리

고독을 잃어버린 시간

모컨을 눌러 시야에서 없애려 한다.

　젊은이들이 가상 세계에 매력을 느끼는 가장 큰 요인은 오프라인 삶에 끈질기게 따라붙는 대립과 동상이몽이 온라인에는 없다는 점이다. 오프라인과 달리 온라인 세상에서는 만남의 무한한 증식을 상상할 수 있으며, 그것이 그럴싸한 목표이자 실행 가능한 목표가 된다. 온라인 세상은 이 무한한 접촉을 실현하기 위해 접촉 시간을 줄이고 (긴 지속 시간을 요구하고 흔히 강요하기까지 하는 종류의) 유대를 **약화**하는데, 이는 접촉 횟수를 엄격히 제한하고 그 하나하나를 넓고 깊게 확장하는 방식으로 끊임없이 유대를 **강화**하기 마련인 오프라인 세계와는 정반대다. 자신이 (혹시라도) 잘못된 걸음을 내디뎠을까봐, 그로 인한 손실을 막기엔 (혹시라도) 너무 늦었을까봐 전전긍긍하는 성격의 사람들에게 온라인은 더없이 유리한 장소다. 자신의 삶을 계획하는 것이든 다른 인간과 깊은 관계를 맺는 것이든, 그들은 '장기' 계약의 낌새를 풍기는 모든 것에 분노한다. 이 젊은 세대의 가치에 호소하듯이, 최근 등장한 어느 광고는 "스물네 시간 내내 그 자리에 예쁘게 남아 있기를 맹세하는" 신상품 마스카라의 출현을 다음과 같이 선전했다. "굳게 약속한 관계란 이런 것 아닐까요? 한번 칠하면 비가 와도, 땀을 흘려도, 습기에도, 눈물에도 지워지지 않는 이 아름다운 속눈썹. 하지만 따뜻한 물로 쉽게 지울 수 있는 제형이지요." 고작 24시간이 "굳게 약속한 관계"로 여겨지는 것이다. 게다가 그 짧은 '약속'조차도 그로 인한 결과를 거짓말처럼 쉽게 지울 수 없다면 그리 매력적인 선택지가 되지 못한다.

마지막까지 살아남는 선택지가 무엇이든, 그렇게 선택된 것은 현대사회학의 창시자 중 하나인 막스 베버Max Weber가 말한 '가벼운 망토'의 특징을 지니리라. '강철 외투'는 사나운 비바람을 효과적이고 지속적으로 막아주긴 해도 벗겨내기 어려운 데다 그것을 입은 사람의 움직임을 구속하고 자유의지를 행사할 공간을 단단히 속박하는 반면, '가벼운 망토'는 원한다면 그 즉시 손쉽게 어깨에서 떨쳐낼 수 있다. 오늘날의 젊은이에게 가장 중요한 것은 '정체성'과 '네트워크'를 **다시 구성**할 필요(혹은 그야말로 '기분')가 생기는 순간, 혹은 이미 생겼다고 느껴지는 순간에 그것들을 재구성할 수 있는 능력이다. 과거의 젊은이들이 한 번으로 끝나는 **정체화**를 두고 고민했다면, 오늘날의 젊은이들은 끊임없는 **재정체화**를 고민하는 쪽에 더 가까워지고 있다. 정체성은 **쓰다 버릴 수** 있어야 한다. 불만족스럽거나 충분히 흡족하지 않은 정체성, 시대 발전에 어울리지 않는 정체성은 **쉽게 버릴 수** 있어야만 한다. 어쩌면 지금 시대에 가장 강하게 욕망되는 정체성의 이상적인 속성은 '생분해성'이 아닐까 싶다.

인터넷의 상호작용 능력은 이 새로운 필요를 위해 만들어진 맞춤옷과도 같다. 인터넷이 가능케 한 종류의 관계에 있어 성패를 판가름하는 것은 관계의 **질**이 아니라 **양**이다. 사람들은 그런 양적인 관계 덕분에 최근 회자되는 이야깃거리는 물론, 그러한 회자로 인해 '필수'가 된 선택지들을 섭렵할 수 있게 되었다. 즉 요즘 가장 많이 듣는 히트곡, 요즘 입는 티셔츠 디자인, 요즘 인기 있는 유명인의 최신 소식, 최근에 벌어진 화제만발의 파티, 이목이 집중되는 축제와 이벤트를 놓치지 않을 수 있다. 그

고독을 잃어버린 시간

리고 바로 그런 능력이 우리가 스스로를 묘사하는 데 쓰는 내용을 업데이트하고 강조점을 재배치하는 데 도움을 준다. 과거의 흔적, 이제는 부끄러울 만큼 시대에 뒤떨어진 내용과 강조점을 재빨리 지우는 데 도움을 준다. 요컨대, 인터넷은 우리에게 부단히 노력하여 스스로를 **재발명**하기를 강력하게 촉진하고 재촉하며 강요하기까지 한다. 그것도 오프라인의 삶에서는 도저히 불가능한 정도로. 아마도 이것이야말로 이 '전자 세대'가 가상의 우주에서 그 많은 시간을 보내는 가장 중요한 이유 중 하나일 것이다. 그 시간이 꾸준히 늘어나는 만큼 '현실'(오프라인) 세계를 사는 시간은 점점 줄어들고 있다.

사람이 살아가고 경험하는 세계, 젊은이 개인이 **직접 경험하는** 세계인 이른바 '생활 세계Lebenswelt'에 뼈대와 좌표를 제공해온 굵직한 개념들이 지시하는 대상은 조금씩, 그러나 꾸준히 오프라인에서 온라인으로 옮겨가고 있다. 그중에서도 '접촉' '약속' '만남' '소통' '공동체' '친구 사이' 등 다른 개인과의 관계 및 사회적 유대를 가리키는 개념들이 눈에 띄게 변하고 있다. 이 개념들이 지시하는 대상의 위치가 바뀌면서 나타나는 가장 주요한 결과 하나는 현재 맺고 있는 사회적 유대와 약속을 무한정 지속될 확고한 상태가 아니라 끊임없는 재교섭 과정의 순간적인 스냅사진으로 인식하게 된다는 점이다. (그러나 곧바로 덧붙이는바 '순간적인 스냅사진'이라는 표현도 그리 절묘한 비유는 아니다. 아무리 '순간적'이라도 스냅사진은 전자 장비가 매개하는 유대와 약속보다는 긴 지속성을 뜻할 테니까. '스냅사진'은 이미지 하나를 인화하면 수명을 다하는 종이에 사진을 인화하던 시대의 어휘다. 전자적 연결의 시대에 가장 중요하고 가장 유용한 선택 사항은 셀룰로이드 음화와 인화지의 시대에는 상상조차 불가능했던 **삭제**와 **수정**과 **덮어**쓰기다. 아니, 이것들이야말로 전자 장비가 매개하는 유대에서 '삭제할 수 없는' 유일한 속성이다.)

고독을 잃어버린 시간

5

트위터, 혹은 새들처럼

'트위터twitter'는 새들이 짹짹거리며 지저귀는 소리를 뜻한다. 새를 연구하는 전문가들에 따르면, 조류 생활에서 짹짹거리는 행위는 서로 충돌하는 듯하지만 똑같이 긴요한 두 가지 역할을 담당한다. 하나는 새들 사이에 서로 접촉을 유지하는 것(즉 길을 잃지 않게 해주고, 둥지나 무리 안에서 파트너가 어디 있는지 알게 해주는 것)이고, 하나는 자신이 확보했거나 확보하려는 영역으로 다른 새들, 특히 같은 종의 다른 개체가 넘어오지 못하게 하는 것이다. 새들의 트위터는 그 외에 다른 메시지를 전하지 않기에 그 '내용'(이라는 게 있다면 말이지만 실제로는 없다)은 무의미하다고 할 수 있다. 새들에게 중요한 것은 익숙한 소리를 내서 그것이 상대가 들을 수 있게(실제로 듣기를 바라면서) 하는 것이다.

2006년, 아직 학생이던 잭 도시Jack Dorsey가 트위터라는 이름의 웹 사이트를 만들었을 때, 조류의 수억 년 된 습성에서 영감을 받았는지 어쨌는지 나로서는 알 수 없다. 하지만 그 웹 사이트의 월평균 5500만 방문자는 알고든 모르고든 새들의 습관을 그대로 따르는 듯하다. 또한 그러한 습관이 인간의 필요와 목적에도 꽤 유용하다고 느끼는 것 같다. 《뉴스 앤드 옵서버New and Observer》의 페더 제인Peder Zane이 2009년 3월 15일에 계산한 바에 따르면 트위터 사용자 수는 전년도 대비 900퍼센트 증가했다(반면 페이스북 사용자 수는, 위키피디아에 따르면 '겨우' 228퍼센트 증가했다). 트위터 운영진은 트위터가 "친구, 가족, 동료끼리 '무슨 일이 일어나고 있나요?'라는 간단한 질문에 자주, 빠르게 답변을 주고받음으로써 서로 소통하고 관계를 유지하게 해주는 서비스"임을 강조하며 5500만 대군에 합류할 신병을 모집하고 독려했다. 여러분도 알겠지만 저 질문에 대한 답변은 빠르고 잦아야 할 뿐 아니라 쉽게 읽혀야 한다. 이는 (새의 짹짹 소리와 마찬가지로) 아주아주 간결하고 짧게 대답해야 한다는 뜻, 즉 140자•를 넘길 수 없다는 뜻이다. 그래서 우리가 트위터에 쓸 수 있는 '무슨 일'이란 기껏해야 "콰트로 치즈 피자 먹는다"라거나 "창밖을 내다보고 있다" "졸려서 자야겠다" "지루해 죽겠다" 같은 것들이다. 다들 잘 알다시피, 또 다들 부끄러워하다시피 우리는 본디 자기 행동의 동기

• 2017년 11월 7일, 트위터사는 2006년 이후 11년간 지켜온 140자 정책을 폐지하고 280자까지 글자수를 확대한다고 발표했다. 단, 영어보다 밀도 높은 글쓰기가 가능하다는 이유로 한국어, 일본어, 중국어는 여기서 제외되었다.

고독을 잃어버린 시간

와 목적 및 그에 곁따르는 감정을 표현하는 데 인색하고 서투르건만, 트위터 운영진 덕분에 그런 성향이 더는 악조건이 아니고 오히려 미덕의 반열에 올랐다. 그런 나 자신과 비슷한 다른 수많은 사람이 모두 들어서 알고 보아서 깨달은 사실인즉, 중요한 것은 아무 때나 내가 무슨 일을 하고 있는지를 알아내 그걸 남들에게 알리는 것뿐이다. 아무튼 '보여지는 것'이 중요하다. 내가 그 일을 왜 하는지, 그 일을 하면서 무슨 생각을 하고 무슨 목표를 가지고 무슨 꿈을 꾸고 무엇을 즐기고 무엇을 후회하는지, 나아가 내가 존재한다는 사실을 선언하는 것 외에 트윗을 쓰게 된 다른 이유가 있는지는 그리 중요하지 않다.

얼굴 대 얼굴의 접촉이 화면 대 화면의 접촉에 자리를 내주는 순간, 이제 서로 맞닿는 것은 **표면들**이다. 기회가 일순간 생겼다 일순간 사라지는 다급한 삶에서 우리가 애호하는 운동 양식인 '서핑'은 트위터 덕분에 마침내 다른 사람들과의 소통으로까지 영향을 미치기 시작했다. 그 결과 물리적 관계와 인간적 유대의 친밀감이나 깊이, 지속성은 훼손되었다.

더 빠르고 더 편리하고 탈 없는 '접촉'(보다 정확히 말하자면 '서로 연결되어 있음'을 거듭 확인하는 행위)을 장려하고 그것에 열광하는 이들은 그 이득이 손실을 보상하고도 남는다며 우리를 설득하려 한다. 예컨대 위키피디아에 기재된 트위터의 '용도' 항목을 보면 다음과 같은 내용을 확인할 수 있다. "2008년 뭄바이 테러 사건 당시 목격자들은 5초당 80건의 트윗을 올렸고" "현장에 있던 트위터 사용자들은 사망자와 부상자 명단을 작성하는 데 도움을 주었다." "2009년 1월 US 에어웨이의 1549편 항공기가 뉴욕시 라과디아 공항을 이륙한 뒤 몇 차례의 조류 충돌로 인해 허드슨 강에 불시착했을 때"는 "도움을 주러 급히 현장으로 달려간 카페리에 타고 있던 승객 재니스 크럼즈가 방송 매체들이 현장에 도착하기도 전에 추락한 비행기에서 빠져나오는 승객들의 모습을 찍어 트위터에 올렸다." 또 "오스트레일리아 지방소방청은 2009년 2월 빅토리아주 산불 당시 트위터를 이용하여 공식 경보와 현황을 전했다." 그러나 이런 종류의 사례를 상술하는 것은 마치 몇 안 되는 1등 당첨자가 활짝 웃는 모습을 간간이 공개하면서도 실망한 다른 수백만 낙첨자는 언급하지 않는 방식으로 누구든 복권을 사면 이익을 볼 수 있다고 설득하려는 것과 다를 바가 없다.

그 진짜 얼굴을 들여다보자. 이 변화하는 소통 기술의 영향은 은행 주도 경제의 성과와 비슷하다. 이득은 사기업에 돌아가는 반면 손실은 국민 전체에 돌아간다는 점에서 그렇다. 또한, 두 경우 모두 이득은 어쩌다 드물게만 얻어지는 데 반해 그로 인한 '부수적 피해'는 불균형하리만치 광범위하고 심각하고 음험할 때가 많다.

하지만 트위터 사용에는 다른 종류의 이익, 그것도 훨씬 더 많은 사람이 누릴 수 있는 이익이 존재하는 것이 사실이며, 이것이 트위터의 가장 매력적인 쓰임이 아닐까 한다. 데카르트René Descartes의 저 유명한 '존재 증명', 즉 "나는 생각한다, 고로 존재한다"라는 명제는 오늘날의 대량 소통 시대에 업데이트된 "나는 보여진다, 고로 존재한다"라는 명제에 밀

고독을 잃어버린 시간

려 쫓겨났다. 이제는 나를 볼 수 있는(보기를 선택할 수 있는) 사람이 많을 수록 나 자신이 여기에 있음이 더 확실하게 증명된다. 그 패턴을 설정하는 것은 유명인들이다. 우리는 유명인의 무게와 중요성을 그들 **행동**의 무게로, 즉 그들이 한 일이 얼마나 중요한가를 기준으로 평가하지 않는다(어쨌든 그런 특질을 정확히 측정할 능력이 우리에겐 없고, 있다 한들 자신의 판단을 스스로 충분히 신뢰할 수도 없을 것이다). 우리가 확실히 말할 수 있는 것은, 유명인은 눈에 거슬릴 정도로 두드러지는 그 존재감 하나 때문에 중요하다는 사실이다. 신문 가판대에, 타블로이드 신문의 1면에, 화려하게 빛나는 잡지 표지에, 텔레비전 화면 등등에 존재하는 그들을 모두가 바라보고 알아볼 수밖에 없다. 이렇게 많은 사람이 그들에게 눈길을 주고 일거수일투족을 지켜보고 최근의 활약과 논란과 기행에 관한 가십에 귀 기울이고 그들에 관해 이야기한다면, 거기엔 뭔가가 있는 게 분명하다. 그 많은 사람이 동시에 틀렸을 리는 없으니까! 역사학자 대니얼 부어스틴 Daniel Boorstin이 이 모든 것을 인상적으로 압축했으니, "유명인이란 유명한 것으로 유명한 사람이다." 이로부터 도출되는 (반드시 진실은 아니지만 그래도 일리 있는) 결론이 무엇인가 하면…… 첫째, 내가 더 자주 트윗을 쓰고 더 많은 사람이 내 트윗을 볼수록 내가 저 유명인의 대열에 합류할 가능성이 커진다는 것이다. 유명인의 경우와 마찬가지로 내가 무엇에 관해 트윗하는지는 별 상관이 없다. 결국 우리가 유명인에 대해 읽고 듣는 것도 대개는 그들이 아침에 뭘 먹었고 누구를 만났고 누구와 하룻밤을 보냈고 무엇에 돈을 펑펑 썼는가 하는 것이니까. 둘째로, 한 사람이

이 세계에서 점하는 존재의 무게는 그의 '유명함'에 의해 측정되기에, 트위터는 영혼의 무게를 늘리는 방법(많이 보여짐으로써 신체 무게를 줄이는 일종의 역다이어트법)이라는 것이다.

일단은 그렇게 보인다는 말이다. 이 모든 것이 허상이라 해도, 오늘날 많은 사람이 이 허상에 환호한다. 이 시대의 사람들은 **보여야 중요해진다는** 믿음을 주입받고 교육받았으면서도 사람을 '보이는' 부류와 '보이지 않는' 부류로 나눈 다음 보이는 부류만을 계속 보이게 하는 권력을 지닌 저 화려한 잡지와 타블로이드 신문에는 접근할 수가 없다. 주간지와 월간지의 번드르르한 표지가 몇 안 되는 유명하고 **특별한** 사람을 위해 하는 일을, 바로 트위터가 우리 **평범한** 사람들을 위해 해준다. 우리의 트위터는 길거리 상점에 걸린 고급 오트쿠튀르의 복제품과도 같다. 못 가진 이들도 똑같이 가질 수 있는 대체재. 트위터는 물건을 시장에서 사야 하는 사람들이 특권층 전용 부티크에 접근하지 못하는 현실에서 느끼는 쓰라린 굴욕감을 완화해준다.

6

인터넷 시대의 섹스

《가벼운 만남: 여성을 위한 캐주얼 섹스 가이드Brief Encounters: The Women's Guide to Casual Sex》의 저자 에밀리 더벌리Emily Dubberley는 이제 섹스 파트너를 구하는 것이 "피자 주문과도 비슷하다. (…) 그냥 인터넷에 접속해서 성기를 주문하면 되니까"라고 말한다. 더 이상 유혹하거나 수작을 걸 필요가 없다. 파트너가 될 사람에게 인정받으려고 애쓰지 않아도 되고, 그의 동의를 얻기 위해, 환심을 사기 위해 각고의 노력을 기울이지 않아도 되며, 그 모든 노력이 결실을 맺을 때까지 오래오래, 어쩌면 끝없이 기다릴 필요도 없다.

하지만 이것은 결국 성적인 만남이 불확실하기에 짜릿한 사건이던 때가, 그런 사건을 좇는 것이 위태롭고 아슬아슬하지만 그래서 로맨틱한 모험이던 때가 이젠 지나갔다는 뜻이다. 우리 삶에서 손해를 보지 않고 이득만 누릴 수 있는 경우는 거의 없다. 수많은 사용자가 열렬히 반기는 인터넷 알선 섹스 역시 이 암담한 법칙에서 벗어나지 않는다. 많은 남성과 그에 못지않게 많은 여성이 인터넷 섹스에 대해 손해가 아깝지 않을 만큼 큰 이득을 얻을 수 있다고들 하지만, 분명 뭔가는 사라지고 없다. 얻은 것은 **편리함**이다. 들여야 하는 노력이 최소한으로 줄었다는 뜻이다. **속도**가 빨라졌다. 욕망과 만족 사이의 간격이 짧아졌다는 뜻이다. 그리고 **결과에 대한 보험**이 주어졌다. 결과는 그 습성상 우리가 원하는 대로만, 원래 대본에 쓰여 있는 대로만 펼쳐지지 않는다. 대개 우리는 결과를 완벽하게 예상할 수 없으며 바라 마지않던 결과에 환호하는 일도 드물다. 어쩌다 아주 가끔은 처음부터 끝까지 만족스러운 환상의 결과를 누리지만, 불편하고 귀찮은 결과도 그만큼 자주 마주한다.

아무 부대조건 없는 빠르고 안전한 섹스 기회를 제공하는, 가입자가 무려 250만 명에 이르는 한 웹 사이트는 다음과 같은 홍보 문구를 사용한다. "진짜 섹스 파트너를 **오늘 밤** 만나보세요!" 또 전 세계에 수백만 회원을 보유한, 주로 해외여행을 많이 다니는 남성 동성애자 인구의 수요에 초점을 맞춘 한 웹 사이트는 이렇게 광고한다. "당신이 원하는 것을, 당신이 원하는 **순간**에." 두 슬로건 모두에는 하나의 메시지가 아주 살짝, 보일락 말락 숨어 있다. '당신이 원하는 그 상품을 그때그때, 그 자리에서, 당장 소비할 수 있습니다. 이 욕망의 거래는 만족까지 일괄로 처리하죠. 결정권은 당신에게 있답니다…….' 그동안 수백만 가지 광고에 단련된 우리(우리 각자가 속임수나 1년 치 광고의 양은 우리의 조부모 세대가 평생에 걸쳐 보았을 양을 뛰어넘는다)의 귀에 이 얼마나 듣기 좋고 친절한 메시지인가. 이제 저런 광고는 (조부모 시절의 광고와 달리) 인스턴트커피나 분말수프처럼("뜨거운 물에 붓기만 하세요!") 즉석에서 즐길 수 있는 섹스를 약속하는 동시에, 공간적으로나 시간적으로 멀리 떨어져 있는 쾌락을 폄하하고 비난하고 조롱한다. 그런 먼 곳의 섹스는 인내심을 발휘해야 하고 자기를 희생해야 하며 넉넉한 인내심과 길고 고된 훈련과 서투르고 번거롭고 때론 견딜 수 없을 만큼 힘겨운 노력을 동원해야만 손에 넣을 수 있는 데다, 무엇보다 여러 번 시도해야 하고 그만큼 자주 실패해야 하기 때문이다.

몇십 년 전 마거릿 대처Margaret Thatcher가 국민보건제도에 반대하고 의료 시장 자유화가 더 좋은 방안인 이유를 설명하며 내놓은 인상적인 발언에도 바로 이와 비슷한 '조급증'이 함축되어 있었다. "나는 내가 선택한 병원을 내가 선택한 시간에 가고 싶습니다." 그 직후에 발명된 도구, 즉 신용카드라는 마법 지팡이는 대처의 꿈을 그대로 이루어주진 않았어도 최소한 그 꿈을 그럴싸하고 일리 있는 것으로 만들어주었다. 당시 은행이나 신용카드 회사의 관심과 호의를 받을 만한 자격을 지니고 있던 사람들은 이 도구를 통해 소비주의라는 인생철학을 접하게 되었고 그런 사람이 점점 늘어갔다.

고대부터 이어져온 오랜 지혜는 우리에게 "알이 부화하기 전에 병아리부터 세지 말라"고 경고한다. 그런데 말이다, 즉각적인 즐거움을 추구하는 새로운 삶의 전략에서는 병아리가 하도 많이 태어나서, 아주 한 부대씩 부화해서, 이제는 그 수를 언제 세든 상관이 없다. 이 변화의 손익을 계산하는 사람 중 하나인 심리 치료사 필립 호드슨Phillip Hodson은 인터넷 시대의 섹스 혁명이 축복과 저주를 함께 가져오고 있다고 말한다. 그는 (아직 보편화되진 않지만 빠르게 확대되고 있는) "즉석에서 만족하고 끝내는 문화"의 역설을 꼬집었다. 조부모 세대로 갈 것도 없이 우리 부모 세대가 평생에 걸쳐서도 다 만나지 못했을 엄청난 수의 상대에게 (전자 장비를 통해) 하룻저녁 사이에 연애를 걸 수 있는 시대에, 사람들은 다른 모든 중독이 그렇듯 이 약도 한 번 복용할 때마다 만족감이 점점 줄어든다는 사실을 이내 깨닫게 된다. 또한 스스로의 경험에서 드러나는 증거를 찬찬히 들여다볼 수만 있다면, 그러한 중독자들은 이제 옛 소설에나 나오는 오랜 로맨스나 더디고 복잡한 유혹이 '그것'에 이르는 길을 어지럽히는 쓸데없고 짐스럽고 성가신 **장애물**이 아니라(그들은 속아서 그렇게 믿었지만), 바로 '그것'을 이루는, 나아가 관능적이고 '섹시'한 **모든** 것을, 그 매력과 마력을 이루는 중요하고도 어쩌면 핵심적인 **재료**였다는 사실을 깨달을 것이다. 물론 지나온 뒤에 알고서 꽤 놀라거나 낙담하겠지만, 또 그렇다고 돌아가기엔 너무 늦었겠지만 어쨌든 깨달을 수밖에 없다.

한마디로, 더 많은 **양**은 **질**을 포기한 결과다. 인터넷이 알선하는 "새롭고 더 좋아진"(미국의 텔레비전 광고에 자주 등장했던 언어적으로 말이 안 되는 관용어) 종류의 섹스는 우리 선조가 그 훌륭함과 영광을 찬미하기 위해 수많은 시를 끄적이고 행복한 결혼 생활을 천국과 혼동했던 시절의 아름

고독을 잃어버린 시간

답고 황홀한 '그것'과는 전혀 다르다. 또한 호드슨을 비롯한 수많은 학자가 입을 모으듯이, 인터넷을 통한 섹스는 결국 인간과 인간을 맺어주고 꿈이 좌절되는 비극의 총수를 줄여주는 게 아니라, 파트너 관계의 매력을 깊이 훼손하고 꿈의 가짓수 자체를 줄여버린다. 인터넷의 도움으로 맺어진 유대는 인터넷 밖의 진짜 삶에서 수고롭게 다지는 관계에 비해 허약하고 피상적인 성격일 때가 많으며, 그러하기에 (혹시 만족스럽더라도) 덜 만족스럽고 (혹시 탐나더라도) 덜 가치 있는, 그래서 덜 소중한 관계다.

게오르크 지멜Georg Simmel이 오래전에 지적했듯이, 사물의 가치는 그것을 손에 넣는 데 필요한 희생의 크기로 가늠된다. 이제는 전보다 많은 사람이 전보다 자주 섹스라는 '상품'을 가질 수 있지만, 외로움에 시달리고 홀로 버려진 듯한 견딜 수 없는 기분에 괴로워하는 사람도 그와 함께 늘고 있다. 고독과 고통으로부터 도망치려고 몸부림치는 사람들은 또다시 인터넷이 공급하는 섹스에서 탈출구를 찾기 십상이지만, 그래봐야 온라인에서 조리되고 온라인으로 서빙되는 이 특정한 음식은 곁사람에 대한 허기를 실컷 채워주기는커녕 그 상실을 전보다 더욱 두드러지게 만듦으로써 한층 굴욕적이고 외로운 기분을, 또한 인간과의 따뜻한 공존에 대한 더욱 맹렬한 허기를 남길 뿐이라는 사실을 깨닫는 것으로 끝난다…….

이득과 손실의 균형 유지 법칙에 관하여 우리가 기억해야 할 문제가 하나 더 있다. 온라인으로 데이트를 중개하는 업체, 특히 즉석 섹스 중개업체는 하룻밤 상대가 될 후보들을 소개할 때 흔히 키나 체형, 인종,

체모 등등 그들이 지정한 기준(이 기준은 그들이 택한 대상 집단에 따라, 현재 그 집단에 우세한 '관련성'이 무엇인지에 따라 달라진다)에 따라 '이용 가능한 상품'을 분류해놓은 카탈로그를 사용한다. 사용자들은 그런 부분들이 '전체'의 질 및 섹스의 쾌락을 결정한다고 믿으며 (자신을 선택할 법한 사용자들도 비슷한 방법으로 결정을 내리리라 예상하며) 조각조각의 정보를 대강 짜 맞추어 파트너를 선택한다. 바로 이 과정 어딘가에서 '인간'이라는 존재의 상이 산산이 부서져 사라진다. 더 이상 나무 너머 숲이 보이지 않는다. 온라인 사업체의 카탈로그에서 상품을 고르는 행위로부터 시작되고 자리 잡는 문제적인 신화가 그와 똑같은 방식, 즉 매력적인 겉모습과 용도를 나열한 카탈로그를 보고 파트너를 고르는 행위를 통해 영속화된다. 이제 인간은, 우리 한 사람 한 사람은 오직 단일하고 독자적인 존재이기에 그 가치가 반복될 수 없는 개인이나 인격이 아니라, 잘 팔리거나 안 팔리는 속성들로 얼기설기 짜여진 상품이 되어간다…….

고독을 잃어버린 시간

7
프라이버시의 기묘한 모험 (1)

현대의 개인이 나아가는 얽히고설킨 궤적을 탁월한 식견으로 분석한 프랑스 사회학자 알랭 에랑베르Alain Ehrenberg는 오늘날 우리가 거주하는 시대의 막을 연 현대 문화혁명(최소한 프랑스 문화상의 혁명)이 정확히 어느 날에 시작되었는지를 짚어내고자 했다. 1914년 6월 28일 사라예보에서 가브릴로 프린치프Gavrilo Princip가 오스트리아 대공 프란츠 페르디난트Franz Ferdinand 부부를 향해 쏜 1차 세계대전의 첫 탄환에 맞먹는, 또는 1918년 11월 7일 볼셰비키의 겨울 궁전 진격 및 점령을 신호한 전함 오로라Aurora의 일제사격에 맞먹는 문화상의 혁명을 찾으려 한 것이다. 결국 에랑베르가 선택한 날은 1980년대의 어느 가을 수요일 저녁, 비비안이라는 사람이 텔레비전의 한 인기 프로그램에 나와 수백만 구경꾼 앞에서 남편 미셸이 조루인 탓에 결혼 생활에서 결코 오르가즘을 느낄 수 없다고 밝힌 날이다.

비비안의 발언은 어떤 점에서 그토록 혁명적이었을까? 두 가지다. 첫째, 당시까지만 해도 본질적으로 프라이버시에 속할 뿐 아니라 프라이버시의 본질로까지 여겨지던 종류의 정보가 공개되었다는 것. 둘째, 철저하게 **사적인** 걱정거리를 토로하고 해결하는 데 **공적인** 무대가 쓰였다는 것.

'사적인 것'은 무엇인가? 사생활, 즉 '프라이버시'의 영역에 속하는 일들이다. 그렇다면 '프라이버시'는 또 어떤 개념인지, 위키피디아(로 말할 것 같으면, 각 주제와 관련하여 현재 상식 수준에서 사실로 여겨지는 모든 내용을 꼼꼼하고 꽤 신속하게 찾아내어 재빠르게 반영하기로 유명한 웹 사이트로, 매일매일 내용을 열성적으로 업데이트함으로써 제아무리 헌신적인 추적자라도 따라잡을 수 없을 만큼 빠르게 움직이기로 이름난 표적들을 추격, 나포하려는 곳이다)를 참고해보자. 내가 2009년 3월 8일 영국판 위키피디아에서 읽은 바에 따르면 '프라이버시'란 다음과 같다.

개인이나 집단이 스스로를 혹은 스스로에 관한 정보를 차단함으로써 자신을 선택적으로 드러내는 능력. (…) 프라이버시는 공적 영역에서 주목받거나 파악되지 않기를 바라는 익명성과 관련되기도 한다. 통상적으로 **개인**의 프라이버시는 그 자체로 특별하거나 그 개인에게 특별히 민감한 일과 연관된다. ( ) 프라이버시는 보안

고독을 잃어버린 시간

의 한 측면으로도 이해할 수 있으니, 프라이버시가 지켜지는 상태에서는 두 집단이 이해관계가 얽힌 사안을 매우 투명하게 타협할 수 있다.

그렇다면 '공적 무대'란 무엇인가? 들어오고 싶으면 누구나 자유롭게 들어올 수 있는 공간이다. 따라서 '공적 무대'에서 들리고 보이는 모든 것은 원칙적으로 **누구나** 듣고 볼 수 있다. 공적인 자리에서 목소리를 내고 행동을 드러내는 사람은 누군가가 그것을 지켜보고 엿들을 위험을 (명시적으로든 암묵적으로든, 적극적으로든 소극적으로든) 스스로 감수한다. 그들은 그로 인한 결과에 동의하고, 이의를 제기하거나 보상을 요구할 권리를 포기한다. (다시 한 번 위키피디아를 인용하여) "사적인 정보의 노출 정도는 공중이 그 정보를 어떻게 수신할지에 따라 달라지는데, 이는 장소에 따라 달라지고 시간이 지나면서 달라진다"고 할 때, 무언가를 사적 영역에 유지하려는 노력과 무언가를 공적으로 드러내겠다는 결정은 명백히 서로 모순된다. 요컨대 '프라이버시'와 '퍼블리시티' 두 개념은 상호 **대립**을 통해 정의된다.

'사'와 '공'은 사이가 나쁘다. 통상적으로 두 개념의 의미 영역을 나누는 건 양방향 통행을 권하거나 허용하는 경계가 아니라 전선前線이다. 통행을 불허하는 이 한계선은 양측 모두가 무단출입자(침입자만이 아니라 전향자, 무엇보다 탈주자)를 막기 위해 가급적 단단히 봉쇄하고 철통같이 방비하려 한다. 전쟁이 선포되지 않았을 때라도 마찬가지다. 군사작전이 수행되거나 계획되지도 않고 경계 지대에서 총격전이 벌어질 기미가 전혀 없을 때에도, 경계는 통상 **선택된** 왕래만을 용인한다. 애초에 '경계를 긋는' 행위는 통행 가운데 특정한 종류의 확률/비율을 조작하여(어떤 종류는 늘리고 어떤 종류는 줄이는 식으로) 원래와는 다른 양상을 유도하기 위한 것이다. 모두가 자유롭게 통행할 수 있다면 그건 경계라는 개념 자체를 조롱하는 셈이다. 통제하는 것, 그리고 누가 또는 무엇이 그 경계를 넘어가도 되는지, 누가 또는 무엇이 원래 있던 쪽에만 있어야 하는지를(정보 가운데 어떤 항목이 사적 영역에 남아 있을 특권을 가지고, 어떤 항목이 공적 영역으로 넘어가도 되거나 넘어가야만 하는지를) 결정할 권리를 갖는 것(통상 이런 사안은 치열한 힘겨루기를 거친다), 바로 이것이 경계를 긋는 이유다.

근현대 거의 내내 이 전선을 공격하고 (더더욱 중요하게는) 경계 통행에 통용되던 규칙을 엄연하게 파기하거나 자의로 변경하는 쪽은 거의 전적으로 '공적' 영역이라고 여겨졌다. 공공 기관은 개인을 미행하고 도청하는 고질병이 만연한 곳으로 널리 의심받는다. 그들은 사적 공간을 침범하고 정복함으로써 그곳을 제 감독하에 두고자 하는 꺼지지 않는 충동에, 주둔군과 염탐 장비와 도청 장치로 촘촘한 망을 쳐서 개인이나 개인들이 모인 집단으로부터 침범 불가능한 사적 공간이자 은신처를 박탈하고 그로써 개인이나 집단의 보안을 박탈하고자 하는 충동에 사로잡혀 있는 듯했다. 얼마간 모순되면서도 얼마간 그럴싸한 일이지만, 공공 기관은 또 한편으로 수많은 사적인 걱정이 광장을 비롯한 공인된 상호 소통의 장소에 접근하지 못하도록, 사적인 문제기 그곳에 들어가 협상

고독을 잃어버린 시간

을 통해 공적인 사안으로 재구성되는 일이 없도록 바리케이드를 세운다는 혐의도 받았다. 바꿔 말해, 특정한 종류의 골칫거리는 당사자가 아닌 누구도 씨름하지 못하도록 획책한다는 의심이었다.

물론 공산주의와 나치즘이라는 유독 탐욕스럽고 잔인한 전체주의를 고통스럽게 경험한 20세기에는 그러한 의심이 진실로 통할 만도 했다. 하지만 그 정점을 지나온 지금까지도 의심은 쉽게 사라지지 않았으며, 본디 개인의 자유재량에 속한다고 여겨지던 일에 공공 기관이 새로운 법적 제한을 자의적으로 부과하거나 반대로 그들 자신의 이익을 위해(통제되지 않는, 그래서 해로울 수 있는 용도로 쓰기 위해) 개인에 속하는 더없이 사적이고 내밀한 정보를 점점 더 많은 양으로 쥐어짜내서 저장하고 은폐하고 은닉하는 일이 목격되거나 감지될 때마다 그러한 의심이 거듭거듭 활성화된다. 요컨대 공공 기관의 그 모든 행태는, 법전에 명확히 기록된 적은 없어도 민주주의의 정신성에 확고하게 자리 잡은 관습법을 노골적으로 위반한다.

전능한 국가가 거느리는 공공 기관들이 숨기고 있던 공격성과 탐욕이, 또는 국가에 대한 그런 인식이 이제 어떻게, 얼마나 달라지고 있든 간에, 그것과는 다른, 반대 방향에서 다가오는 위협, 이를테면 그전까지는 전적으로 사적인 문제로 여겨지던 일들이 곧 공적 영역을 침범하고 정복할지 모른다는 위협에 대해서는 경보가 울리는 경우가 드물었고, 사람들이 그 경고에 귀 기울이는 경우는 더더욱 드물었다. 과거 세대나 지금의 나이 든 세대는 대개 국가 권력의 부당한 간섭으로부터 사적 영역을 수호하기 위해 바짝 경계하고 무장했다. 사람들은 기꺼이 혹은 마지못해서 공공 기관을 야경꾼, 경호원 정도로 인정했지만 그 이상은 대체로 허용하지 않았다. 하물며 개인의 사사로운 일을 가리고 있는 두꺼운 커튼 사이를 훔쳐보며 주제넘게 참견하는 노릇은 결코 인정하지 않았다.

적어도 최근까지는 말이다…….

(다음 편지로 이어짐)

8
프라이버시의 기묘한 모험 (2)

수십 편의 영화에서 다채롭고 특색 있는 인물을 연기한 영국의 훌륭한 배우이자 사려 깊고 위트 넘치는 인물 피터 셀러스는 이렇게 고백했다. "누가 나 자신을 연기해보라고 하면 뭘 어떻게 해야 할지 모를 것 같다. 나는 내가 누구이고 어떤 존재인지 모른다." 그러고는 다음과 같은 사색적인 표현을 덧붙였다. "한때는 가면 뒤에 나라는 사람이 있었지만, 나는 그걸 수술하듯 없애버렸다." 윌리엄 셰익스피어는 예언자풍의 통찰력을 발휘하여 셀러스의 의문에 앞서 가닿았는데, 그가 리어왕의 입을 통해 던진 질문은 한층 더 심오하다. "내가 누구인지 말할 수 있는 자 누구인가?"

질문을 던지는 행위는, 흔히 답변을 선점하거나 아니면 이미 결론이

나 있음을 나타내는 이른바 '수사적 질문'을 제외한 일반적인 경우에는, 그 사안에 대답이 필요하다는 사실을 상정하거나 암시한다. 사실 우리 모두가 (아마 리어왕보다는 덜 비극적이고 덜 고통스러운 방식으로) 배워 알고 있듯이 내가 누구인지, 어떤 존재인지 말하는 것은 단순히 나에게 달린 일이 아니다. "내가 누구이고 어떤 존재인지"에 관해서는 나와 내 주변 사람들이 서로 엇갈리는 의견으로 끊임없이 소송을 치르는 가운데 (흔히 날카롭게 불협하는) 여러 목소리가 들려온다. 그때 그 모든 드잡이 속에서 저 판관 자리에 앉아 권위로써 결과를 결정하고 강제하는 자가 누구인지는 조금도 분명하지 않다. 내가 '공적으로 소비'되는 나 자신의 이미지 (즉, 내가 진짜 나의 얼굴로 인정할 만한 동시에 다른 사람들 역시 마지못해서나마 나와 의견을 같이할 만한 이미지)를 묘사하는 데 있어 타인들이 내게 정확히 어느 정도의 재량을 허용할지는 결정적이고 최종적으로 합의되기 어려운 사안이다. 아마 그 어떤 합의도 그것으로 마지막은 아니고, 십중팔구 모든 합의는 앞으로도 재평가와 재교섭에 열려 있을 것이다. 그것도 영원히.

사회학의 창시자 중에서도 가장 통찰력 있는 학자라고 할 게오르크 지멜은 비밀성(및 간접적으로는 프라이버시, 개인성, 자율성, 자기 정의, 자기주장 등 비밀로 유지될 권리를 불가결하고 핵심적이며 본질적인 속성으로 삼는 모든 특질)에 대하여, 비밀 유지권이 현실적인 존속 가능성을 확보하는 데는 타인의 인정이 필요하다고 보았다. 비밀성은 프라이버시를 이루는 불가결한 요소인 동시에 하나의 **사회적 관계**이다, 따라서 "우리는 의도적으로 또는 비의도적으로 **감춰진** 것은 의도적으로 또는 비의도적으로 **존중한다**"는 규

고독을 잃어버린 시간

칙이 준수되어야 한다고 지멜은 주장한다. 하지만 이 두 조건(하나는 프라이버시, 하나는 개인의 자율이 사회적으로 인정되고 용인되고 보호받는 것)의 관계는 불안정하고 팽팽할 때가 잦고, 고로 "숨기려는 의도"는 "드러내려는 의도와 맞부딪칠 때 그 강도가 더더욱 커진다." 만약 그처럼 숨기려는 의도의 "강도가 더 커지"지 않는다면, 다시 말해 자신의 비밀을 무례하게 취급하는 침입자나 간섭자, 훼방꾼에 분연히 맞서 비밀성을 수호하려는 충동이 꾸준히 뒤따르지 않거나 아예 느껴지지 않는다면, 그땐 프라이버시가 위험에 처한 것이다.

'비밀'이란 어떤 사람이 알고 있는 것 가운데 그가 타인과 공유하기를 거부하는 부분을 말한다. 비밀 유지, 즉 정당한 승인 없이 누설되지 않도록 정보를 보호하는 것은 사생활의 경계를 긋고 표시하고 방비하는 행위다. 프라이버시는 한 사람의 왕국, 오직 그 사람만이 가진 불가분의 주권이 지배하는 땅으로, 그 안에서는 그만이 "내가 누구이고 어떤 존재인지" 결정할 힘을 가지며, 자신의 판단이 마땅히 인정받고 존중되도록 그곳을 거점 삼아 행동을 거듭 펼쳐나갈 수 있다. 한데 지난 편지에서 나는 과거 세대나 지금의 나이 든 세대가 경계하고 무장했던 유일한 상황은 "국가권력의 부당한 간섭으로부터 사적 영역을 수호"해야 할 때였다고 쓰고 곧 "최근까지는 말이다……"라고 덧붙인 바 있다.

선조들의 여러 습성으로부터 급선회하는 와중에 우리는 '사적 영역'을 끝까지 수호하려는 배짱과 끈기와 의지마저 상당히 잃었다. 이 시대에 우리가 겁내는 것은 프라이버시가 침해당하거나 폭로될 가능성이라기보다 오히려 그 반대의 가능성이다. 우리는 사적 영역에서 빠져나가는 문들이 폐쇄되는 것, 사적 영역이 유배지로, 고독한 독방으로, 나아가 저 옛날 통치자의 눈 밖에 난 사람들이 대중의 무관심과 망각 속에 증발하여 누구도 모르게 갇혔던 지하 감옥 같은 곳으로 변할까봐 두려워한다. 그런 '사적 공간'의 주인은 저 자신의 몸에서 나오는 즙과 함께 영원히 삶아지는('자업자득으로 괴로워한다'는 뜻의 관용어다) 형벌을 선고받는 셈이다. 프라이버시를 둘러싼 격벽 너머에서 우리의 비밀을 빼내거나 뜯어내거나 짜내거나 몰래 꺼내기 위해, 그것을 공중 앞에 전시하여 만인의 소유로 만들기 위해 열심히 귀 기울이면서 그것을 모두와 공유하고 싶어 하라고 다그치는 자들이 없는 상황, 어쩌면 이것이야말로 이 시대 사람들을 괴롭히는 악몽 중의 악몽이 아닐까 싶다. 오늘날 눈에 거슬릴 만큼 널리 대중화된 동시에 가장 인기 있는 성공 모델은 바로 (늘 공적 시야 안에 존재하며, 비밀 유지권을 행사할 필요도 권리도 없는 삶, 이름하여) '유명인의 삶'이다.

오늘날엔 점점 더 많은 사람이 비밀을 가지는 게 뭐가 좋으냐고 (말로 자세히 표현하진 않더라도) 생각하는 추세다. 예외적으로 원하는 비밀이 있다면 인터넷이나 텔레비전, 타블로이드 신문의 1면이나 화려한 잡지 표지에 폭로되기에 딱 좋은 종류의 '즐거운 비밀'뿐이다. 그 결과, **프라이버시** 군대에 침범당하여 물에 잠기고 궤멸당하는 쪽은 이제 **공적** 영역이 되었다. 한데 이 새로운 침략군은 새 전초지를 정복하고 새 주둔군을 심기 위해 돌진하는 것일까, 아니면 질식할 것만 같은 스스로의 울다리 안

고독을 잃어버린 시간

에서 빠져나오고자 하는 것일까? 더는 살아가기 어려운 과거의 은신처에서 절망하고 당황하다가 마침내 도망쳐 나오는 것은 아닐까? 프라이버시의 공격은 새로 획득한 탐험심과 정복심의 징후일까, 아니면 오히려 수탈과 피해와 퇴거 명령의 증언일까? 혹시 그들이 명받은 임무—"내가 누구이고 어떤 존재인지"를 알아내고 결정하는 것—를 제대로 수행하기에는 이 사적 영역이라는 부지가 너무도 갑갑하게 그들을 가둬놓고 있는 게 아닐까? 하지만 그렇다고 그 임무가 (피터 셀러스의 생각과는 달리) 공적 무대에서의 연기를 통해서, 공중이 선택하고 공급하는 수단으로써 달성될 수 있을까? 여러 잠정적인 접근법을 시행착오적으로 시험한다거나, 갖가지 의상을 입었다 벗었다 함으로써? 혹시 그 반대는 아닐까? 즉, 그런 수단을 열성적으로 활용할수록 바라는 결과—확실성을 찾아 손에 넣는 것—에 닿을 전망이 어두워지는 건 아닐까?

이런 중요한 질문에도 당연하고 명료하고 통쾌한 답, 하물며 반박 불가능한 답은 존재하지 않는다. 그러나 이만큼 긴요한 질문들이 또 한 뭉치 있으니, 그 역시 설득력 있는 답을 기다리지만 아직은 멀었다. 결국 비밀성은 프라이버시의 도구인 것만이 아니다. 바꿔 말하면, 그 기능은 오직 당사자에게만 속하는 공간을 오려내는 데, 불청객이나 불편하고 반갑지 않은 동행으로부터 그 자신을 분리하는 데 국한되지 않는다. 비밀성은 우리가 알고 상상할 수 있는 가장 강력한 **인간 사이의 유대**를 가능케 하는, **공존**의 강력한 도구이기도 하다. 자신의 비밀을 '가장 특별한', 소수의 선택받은 사람에게 털어놓는 동시에 다른 모든 사람에게는 잠가두는 것, 인간은 바로 이 방법으로 우정의 망을 짜고, '가장 좋은 친구'를 지명·보유하고, 조건 없는 평생의 헌신을 시작·유지하며, 개인의 느슨한 총합을 긴밀하고 통합된 집단으로 바꿔내는 마법까지 부린다. 한마디로, 인간은 그 방법으로 세계에서 작은 영토를 오려내고 그 안에서만큼은 소속과 자율 사이의 힘겹고 성가신 충돌을 마침내 잠재운다. 그 안에서만큼은 자신의 사적 이익과 타인의 행복 사이에서, 이타심과 이기심, 자기애와 타인에 대한 관심 사이에서 괴로워하며 고민하지 않아도 되며, 더 이상 양심이 선동하고 조장하는 가책에 시달리지 않아도 된다.

그러나 토머스 사즈Thomas Szasz가 1973년 《제2의 죄The Second Sin》에서 일찌감치 말했듯이 "전통적으로 섹스는 매우 사적이고 비밀스러운 행위였다. 사람들을 강력한 유대로 결합시키는 섹스의 강력한 힘은 바로 그 사실에 있다고 할 수 있다. 우리가 섹스를 덜 비밀스러운 행위로 취급한다면, 사람들을 하나로 묶는 그 힘까지 사라져버릴 수 있다." 사즈가 섹스를 관찰 대상으로 삼은 이유는, 섹스라는 행위가 본디 극도의 자유재량에 속하는 비밀, 극히 신중하고 수고롭게 선택한 타인하고만 공유하는 내밀한 비밀 중에서도 가장 강렬한 본보기요 그야말로 완전한 전형, 다시 말해 인간이 다른 인간과 맺는 유대 가운데 가장 강하고 가장 끊기 어렵고 가장 믿을 만한 것이었기 때문이다. 그런데 최근까지만 해도 프라이버시의 가장 주요한 보호 대상인 동시에 프라이버시의 가장 실질적인 수호자였던 섹스에 관한 설명이, 이제는 그보다 가벼운 동류나 열등한 대체제, 희미해진 사본에 오히려 점점 더 많이 들어맞

　　　　　　　　　　　고독을 잃어버린 시간

게 되었다. 다시 말해, 오늘날 프라이버시의 위기는 그 모든 종류의 인간 관계가 겪고 있는 약화와 분열, 붕괴와 풀리지 않을 만큼 단단히 연결되어 있는 듯하다. 닭이 먼저니 달걀이 먼저니 하는 비슷한 모든 경우에 그러하듯이, 그 과정에서 둘 중 어느 것이 먼저냐를 두고 다투는 것은 시간 낭비일 뿐이다…….

(다음 편지로 이어짐)

9
프라이버시의 기묘한 모험 (3)

기술혁신은 흔히 문화적 혁명의 원인으로 비난받거나 칭송되곤 한다. 그러나 기술혁신은 기껏해야 혁명의 방아쇠를 당길 수 있을 뿐이다. 이미 완연히 형성된 생활양식과 습속은 모종의 변화를 통해서 마침내 가능성의 영역에서 현실의 영역으로 옮겨 간다. 그런 변화는 오래전에 준비를 마친 채로 현실에 나타나고자 발버둥치는데, 여기에 필요한 완벽한 연쇄 사슬에 단 하나 빠져 있던 고리를 마침내 기술이 공급하는 것이다. 그런 혁신적인 기술 중 하나가 휴대전화다.

휴대전화가 출현하자, 언제든 사람들에게 명령을 받는 상태가 실현 가능해졌다. 아니, 가능한 정도를 넘어서, 실행하기 어렵다는 객관적인 이유에서 불가능하다던 일이 드디어 가능해지자 언제든 누군가에게 명

고독을 잃어버린 시간

령을 받는 상태가 실생활에서 필수 조건이자 거절하기 어려운 요구 사항이 되었다. 이에 더하여, 휴대전화가 사회생활에 진입하자 각종 실용적인 의도와 목적하에 사적 시간과 공적 시간 사이의, 사적 공간과 공적 공간 사이의, 직장과 가정 사이의, 노동과 여가 사이의, '여기'와 '거기' 사이의 경계선이(휴대전화 번호를 가진 사람은 언제 어디서나 '여기'에, 즉 닿는 곳에 존재하므로) 지워졌다. 혹은, 경계선이 지워지진 않았어도 그 모든 경계선이 가졌던 멈추고 저지하는 힘이 크게 약해지면서, 그 선을 지우거나 마음대로 넘나드는 일이 (일단 기술적 측면에서는) 손쉽고 그럴싸한 목표가 되었다. 이제 '멀리 있음'은 '연락 불가'와 같은 뜻이 아니고, 같은 뜻일 필요가 없으며, 같은 뜻이어선 안 된다. 물론 우리는 여전히 휴대전화를 집에 두고 나오거나 어디에 두었는지 잊거나 걸려오는 전화를 놓치기도 하지만, 이제 주목을 요구하는 벨 소리에 응답하지 못한 뒤 그런 이유를 댔다가는 사람이 태만하다는, 충성심이 부족하다는, 경우 없이 무심하고 무례하다는 소리를 들을 수 있고, 상대에게 퇴짜를 놓은 것으로 여겨질 수 있고, 그 밖에 무수한 그러나 예외 없이 개인적이고 주관적인 결점이나 악의를 가졌다는 혐의를 받을 수 있다. 요컨대 휴대전화는 **언제나 접근 가능하고 언제나 이용 가능하기를 요구하는 뻔뻔함**을 기술적으로 뒷받침한다. 바꿔 말해 유동하는 현대를 살아가는 인간의 일반적인 조건, 즉 '외톨이이지만 언제든 연락 가능'한 상태 자체는 기술혁신에 앞서 이미 실행 가능해진 조건이었고, 접근 가능성과 더불어 이용 가능성까지 요구하는 '규범'이기까지 했다.

'상시적인 이용 가능성'은, 선택적으로 적용하는 경우 공적 공간을 조직하는 데 쓰일 수 있고 요즘엔 실제로 널리 쓰이고 있다. 즉, 우리는 이용 가능성을 기준으로 공적 공간을 '연결' 영역과 '비연결' 영역으로 나눈다. 이제는 모든 사람이 언제든 이용 **가능하다**지만 그래도 누군가가 이용 가능하려면 그가 저 **자신**을 이용 가능하게 내놓아야만 하며, 사람들은 자신이 **선택한 타인에게만** 그렇게 한다. 이용 가능성은 네트워크(연락망)를 짜는 도구다. 통합하는 동시에 분리하는 도구요, 연락을 '가능하게' 하는 동시에 '불가능하게' 하는 도구다. 휴대전화 번호를 교환하는 행위로 규정되는 네트워크 입회는 '나는 언제나 당신을 기다린다'는 상호 약속과 그처럼 '늘 예민하게 준비된' 존재 양식에 의지할 의무를 상정한다(물론 다른 모든 호혜의 패턴 및 책략과 마찬가지로, 이 관계 역시 명시된 가정과는 다르게 한쪽이 일방적으로 다른 쪽을 파트너라고 생각하거나 우기면서 불쾌하고 성가실 만큼 착취할 여지가 있고, 실제로 그런 일이 흔히 벌어진다). 휴대전화 번호는 자그마한 공적 거점을 구성하는 기본 재료다. 그 공간에서는 유명인이 아닌 우리 모두가 참으로, 충분히 '공적인' 무대에 등장하는 작은 버전의 유명인 지위를 노릴 수 있고, 실험할 수 있고, 향유할 수 있다…….

휴대전화 번호(란 휴대전화로 매개되는 '이곳'의 주소로, 이곳에 가면 언제든 응답하고 대화할 준비가 되어 있는 상대를 만날 수 있다)는 전화번호부에 나와 있지 않기에 이 사람 저 사람 아무나 이용할 수 없는 정보다. 그러니 휴대전화 번호를 제공한다는 것은 어떤 차이점을 부여하거나 신청하는 행위다. 인정받기를 스스로 인정하거나 요청하는 행위나. 바로 이 관습이 요즘 우리의 ('집단' 개념 및 특히 '소속 공동체' 개념을 대체하게 된 공존의 상像인) '네트워크' 관념을 형성한다. 과연 이 개념은 결코 시들지 않는 공·사 문제의 현재적 양태를 고스란히 보여주는 원형이 되었다.

이제는 밀려난, 혹은 완전히 대체된 공존 형식의 개념들과 구별되는 '네트워크'의 독보적인 특징은 그 유연성, 그리고 면밀한 감시·관리와 빠르고 손쉬운 조정·쇄신에 거짓말처럼 수월하게 순응하는 능력이다. 또하나 네트워크의 특징은 독보적인 휴대성이다. 인간의 다른 많은 모임들과 달리 '네트워크'는 소유자의 전화기 안에 기록된 상태로, 마치 달팽이의 집처럼 언제 어디를 가든 그들을 따라다닌다. 그렇게 해서 네트워크는 소유자에게 '통제권'을 그 자신이 영원히 끊임없이 쥐고 있다는 착각을 제공한다.

네트워크는 소형화된 형식이긴 해도 공적 공간을 특징짓는 요소를 빠짐없이 지니는 한편, 소유자 각자가 편애하고 선호하는 대로 그 크기와 내용을 재단할 수 있다. '삭제' 키를 누르는 간단한 행위로 언제든 쉽게 제거할 수 있고, 더는 소유자의 기대에 부합하지 않거나 소유자의 흥미를 돋우지 못하는 부분을 들어낼 수 있기 때문이다. 그래서 네트워크는 마치 소유자의 기분이나 갈망이 달라지는 대로 고분고분하게 복종하고 반응하는 듯 여겨지며 때때로 실제 감각으로 그렇게 느껴진다. 연결되어 있지만 느슨하다는 것, 연결을 끊는 기능에 즉각 접근할 수 있다는 것, 요컨대 쉽게 연락이 닿는다는 사실과 자신을 구속하고 불편하게 하는 순간 '연락 가능한' 상태를 그때그때 손쉽게 종료할 수 있다는 사실의 공립……. 이 모든 것이 공사가 얽히고설킨 관계들의 변덕스러운 변증법에 탁월하게 들어맞는 듯하다. 또한 이 모든 조건은 개인적 자유에 무척 새롭고 보다 널찍한 전망을 열어주는 동시에 공적 영역 도처에 흩어져 있는 헌신이라는 함정을 무력화하고 있는 것처럼 보인다. 그렇지만…….

이에 대해 주제 사라마구Jose Saramago는 《도플갱어O homem duplicado》에서 흉내 낼 수 없이 예리하고 통절한 특유의 태도로 이렇게 말한다. "소통의 기술은 좋은 것에서 더 좋은 것으로, 실로 기하급수적으로 계속해서 발전하건만 다른 종류의 소통, 즉 엄밀한 의미의 진짜 소통, 내게서 당신에게 이르는, 우리에게서 그들에게 이르는 소통은 아직도 이렇게 사방이 궁지에 막힌 혼돈인 채로 그 가짜 광장이 에둘러 드러내고 에둘러 숨기는 것에 놀아나고만 있는 이유는 무엇인가?" 사라마구는 "인간관계라는 더없이 복잡한 미궁에 드리운 혼란"이야말로 "불치"라고 결론짓는다. 소통의 기술들이 기하급수를 넘어 그 어떤 속도로 계속 발전하더라도 이 혼란은 우리 앞에서 결코 사라지지 않으리라.

사라마구의 견해에 덧붙이건대, 혼란은 점점 커지기만 할 것이다. 결국 작금의 소통 기술이 이룬 가장 대단한 성취는 인간의 공동생활이라는 짜증 날 만큼 복잡한 관습 자체를 간소화한 것이 아니다. 그 두껍고 빽빽했던 여러 겹의 원본을 압축하여 더 이상 고민하지 않아도 되고 노력하지 않아도 되는, 그래서 손쉽게 단순화할 수 있는 얇고 얕은 한 겹짜리 대체물로 원본을 간소화한 것이나. 이렇게 "엄밀한 의미의 진짜 소통"(사라마구는 '압축되지 않은 온전한 소통'을 이렇게 표현했다)을 미룰 수 없는 시급한 과제의 목록에서 삭제할 때의 부작용은 "엄밀한 의미의 진짜 소통"에 꼭 필요한 기술들이 한층 더 약해지고 희미해지고 사라진다는 점이다.

이 모든 것의 최종 결과로 "내게서 당신에게 이르는, 우리에게서 그들에게 이르는" 소통의 난제들은 더더욱 버겁고 혼란스럽게 여겨지게 되고, 그런 문제를 효과적으로 다루는 기술에 통달하기는 (휴대전화라는 참호의 발명과 구축에 시동을 건) "인간관계 최대의 혁명"이 시작되기 전보다 훨씬 더 막연하고 어렵게만 보인다.

10
부모와 자식

1977년, 그러니까 개인용 컴퓨터나 휴대전화나 아이팟 등 인간을 사회화하면서도 파편화하고, 접촉시키면서도 고립시키고, 연결하면서도 차단하는 경이로운 기술들이 아직 그림자도 보이지 않던 시절에 로베르 브레송Robert Bresson은 여러 청소년을 주인공으로 삼은 〈아마도 악마가Le diable, probablement〉라는 영화를 만들었다. 영화의 주인공들은 삶의 목적과 자신이 이 세상에서 맡은 임무를 찾아, 그리고 그 일이 '맡겨진' 의미를 찾아 헤매면서 혼란스러워한다. 어른은 그들에게 전혀 도움이 되지 못한다. 실제로, 플롯이 비극적인 대단원에 이르는 95분간 화면에는 성인이 한 명도 등장하지 않는다. 이 영화에서 청소년들이 어른의 희미한 존재를 알아채는 것은 단 한 번, 서로 소통하려 하지만 실패하기만 하

고독을 잃어버린 시간

는 괴로운 상황의 한복판에서다. 그들이 대단한 활약을 펼치다가 배가 고파져 냉장고 주위에 모였을 때, 그 안에는 내내 눈에 띄지 않고 투명하게만 존재하던 부모가 그럴 때 먹으라고 채워둔 음식이 있다. 이 영화에 담긴 브레송의 비전이 얼마나 예언적이었는지는 개봉 후 30년에 걸쳐 밝혀지고 인정받았다. 브레송은 동시대 사람들과 함께 목격한 '거대한 변화'를 그 결과까지 꿰뚫어 보았다. 겨우 몇몇만이 명석하게 알아보고 지혜롭게 들여다보고 열정적으로 기록한 그 결과는 바로 생산자 사회, 즉 노동자와 군인의 사회에서 소비자 사회, 즉 모두가 속속들이 개인이며 그들이 처한 역사가 명하는 대로 단기적인 생각과 관점과 사업에 몰두하는 사회로의 이행이었다.

생산자와 군인으로 이루어진 '견고한 근대' 사회에서 부모가 담당했던 역할은 어떻게든 방법을 찾아 자식에게 앞으로 공장이나 막사의 단조로운 업무를 해나가는 데 필요한 평생의 자기 규율을 차근차근 가르치는 것, 그리고 그와 같이 행동을 '규범으로써 단속'하는 방법을 직접 보여주어 자식의 귀감이 되는 것이었다. 미셸 푸코Michel Foucault의 관점에서, 19~20세기에 나타난 유아 섹슈얼리티 문제 및 '수음 공황'은 그처럼 자식을 엄격하게 통제하고 생활 전면을 감시하는 부모 역할을 정당화하고 장려하는 데 활용되던 여러 넉넉한 무기 가운데 하나였다.[4] 부모가 그런 역할을 하기 위해서는,

주의력과 호기심을 가지고 늘 자식 곁에 있어야 했다. 이 역할은

근거리라는 조건을 전제했고, 자세한 조사와 집요한 관찰을 바탕으로 수행되었다. 억지 자백을 끌어내는 질문 및 질문 이상의 확신을 통해 대화가 오가야 했다. 요컨대 이 역할은 물리적 근접성, 그리고 강렬한 감정의 상호작용을 뜻했다.

푸코에 따르면, 부모 역할 및 그 훈육 효과를 강화하기 위한 저 쉼 없는 작전에 있어 "아이의 '악행'은 적이라기보다 지원군에 가까웠다." 악행이 "벌어질 가능성이 있는 모든 곳에 감시 장치가 설치되었고, 자백을 강제하기 위한 덫이 놓였"기 때문이다. 욕실과 침실은 그중에서도 가장 위험한 장소, 아이들의 병적인 성벽이 번식하기에 가장 좋은 양식장으로 낙인찍혔다. 그곳에는 특히 더 면밀하고 은밀하고 가차 없는 감독이 요구됨은 물론, 당연히 부모가 늘 주시하고 간섭하면서 눈에 거슬릴 정도로 존재감을 드러내야 했다.

우리의 유동하는 현대에 수음은 더 이상 '죄'가 아니고, 그사이에 '수음 공황'은 '성추행 공황'으로 대체되었다. 그리고 이 숨은 위협, 이 새로운 공황의 원인이 자리한 곳은 아이의 섹슈얼리티가 아니라 부모의 섹슈얼리티다. 섬뜩한 악행이 벌어지는 소굴은 과거와 마찬가지로 욕실과 침실이지만 이제 악의 보균자로 비난받는 쪽은 **부모**이며, 그들을 비롯한 어른 일반이 잠재적인 아동 성범죄자 혹은 성학대자로 의심받는다. 새롭게 주목받으며 새로운 적으로 지목된 이 악당에 대해 전쟁이 선포되었으니, 그 목표는 분명한 말로써 포고되었든 발없이 내새해 있든

고독을 잃어버린 시간

똑같다. 부모의 통제를 완화하는 것, 부모가 자식의 삶 도처에 눈에 거슬리게 존재하기를 포기하게 만드는 것, 가족 안에서는 물론 친구 관계에서도 '어른'과 '어린이' 사이에 거리를 설정하고 유지하는 것이다.

현재의 공황과 관련하여 프랑스 국립통계청에서 최근 발표한 내용에 따르면, 인터뷰 참가자가 청소년기에 당한 성 학대를 상기/복기한 경우는 2000년부터 2006년까지 6년 사이에 세 배 가까이(전체 2.7퍼센트에서 7.3퍼센트, 여성은 16퍼센트로, 남성은 5퍼센트로, 즉 아주 빠른 '추세'로) 증가했다.[5] 보고서 작성자는 "이 수치의 상승은 성폭력이 점점 더 많이 발생하고 있음을 보여준다기보다는, 학문적 조사에서 강간 사건을 고백하는 경향이 점점 강해진다는 사실과 폭력을 용인하는 한계치가 낮아지고 있음을 보여준다"고 강조한다. 하지만 한 가지 덧붙이고 싶은 점이 있다. 저수치의 상승에는 미디어가 서서히 퍼뜨려왔고 그에 따라 점점 확대되고 있는 한 경향, 즉 사람들이 성인이 되어 겪는 심리적 고민과 문제를 설명할 때 그 원인을 유아기의 섹슈얼리티 좌절 및 오이디푸스 또는 엘렉트라 콤플렉가 아니라 어린 시절에 경험한 성추행과 성적 학대에서 찾는 새로운 경향이 함께 나타나고 있으며, 어쩌면 이쪽에 더 큰 이유가 있을지도 모른다. 우리가 분명히 해야 할 점은, 과거의 공황에서 얼마나 많은 아이가 수음 충동에 빠지느냐가 실제로는 중요한 사안이 아니었던 것과 마찬가지로 오늘날 공황의 핵심은 실제로 얼마나 많은 부모가 (다른 성인 공범이 있든 없든) 자식을 성적 대상으로 취급하느냐, 또 그들이 자신의 우월한 힘을 휘둘러 자식의 약점을 어느 정도까지 이용하느냐가 아니라는 것이다. 지금 중요한 것, 실로 근본적이고 심각한 **문제**는, 제 부모 및 다른 성인들에게서 거리를 유지하라고 교육받은 아이들이 그 거리를 좁힐 때, 그것이 성인의 고질병인 소아 성애 충동을 공공연하게, 또는 은밀하게, 또는 잠재의식적으로 풀어놓는 행위로 해석될 수 있다(또 그렇게 해석되어야만 하고 그렇게 해석될 것이다)는 것을 이제 모두가 공식적으로, 큰 목소리로 경고받았다는 사실이다.

수음 공황에서 가장 크게 훼손된 것은 **청소년의 자율성**이었다. 앞으로 어른이 될 그들은 이른 유년기부터 (통제하지 않고 놔두면) 끔찍한 지경에 이를 수 있는 저 자신의 병적인 본능과 충동으로부터 보호받아야 했다. 반면 성추행 공황에서 가장 크게 훼손되는 것은 **세대 간 유대와 친밀성**일 수밖에 없다. 수음 공황이 성인을 청소년의 가장 좋은 친구이자 수호천사, 믿음직한 길잡이, 무엇보다 그들에게 반드시 필요한 감독관으로 설정했다면, 성추행 공황은 성인을 '유력 용의자'로 설정하고 그들이 명확한 의도를 가지고 저지른 범죄, 혹은 최소한 (계획적인 범의가 있었든 없었든) 본능 때문에 어쩔 수 없이 저지른 범죄의 혐의부터 씌운다. 이전의 공황은 부모의 권력이 극대화되는 결과를 낳았지만 그와 함께 부모로 하여금 청소년을 감독하고 책임질 의무를 인정하며 그에 따르는 책무를 부지런히 수행하도록 유도했다. 반면에 새로운 공황은 일차적으로 부모를 실제로 혹은 잠재적으로 권력을 남용할 행위자로 고발함으로써 그들로부터 부모로서의 책무를 면제한다.

이 새로운 공황은 부모와 자식 관계를 소비자 시장을 통해 억지로 매

고독을 잃어버린 시간

개함으로써 **부모-자식 관계의 상업화**라는 이미 진행 중인 변화를 한층 더 그럴듯하게 정당화한다. 가정 안에서 자식을 주시하고 돌보던 역할로부터 손을 뗀 부모에게 어떤 도덕적 가책이 자투리처럼 남아 있는지는 몰라도, 소비자 시장은 그 가책을 억누를 방법을 제시한다. 어떤 방법이냐 하면, 모든 가족 행사와 모든 종교적·국가적 명절을 자녀가 꿈꾸는 고가의 선물을 아낌없이 사주는 날로 변형하는 것이다. 그리고 아이들이 이미 또래와 치열하게 경쟁하게 하는 계략에 걸려든 채 상점이 공급하는 사회적 구분의 증표들을 전시하는 상황에서 그때그때 꼭 한발씩 앞서서 이기는 전술을 쓸 수 있도록 매일매일 방조하는 것이다.

그러나 이러한 소비재 산업의 유혹과 도움에 의지하다보면, '돈으로' 골칫거리를 치우려다 오히려 돈으로는 해결 불가능한 더 많은 문제를 초래하는 꼴이 될 수 있다. 프랭크 푸레디Frank Furedi 교수는 어른의 권위를 행사하는 임무에 있어 '탈숙련화'가 일어나고 있다고 표현하며 이렇게 묻는다. "어른이 아이 곁에 있어야 하는 존재로 신뢰받지 못할 때, 그 중 누군가는 자신과 한 공동체에서 살아가는 아이들의 행복을 자신이 책임질 필요는 없다고 결론짓는다 해도 전혀 놀랄 것 없지 않은가?"[6]

11
청소년의 씀씀이에 관하여

얼마 전 영국 국립통계청이 현재 영국 내 평균적인 가정의 가계 구조를 분석한 〈가계 지출 조사〉를 새로 발표했다. 한 지붕 밑에 함께 사는 사람들이 어떤 목적에 돈을 쓰는지, 누가 무엇에 쓰고 있는지를 보여주는 자료다. 이에 따르면 영국에 사는 '평균적인 10대'는 1년에 휴대전화, MP3 플레이어, 콘텐츠 다운로드에 1000파운드 이상, 헤어스타일에 240파운드 이상, 운동화에 300파운드 이상을 쓴다(이 액수를 합산한 1540파운드는 한화로 약 220만 원이다). 정기적인 지출 항목은 이것만이 아니다. 10대의 지출 전체를 계산하려면 극장과 클럽, 옷차림에 드는 돈도 더해야 한다. 거기서 끝나는 게 아니고, 평균적인 10대가 제대로 된, 정말로 '정상적'인 삶을 살고 또래 집단에 들어가 존중받으려면 반드시 깃추이야 한

고목을 잃어버린 시간

다는 '필수' 장비들이 있다. 가령 휴대전화는 적당한 주기로 "새롭고 더 좋아진" 제품으로 업그레이드해야 하고, 벨 소리 또한 새로 나온 것으로 주기적으로 교체해야 한다. 노트북도 있어야 하고, 자기 방에 텔레비전과 DVD 플레이어도 갖추어야 한다. 악기도 (여럿) 가져야 할 뿐 아니라 악기 수업도 받아야 한다……. 이 조사에 나온 모든 것을 감안하면, 10대가 평균적인 라이프 스타일을 유지하는 데는 연간 9000파운드(한화 약 1300만 원)가 든다. 물가 상승률을 적용해서 비교해도, 이 수치는 대략 30년 전에 평균적인 10대가 쓴 돈의 열두 배를 상회한다.

이 수치를 해석하고 입장을 정하기에 앞서 우리가 함께 고려해야 할 사실이 두 가지 있다. 첫째, 통계학적 계산이 처음 이루어진 시절과 비교하면 이제는 10대가 소비를 시작하는 나이가 그때보다 어리고 갈수록 더 어려지고 있다는 점이다. 가령 한 교육 자선단체의 최근 연구에 따르면, 오늘날의 일곱 살 어린이들은 자기 휴대전화는 물론 유행하는 벨 소리와 최근 가장 많이 광고되는 게임까지 가지고 싶어 한다.

둘째, 1970년대의 10대 역시 지금의 10대와 별반 다르지 않게 콘솔 게임, 휴대용 음악 재생 장치, 영화 관람 같은 경이로운 즐길 거리의 유혹에 둘러싸여 있었지만, 그 당시 욕망의 대상은 (영화표는 예외로 치더라도) 하나같이 지금의 훨씬 더 세련된 버전보다 (상대적으로) 훨씬 더 비쌌고 고로 접근성이 낮았다. 즉, 그 시절 욕망의 대상은 사치품, 갈망의 대상일 뿐 필수품이 아니었다. 그것들을 소유하게 된다는 것은 특별한 경우에만 베풀어지는 특별히 다정하고 풍성한 행운이 어쩌다 찾아든 경우이지 정당한 기대치가 아니었고 권리나 의무의 문제는 더더욱 아니었다. 이제는 욕망의 물건 하나하나가 전보다 싸다. 점점 낮아지는 유혹적인 가격과 그 덕분에 점점 가까워지는 유혹적인 거리로 인해, 욕망하는 물건을 손에 넣는 것이 평범하고 '정상적'이며 '누구 못지않게 소중한' 삶에 흔하게 일어나는 일로 여겨지는 경향이 있다. 더 이상은 모처럼 벌어진 특별한 사건, 축하하고 기념해야 할, 하느님이나 행운에 감사하며 자랑할 만한 사건이 아닌 것이다. 그런데 이 변화가 낳은 뜻밖의, 그러나 필연적인 효과가 나타났으니, 바로 입수한 물건과 맺는 정서적 유대가 거의 사라졌다는 점이다. 즉, 가장 중요한 것은 **획득의 순간**이지 그 후로 오래 **이어지는 우정**이 아니다. 10대 소유의 휴대전화 가운데 절반은 집 밖이나 집 안에서 분실되는 운명을 맞으며, 더 이상 신지도 아끼지도 않는 운동화는 산 지 얼마 되지도 않아 쓰레기통행이다. 물건의 유행은 시작되는 속도만큼 **빠르게** 끝난다. 물건을 쉽게 손에 넣었다가 곧 내던지고 처분하기를 반복하는 흐름 속에서 '개인적으로 아끼는 멋진 소유물'이라 할 만큼 특별한 것은 거의 찾아볼 수 없고, 혹시 있더라도 오래가지 못한다. 영원히 지켜야 할 것은 **스타일**이지 그것을 위한 **장비**가 아니다. 게다가 스타일을 유지하고 싶다면 점점 더 **빠른** 속도로 장비를 연신 갈아치워야만 한다.

내가 10대의 세계를 다시 들여다보게 된 계기는 자코모 세간티니 Giacomo Segantini라는 이탈리아 독자가 보낸 의미심장한 편지 한 통이었다. 그는 이렇게 썼다. "내가 직접 경험하는 현실은 전혀 다릅니다. 나는 될

고독을 잃어버린 시간

수 있는 한 적게 소비해요. 그럴 돈이 없으니까요. 이 상황에서 나는 낙담하기보다는 광고 메세지를 무시하는 습관을 들이게 되었습니다." 나로서는 편지를 쓴 청년의 진실성을 의심할 이유가 전혀 없고, 그간 필요라는 압력에 의해 얼마나 단련됐는지는 몰라도 그의 강한 의지력에 찬사를 보낼 따름이다. 자코모 세간티니는 자신의 선택으로 혹은 상황의 강요에 의해 조류를 거슬러 헤엄치기로 했다. 그것도 참으로 막강한 흐름을 말이다. 많은 사람이 (사회적으로) 사느냐 죽느냐를 결정한다고 믿는 특정한 라이프 스타일을 "그럴 돈이 없"어서 채택하지 못하는 사람은 세간티니만이 아니다. 많은 젊은이가 '자격' 없고 '능력' 없는 소비자로, 망가지거나 고장 난 소비자로 취급되는데, 그들이 마냥 원해서 그편을 선택했을 리 없다. 할 수만 있었다면 그들은 그편을 선택하지 않았을 것이다. "광고 메시지"는 모든 곳에, 눈에 거슬릴 만큼 고집스럽고 음험하게 존재하지만, 사실 광고의 가장 두렵고 막강한 힘은 그 수신인의 또래 집단(평균적인 10대) 대다수가 두려운 마음으로 그것에 귀를 기울이면서 있는 힘(과 그 이상의 힘)을 다해 광고가 가르치고 명령하는 바를 따르려 한다는 사실에서 비롯한다. 그러므로 누군가가 '습관'을 들여서까지 '무시' 해야 하는 것은 비단 광고의 압력만이 아니다. 어쩌면 그 무엇보다 결연하게 무시해야 하는 것은 광고 자체만큼 눈에 거슬리지는 않아도 더없이 확실하게 강력한 효과를 발휘하는 주변 사람의 압력, 그들이 스스로 맞추려 하고 곁에 있는 다른 모든 사람에게도 맞추기를 기대하는 기준의 압력일 것이다. 이것을 무시하고 가치를 부여하지 않는 것, 사회적 압력을 이겨내는 일에는 용기가 필요하다. 그것도 아주 큰 용기가. 또한 강철 같은 배짱, 강인한 인격이 요구된다. 단련하고 연마하기 쉽지 않고 시종일관 유지하기가 녹록지 않은 실로 강인한 인격이.

30년 전에는 유난히 의지가 굳고 용감한 몇몇 선택받은 특별한 사람만이 개인용 컴퓨터를 사려고, 아니면 자신이 존경하는 감독이나 좋아하는 배우의 영화를 볼 특별한 기회를 누리려고 꾸준히 돈을 모았다면, 요새는 유독 의지가 굳고 강한 저항력을 갖춘 특별한 사람만이 빚을 져서라도 당장 최신형 MP3 플레이어를 사거나 최신곡 다운로드하기를 거부한다. 아마 자코모 세간티니는 결코 많은 수가 아닌 그 특별한 종족에 속할 테고, 나는 특별한 사람으로 살아간다는 것이 그에게 쉬운 일만은 아니었으리라 짐작한다. 분명 그는 삶 속에서 자주 괴로워했을 것이고 굴욕감이 무엇인지도 알 것이다……. 흐름에 항복하는 데 돈이라는 대가가 들듯이 흐름을 거스르는 데도 나름의 대가가 따른다. 이 경우에는 그 형태가 돈은 아니지만, 돈보다 더 지불하기 어렵고 고될 때가 많다. 나는 이 일련의 편지 중 어딘가에 "운명이 선택지를 결정한다"고 썼으나, 결국 선택을 내리는 것은 사람의 인격이다. 세간티니가 내린 선택으로 판단하건대, 그의 인격은 존중받고 찬사받아야 할 모든 이유를 갖췄다.

또한 자코모는 편지에서 "미래에 대해 생각하지 않기가" 불가능하다고 단언했는데, 나는 그러한 고집에도 감동했다. 편지를 쓴 날짜(최근 신용이 붕괴하고 이어 노동시장이 붕괴한 지 몇 달 후다)를 고려하건내, 이빈민름은 자코모도 또래 집단 대다수의 대열에 합류하고 있을 것이다. 얼마 전까지만 해도 영원히 지속되리라 예상하던 삶의 양식이, 현기증이 나고 숨이 가쁠 만큼 빠르고 활기차게 소용돌이치는 신기한 상품과 짜릿한 자극 속에서 영위되는 종류의 삶이, 이제 날카로운 소리를 내며 급정거하고 있다. 일단은 속도가 느려지는 중이고, 앞으로 당분간은 계속 절뚝거릴 가능성이 커 보인다. 세간티니의 정확한 표현을 빌리자면 그와 함께 어른의 세계에 진입하고 있는 "수만도 아니고 수십만에 이르는" 젊은이가 반년 전까지만 해도 그 그림자조차 보지 못한 도전을, 그들이 가진 기술로는 도저히 맞설 수 없는 종류의 도전을 마주하게 된 것이다. 이들이 훈련받은 것은 **넘쳐나는** 선택지와 기회를 다루고 처리하는 방법이다. 그런 이들이 이제는 선택지와 기회가 **부족해서** 문제가 되는 세계에서 살아가는 법을 어서 배워야만 한다. "나도 일자리를 가질 수 있을까? 있다면 그건 어떤 종류의 일일까? 어떻게 하면 그 일을 얻을 수 있을까?" 독자 여러분은 이들이 가질 만한 몇 가지 일자리를 떠올릴 수 있겠지만, 그것이 지금도 정말 남아 있는지, 또 그들이 그 일에 필요한 기술을 획득할 때까지 오래 남아 있을지는 여러분도 나도 보장할 수 없다.

자코모가, 본인이 밝힌 대로 "젊은 사회학자" 대열에 합류하는 데 성공한다면 나는 무척 기쁠 것이다. 하지만 (비슷한 선택을 고민 중인 모든 청년에게 전하건대) 그 특수한 대열에 합류한다고 해서 삶이 더 쉬워지지는 않으리라고 경고할 수밖에 없다. 자코모의 인격을 생각하면 오히려 근심이 더 늘 수도 있고, 그나마 그의 정신적 안위를 지켜주던 것들마저 사라질 수도 있다. 사회학자로서 일하고 살아가는 내내 "사람은 제 조부모에게나 쓸모 있었을 것만 배운다. 삶을 제대로 사는 방법은 죽은 자에게만 가르칠 수도 있다"는 사실, 그러니까 "현대 세계에서 가장 중요한 글 중 하나"를 쓴 작가로 널리 인정받는 페르난두 페소아Fernando Pessoa가 한 말을 재차 사실로 확인할 테니까 말이다.

12

Y세대를 스토킹하다

세상에 어떤 사람도 다른 이와 같을 수 없다. 이 사실은 나이 든 사람에게나 어린 사람에게나 똑같이 적용된다. 그렇지만 어떤 특징이나 특질이 특정한 인간 범주에서만 유독 자주 나타나는 경향이 있다고 말하는 것도 얼마든지 가능하다. 애초에 우리가 '범주'라는 것을 이야기할 수 있는 것도 이처럼 특징들에 '상대적 밀도'가 있기 때문이다. 국민, 계급, 젠더가 그렇고 세대도 그렇다. '범주'를 논할 때, 우리는 그 범주에 속하는 각 구성원을 다른 누구와도 다른 반복 불가능한 독자적 존재로, '같은 범주'의 다른 모든 구성원과 구별되는 존재로 만드는 수많은 특징에 대해서는 잠시 눈을 감고, '다른 범주들'의 구성원에게는 없거나 상대적으로 드문 반면 해당 범주의 모든 혹은 대다수 구성원에게 공통되는 특징에만 초점을 맞춘다. 이러한 단서를 염두에 두고, 이제 우리가 살아가는 이 시대의 연속적인 세 세대(최고령층을 제외하고)에 대해 이야기해보자.

그 첫째는 '베이비 부머' 세대, 즉 1946년에서 1964년 사이에 태어난 사람들이다. 이들은 세계대전 전후의 그 유명한 '베이비 붐' 시기, 즉 전선과 포로수용소에서 돌아온 병사들이 이제는 미래를 계획할 때가, 결혼할 때가, 그리고 아이를 낳을 때가 되었다고 판단한 시기에 태어났다. 귀환병의 몸과 마음에는 전쟁 전의 실업과 식량난과 내핍이 여태 생생한 기억으로 남아 있었다. 극빈의 위협 속에서 근근이 하루하루를 나던 경험은 결코 마음 편한 '옛일'이 되지 않았다. 그런 그들이 전장에서 돌아와 갑자기, 달리 유례가 없을 만큼 넘쳐나는 고용 제안을 기쁘게 받아들인 것은 당연한 일이다. 한편으로는 과거의 고된 경험에서 배운 바가 있기에, 그 기회가 언제 철회되어도 이상하지 않은 행운의 선물이라 생각했다. 그래서 그들은 열심히, 오래 일했고 궂은 날에 대비해서, 또한 자신이 결코 누리지 못한 편안한 삶을 제 자식은 살 수 있도록 한 푼 한 푼을 아꼈다.

그들의 자식, 즉 현재 나이 28세에서 45세에 이르는 'X세대'는 사뭇 다른 세상, 즉 부모 세대의 헌신과 긴 노동시간과 검약과 인색과 자기부정에 힘입어 도래한 세상에 태어났다. 이들은 부모의 인생철학과 전략을 물려받아 실천하긴 했으나 마냥 원해서 그런 것은 아니었고, 주변 세상이 점점 풍요로워지고 삶의 전망이 탄탄해지면서는 제 부모의, 그리고 특히 자기 자신의 절제와 중용과 자기부정으로부터 보상을 취하여 누

고독을 잃어버린 시간

리는 일에 인내심을 잃어갔다. 그들은 제 부모보다 미래들 덜 걱정했고 '지금'에 더 큰 관심을 두었다. 이들에겐 손 닿는 데 있는, 그 자리에서 당장 소비할 수 있는 삶의 쾌락이 더 중요했다. 그런 이유로 이들은 "자기중심적인 '나' 세대me generation"라는, 신랄하고 씁쓸한 별명을 얻었다.

이윽고 'Y세대'가 도래했다. 현재 나이 11세에서 28세 사이인 이들은 수많은 관찰자와 연구자가 한목소리로 말하듯 그들 부모 세대나 조부모 세대와 전혀 다르다. 이들은 부모가 어릴 적에 경험하지 못했음은 물론 상상하기도 (완전히 불가능하진 않더라도) 어려웠을 세계, 그리고 생애 후반에 이르러서는 혼란과 불신이 뒤섞인 감정으로 마주하게 되는 세계에 태어났다. 이들의 세계는 일자리가 넘쳐나고, 선택지가 무한한 것 같고, 누릴 수 있는 기회가 풍부한 데다, 모든 것이 극도로 매혹적인 곳이다. 무엇보다 이들의 세계에서는 맛볼 수 있는 쾌락이 갈수록 증식하는데다, 그 하나하나가 극도로 유혹적이며 그 하나하나가 앞선 쾌락을 일찍 은퇴시켜 영원한 망각 속으로 밀어 넣는다.

언제나, 풍부하게, 아무렇지 않게, 손 닿는 곳에 존재하는 사물은 무릇 '빛 속에 숨는' 법이다. 너무나 당연하게 존재하는 나머지 눈에 잘 띄지 않고, 하물며 찬찬히 생각해보기는 더 불가능하다. 우리는 들이마실 공기 없이는 1~2분도 더 살아 있을 수 없건만, '삶의 필수 조건'으로 여기는 항목을 나열하라고 하면 아무래도 공기를 그 안에 넣지는 않을 것이다. 어쩌다 목록에 포함하더라도 맨 아래쯤 올까. 우리는 별생각 없이 공기가 언제 어디에나 존재하며 우리가 할 일은 폐가 원하는 만큼 공기를 들이마시는 것뿐이라고 전제한다. 이런 점에서 일자리는 (최소한 여러분과 내가 사는 지역에서는) 1년여 전까지 공기나 다름없었다. 필요하면 언제든 구할 수 있었다는 뜻이다. 어쩌다 (사람 많은 방 안에 맑은 공기가 부족해지듯) 일자리가 잠깐 부족해질 때는 (창문을 여는 식의) 최소한의 노력으로 얼마든지 사태를 '정상'으로 되돌릴 수 있었다. 베이비 부머 세대가, 나아가 X세대가 얼마나 놀랍게 여길지는 몰라도, 수많은 연구에 따르면 Y세대 구성원 대다수가 내놓는 '행복한 삶의 필수 항목' 목록에서 '노동'은 거의 최하위로 떨어졌다. 이 무관심을 해명하라고 다그치자 그들에게서 이런 식의 답이 나왔다. "일? 그거야 살아가려면 (공기처럼) 없어선 안될 항목이지. 하지만 일 자체가 삶을 가치 있게 만들어 주진 않아. 아니, 오히려 그 반대지. 삶은 노동 때문에 단조로워지고, 그래서 결국 지루하고 음울하고 재미없어지니까. 결국 일이란 하기 싫은데 해야 하는 것, 성가신 의무에 지나지 않는 것 아닌가? 뭐 하나 재미있을 게 없고, 상상력을 사로잡거나 감각을 자극하는 구석도 전혀 없으니까. 뭐가 어쨌든, 나에게 쾌락을 거의 선사하지 못하는 노동 때문에 정말로 중요한 일이 방해를 받아선 절대 안 돼!" 그렇다면 이들에게 "정말로 중요한 일"이란 무엇이었을까? 그건 사무실이나 상점, 공장을 벗어나 넉넉한 자유 시간을 보내는 것, 언제라도 일손을 놓고 나와 밖에서 더 재미있게 즐기는 것, 여행, 내가 선택한 장소에서 내가 선택한 친구들과 함께하는 것이었다. 이 모든 것에는 공통된 특징이 존재한다. 주로 일터 밖에서 이루어지는 활동이라는 사실이다. 삶은 다른 곳에 있는 것이나! Y세대기 인생에 어떤 커다란 계획을 세우고 간직하며 실천했는지 몰라도, 어쨌든 그 대부분은 직업 생활과는, 하물며 '이제로부터 영원히' 굳건한 일자리와는 별관계가 없었다. 그들이 노동에서 결코 찾으려 하지 않은 것이 있다면 바로 장기적인 안정성과 영원까지 이어지는 전망이었으니까…….

연구자들에 따르면, 업계에서 가장 평판 좋은 취업 알선 회사들은 Y세대의 우선순위와 공포를 충분히 인지하고 젊은 인재를 찾았다. 유연한 노동시간, 재택근무, 정기적인 안식기, 오래 자리를 비워도 문제없는 휴가, 거기에다 노동시간에 일터에서 여흥과 휴식을 즐길 기회까지, 그들은 해당 일터가 보장하고 약속하는 자유에 최대한 초점을 맞추어 유혹적인 채용 작전을 펼쳤다. 신병들이 일이 재미없다고 느끼면 그냥 그만두고 딴 곳으로 가버리리라는 사실을 그들은 잘 알고 있었다. 잔인하고 비인간적이긴 해도 가장 효과적으로 노동인구의 안정성을 유지해온 실업 가능성이라는 방책이 꽤 오랫동안 그 섬뜩한 힘을 발휘하지 못하고 있던 때라, 달리 그들을 막을 방법이 없었다.

여기까지가 한때는 Y세대를 그 전 세대와 구분하던 그들만의 인생철학과 전략이었다면, 이제 우리 시대의 젊은이 앞에는 돌연한 각성이 기다리고 있다. 유럽의 가장 번영한 나라들은 현재 대량 장기 실업이 망각 속에서 되살아나 영원할 것 같던 유형에서 되돌아오리라 예상한다. 이 암울한 예감이 현실이 된다면, 이 시대 청년들이 자연의 일부로 여기던(혹은 태생상 그렇게밖에 볼 수 없었던) 무한한 선택과 이동 및 변화의 자유는 곧 사라질 것이다. 나아가 (잠깐) 역경이 닥칠 때 자신을 지탱해주리라고, 또 골칫거리를 해결할 즉각적이고 만족스러운 해법이 (잠깐) 없을 때 자신을 안내해주리라고 기대하던, 표면상으론 무한정한 신용도 곧 함께 사라질 것이다.

Y세대는 이 사태에 큰 충격을 받을지도 모른다. 베이비 붐 세대와 달리 이들에겐 '2차 방어선' 같은 것이 없다. 다시 말해, 이들은 한때 사용하다가 오랫동안 내버려둔 (오래전 기억이라 반쯤 잊어버린) 기술이나 (한쪽에 비축해둔) 요령을 다시 꺼내 쓰려야 쓸 수가 없다. 교섭이 불가능한 무자비한 현실, 식량난과 강제적인 내핍 생활, '관두기'로는 절대 해결되지 않는 골치 아픈 나날이 그들 대다수에게는 철저한 '외국 땅'이다. 한 번도 가본 적 없는 세계이자, 혹시 가보았다 해도 결코 눌러살 생각이 들지 않았을 세계. 설령 눌러살겠다고 해도 즐겁기는커녕 길고 고되기만 한 '견습 생활'을 거쳐야 하는 불가사의한 세계.

Y세대가 이 시험이 끝난 뒤 어떤 모습으로 다시 일어설지는 두고 볼 일이다. 그리고 곧 그 뒤를 따를 Z세대가 어떤 인생철학을 설계하고 채택하고 활용하여 제 아비에게서 물려받은 세계를 쇄신할지 역시 아직 모를 일이다……

고독을 잃어버린 시간

13
이것은 자유의 여명이 아니다

이제 스물세 살이 된 쇼반 힐리Siobhan Healey는 얼마 전 생애 첫 신용카드를 손에 넣었다. 그는 이 물건을 자유의 여명으로 환영하면서, 매년 그날을 해방일로 기념하고 축하하기로 했다. 그날부로 쇼반은 저 자신의 주인이 되었고 스스로 재정을 관리할 자유, 스스로 우선순위를 판단하고 현실을 욕망에 맞출 자유를 얻었다.

그날로부터 얼마 안 가 쇼반은 두 번째 신용카드를 손에 넣었다. 첫 번째 신용카드에 진 빚의 이자를 갚기 위해서였다. 다시 그로부터 얼마 안 가 첫 번째 신용카드에 쌓인 빚의 이자를 두 번째 카드로도 충당하지 못하게 되면서, 쇼반은 그 소중한 '경제적 자유'에는 치러야만 하는 대가가 있음을 깨달았다. 쇼반은 두 카드의 연체금, 그러니까 그사이에 무려 2만 6000호주달러[한화 약 2100만 원]까지 쌓인 빚을 갚기 위해 은행에 대출을 신청했다. 그런데 그때 그는 친구들의 본보기를 따라―그 나이엔 모두가 '반드시' 해야 하는 대로―해외여행 자금까지 추가로 빌렸다. 그 직후, 쇼반은 제 힘만으론 빚더미에서 빠져나올 가능성이 거의 없음을 마침내 깨달았다. 추가 대출을 받는 것으로는 빚을 갚을 수 없을 것이 명백했다. 쇼반은 안타깝게도 1~2년 뒤늦게 이렇게 말했다. "생각하는 패턴을 완전히 바꾸고 '번 다음에 쓰는' 법을 배울 때가 된 거죠." 그는 어떻게든 빚을 청산하고자 재무 상담도 받고 채무 계약 집행자도 찾아갔다. 과연 그들이 그의 "생각하는 패턴을 완전히 바꾸"는 데 도움을 주었을까? 그건 두고 볼 일이고, 쇼반 앞에 버거운 오르막길이 기다리고 있는 것만은 확실하다…….

오스트레일리아 채무중재기관의 대변인 벤 패리스Ben Paris는 쇼반이 겪은 시련과 고난에 놀라지도, 당황하지도 않았다. 그는 그런 경험을 "기울어가는 타이타닉호의 갑판에서 의자를 정리하는 격"이라고 비유한 뒤, 곧이어 요즘엔 젊은이들이 "자기가 벌지도 못할 돈을 빌린다"고 말했다. 그의 설명에 따르면 쇼반 힐리의 경험은 아주 전형적인 사례다. "이곳에서 우리는 재정 파탄에 빠진 청년을 1년에 2만 5000명씩 만납니다. 하지만 그것도 빙산의 일각이죠."

쇼반 힐리와 그 비슷한 처지의 젊은이 수천 명은 무모하고 근시안적인 행동을 저질렀으니 비난당하고 벌을 받아 마땅할까? 물론 그럴 이유는 충분하다. 그러나 어찌 그리 생각이 없냐며 낫하고 싶은 사람이 있다

고독을 잃어버린 시간

면, 그들보다 나이 많고 경험 많고 사리를 멀쩡하게 분별하면서도 (조금의 과장도 없이) 똑같은 잘못을 저지르는 사람들이 있다는 사실을 기억하길 바란다. 대부업자는 대출자 덕분에 먹고살고 돈을 번다. 돈을 빌리지 않으려 하고 외상에 의존해 살아가기를 거부하는 사람은 그들에게 아무 쓸모가 없다. 그들이 두 팔 벌려 반기는 존재는 큰돈, 그야말로 "자기가 벌지도 못할 돈"을 빌리려는 사람들이다. 결국 그들이야말로 지금으로부터 영원히 이자를 납부함으로써 변치 않는 이익의 출처가 될 가능성이 가장 높기 때문이다……. 당연히 대부업체와 은행과 신용카드 회사는 최대한 많은 사람을 대출 게임에 끌어들일 수 있는 방법이라면 가리지 않고 동원한다. 그들의 기대대로 그 게임에 한번 발을 들인 대출자는 더 많은 돈을 빌리는 것 외에는 구원받을 길을 쉽게 찾지 못할 테니…….

그렇다면 '번 다음에 쓰는' 성격의 사람을 평생 빚쟁이로 바꾸기에 가장 안성맞춤인 시기는 언제일까? 그들이 가장 취약한 순간이다. 청소년기의 습관은 아직 남아 있고, 어른으로서 접하는 신기한 유혹과 여러 필요와 도전 앞에서 점점 무력해지기만 하는 때, 즉 청소년에서 성년으로 이행하는 시기다. 어린이는 원래 아무 조건 없이 주어지는 선물에 익숙하다. 보통의 경우 어린이가 받는 돈은 이자와 함께 회수하려는 목적에서가 아니라 부모의 사랑과 관심에서 나오는 돈이다. 사랑의 증표이지 탐욕의 증표가 아니다. 부모는 결코 "이 돈을 갚을 수 있겠니?"라고 묻지 않고, 담보를 요구하지도, 상환 날짜 따위를 정하지도 않는다. 아이가 엄마나 아빠에게 매주 받는 용돈 외에 동전이나 지폐를 좀 더 달라고 하면 부모는 "뭐에 쓰려고 그러니?"라고 묻지 "담보로 삼을 만한 재산이 있니?"라고 묻지 않을 것이다. 부모는 자식이 무엇을 얼마나 급하게 필요로 하는지 또는 얼마나 절실하게 원하는지를 보고 돈을 좀 더 선물할지 말지를 결정할 것이다. 대다수 부모는 깊이 생각할 것도 없이 자기가 자식에게 아낌없이 준 선물은 언젠가 그들 손주가 아낌없는 선물로 되받으리라 여길 것이다……. 세상은 이렇게 해서 계속 굴러가는 법 아니던가?

그러나 어렸던 그들이 더는 어린이가 아니지만 아직 어른도 아닌 나이에 이르러 혼자 힘으로 살고 싶어 하는 시기가 마침내, 기어코 찾아온다. 이제 자기 일은 자기가 관리하고 싶고, 어디에 갈지, 무엇을 할지, 무엇을 가장 중요하게 생각할지를 스스로 결정하고 싶다. 이어서 부모가, 제아무리 사랑과 관심이 넘치는 부모라도 (이기심 때문이 아니라 사랑과 관심 때문에) 자식에게 '사람 구실' 하기를, 즉 노동을 하고 생계를 책임지기를 기대하는 시기가 온다. 이어서 자식들 또한 (부모를 원망해서가 아니라 감사하고 사랑하는 마음에서) 진심으로 그러고자 하는 시기가 온다. 자신이 정말로 엄마 아빠의 기대에 부응할 수 있는 사람임을 증명하기 위해서.

대부업체로서는 바로 이때가 먹잇감을 덮쳐 목을 노릴 절호의 기회다. 어린 어른의 머릿속에 저장된 세계지도에서 부모의 자리가 갑자기 빈 것이다. 이 공백이 대부업자에겐 '부모 대신권'을 슬쩍할 다시없을 기회를 의미한다. 그들은 〈빨간 모자〉 이야기에 나오는 늑대처럼 사랑하

고독을 잃어버린 시간

는 할머니 행세를 하면서 이번만큼은 빨간 모자가 동화에 나오는 것만큼 똑똑하고 통찰력 있는 아이가 아니기만을, 그래서 자신의 속임수를 폭로하지 않기만을 기대한다. 혹은 아예 속임수 자체를 알아차리지 못하기만을 기대한다. 왜냐하면 이제 빨간 모자의 후예들은 혼자 돌아다니기보다는 무리 지어 다니며, 보통 그런 무리 속에서는 각자가 스스로 생각하는 고생과 위험을 감수하기보다 아무 생각 없이 다른 모든 사람이 하는 대로 따라 하니까.

젊은이들이 이 운명을 피하기가 더더욱 어려워지는 이유는 여러 나라에서 대부업체가 중앙정부의 막강한 지원을 등에 업고 모든 종류의 대학에, 모든 학부와 모든 학위 과정에 '신용으로 살아가는 기술'이라는 (가상의, 그러나 매우 현실적인) 강좌를 필수 이수 과목으로 도입하고 있다는 데 있다. 학위를 밟는 학생이라면 피할 수 없는 학자금 대출이 이제는 (점점 많은 정부가 대출업체에 협조하면서) 유혹적일 만큼 받기 쉬워졌고 상환 방법 또한 유혹적일 만큼 쉬워 보이지만, 알고 보면 그런 사기와 기만이 따로 없다. 대다수 학생이 빚을 진 상태로 학업을 마치고, 그중 다수가 전액을 상환할 수 없다는 사실을 이내 깨달으며, 그중 십중팔구가 결국 이자를 내기 위해 더 많은 빚을 지게 되고…… 그렇게 외상 인생의 펌프에 마중물이 부어져, 이때부터는 과거의 대출을 갚기 위해 새로 대출을 받는 것이 극히 평범하고 정상적인 방법으로만 보이게 되는 것이다. 이런 게 악순환이 아니면 무엇인가? 이 사악한 순환에서 빠져나올 방법은 없다. 순환 자체가 중단되는 것 말고는.

이 편지는 뱃사람의 이야기로 시작했다가 이윽고 농부의 이야기로 바뀌었다(내가 첫 편지에서 설명한 그 차이를 아직 기억할는지). 여러분의 이웃에는 얼마나 많은 쇼반 힐리가 들어와 살고 있는가? 혹시 당신의 집 안에는? 당신의 침대 안에는? 당신의 파자마 안에는?

고독을 잃어버린 시간

14
너무 일찍 어른이 되는 아이들

웹 사이트 데일리메일(dailymail.co.uk)의 다이애나 애플야드Diana Appleyard
에 따르면, 조지 스완Georgie Swann이라는 여성은 매주 패션 주간지 두 종
을 읽고 "방 안에서 마음에 드는 옷을 입어보고 자신이 소장한 수많은
신발과 핸드백을 걸쳐보면서 대부분의 시간을 보낸다." 화장을 좋아하
는 조지의 방에는 립글로스가 스무 개쯤 있다. 다이애나 애플야드가 글
을 쓴 시점에 조지는 가슴 확대술 비용을 모으며 하루빨리 수술을 받
아 자신의 우상인 모델 조던Jordan과 더 닮기를 꿈꾸고 있었다. 여기까지
읽은 여러분은 세상엔 조지 같은 사람이 많다고, 뉴스거리엔 딱히 새로
운 소식도 아니라고 말할지도 모른다. 맞는 말이다. 조지가 고작 열 살이
라는 사실만 빼면.

애플야드는 조지가 보여주는 이 '어린이 여자child women'라는 범주가 점점 커지고 있다고 말한다. 그는 칠드런스 소사이어티Children's Society의 사무국장 밥 라이트마이어Bob Reitemeier가 수행한 영국 청소년에 관한 종단 연구를 인용하는데, 그에 따르면 정기적으로 야외에 나가 노는 청소년이 전체의 20퍼센트에 못 미치고, 10세 여성 아동 중 대다수가 "머리, 옷, 화장에 집착"하고, 26퍼센트는 자신이 충분히 날씬하지 않다며 몸무게에 집착한다. 라이트마이어는 '어린이 여자' 인구의 불안 수준이 빠르게 높아지고 있으며, 이들이 "잡지에 실린 아름다운 우상의 존재 불가능한 이미지에 저 자신을 비교"하면서 스스로를 "별로 날씬하지 않고 별로 예쁘지 않다"고 생각한다고 경고했다.

조지의 부모는 10대 딸의 습관을 '무해하고 재미있는' 것으로 승인하고 함께 즐기고 있었다. 그러나 애플야드의 기사에 댓글을 단 독자 271명 가운데 대다수는 기사 내용에 놀라고 분노하며 조지의 "때 이른 성숙"은 부모에게 잘못이 있다고 비판했다. 그 이유는 첫째, 그들의 태만과 관대함이 용납 가능한 범위를 벗어난다는 것이었다. 둘째로, 그들은 "너무도 물질주의적이고 돈만 사랑"해서 "돈을 버느라 바쁜 나머지 아이들이 제멋대로 크게 놔둔"다는 내용이었다. 셋째로, 그들은 아이들에게 직접 시간과 정성을 들이는 대신 쇼핑할 돈을 더 많이 주는 것으로 죄책감을 덜려고 한다는 것이었다.

분노와 비난의 댓글을 작성한 이들의 주장도 당연히 일리가 있다. 그러나 조지와 같은 어린이가 늘어나는 현상에는 그것 말고 다른, 더욱 중

고독을 잃어버린 시간

대한 이유가 존재한다. 닐 로슨Neal Lawson은 예리하고 통찰력 있는 연구를 기술한《격렬한 소비All Consuming》7에서 "청소년기의 상업화는 우리 시대의 '터보 소비주의'를 이끄는 큰 원동력"이라고 강조하면서도, 여러 전선에서 동시에 전진하는 이 터보 소비주의가 침략하고 정복하고 식민화하고 있는 영토는 그 밖에도 많다는 사실을 함께 지적한다. 우리 **모두**가, 혹은 이미 많은 사람과 갈수록 많아지는 사람이 '최신 추세를 따라잡지 못하는 인생은 실패한 인생'이라는 생각에 설득당하고 있다. 로슨은 이렇게 덧붙인다. "우리가 사는 물건들은 우리가 되고 싶은 존재의 증표이자 타인이 우리에 대해 생각했으면 하는 모습의 증표다." 요약하자면, "과거에 우리가 사는 물건은 우리의 정체성과 단단히 뒤얽혀 있었다. 그러나 이제는 우리가 사는 물건이 우리 자신이다".

이는 다음과 같이 바꿔 말할 수 있다. 우리 시대의 가장 뚜렷한 특징은 소비 행위와 소비가 아닌 나머지 삶을 구분하던 경계가 점점 지워지고 있는 것이라고. 이제 우리가 상점에 가는 이유는 수프를 끓이는 데 필요한 재료를 구하거나 더는 수선해서 신을 수 없는 신발을 대체하기 위해서가 아니다. 우리가 무척 빈번하게 쇼핑에 나서는 것에는 이제 다른, 훨씬 덜 세속적이고 더 숭고한 이유들이 있다. 오늘날 모든 길은 상점으로 통한다. 혹은 실제로 그렇지 않더라도 우리는 매일매일, 모든 종류의 상황에 대해 "모든 길은 상점 안으로 통한다"라는 말을 듣는다. 예컨대 사람을 사귀고 순수한 인간관계를 맺는 것이 고민이라면? 최신 휴대전화를 선전하는 광고가 "타인 없는 삶은 **무의미**하다"라고 확언해준다. 그들이 제안하는 새로운 브랜드의 휴대 기기는 정보를 편리하게 전달하기 위한 수단을 넘어 인생을 **의미 있게** 만들어줄 장치다. 또 어떤 광고가 "당신이 누구인지 가장 잘 말해주는 것은 당신의 시계입니다"라고 외칠 때, 이 메시지의 수신인은 사람들이 나를 어떻게 바라보기를 바라는지, 또 자신이 어떤 모양과 형태로 '소비'되기를 바라는지 주변에 표출할 방법을 찾아 헤매는 우리 모두다. 새로운 자동차를 선전하는 한 광고는 저 모든 제안과 약속을 요약하여 다음과 같이 솔직하게 밝힌다. "당신이 사는 것은 (자동차가 아니라) 당신 자신의 한 조각이다." 여기서 말하는 것은 당연히 우리의 사소하고 작고 무의미한 '조각'이 아니다. 우리의 공적인 얼굴, 타인의 눈에 비치는 이미지, 세상과 마주하는 우리의 접면이다!

우리가 살아가는 이 빠르게 움직이는 세계에서는 그 귀중한 '조각들'을 부단히 업데이트해야 한다. 바로 이것이 마이스페이스, 페이스북 등 '사회적 연결망'을 형성하는 인터넷 사이트가 상상 초월의 인기를 누리는 가장 주된 이유 중 하나다. 그런 사이트는 별로 힘들이지 않고도 당신의 얼굴을 빈번히, 그 즉시 점검하고 업데이트할 수 있게 해주므로. 최근 펠리시아 우 송Felicia Wu Song이 버지니아 대학 박사 학위 연구에서 밝혔듯이 "많은 대학생이 자신이 페이스북에 '중독'되었음을 인정하고, 컴퓨터에 늘 그 사이트를 열어둔다. 그들은 아침에 침대에서 나오자마자 페이스북을 확인하고 공부할 때도 확인하고 심지어 수업을 듣는 도중에도 무선 인터넷으로 확인한다." 하지만 우리는 여기에 이런 냇글을 덜

고독을 잃어버린 시간

수 있지 않을까? "그들이 그렇게 하는 것은 한가한 호기심을 채우기 위해서만이 아니라, (다음 날이나 다음 주까지 이어지진 않더라도) 그날 하루를 사는 데 필요한 신속하고도 실용적인 판단을 끌어내고 행동 노선을 세우기 위해서다"라고. 우 송의 결론은 이렇다. "미국의 젊은이들은 **소비자**라는 존재 양식으로 인간관계를 사고하는 데 만족한다." 덧붙이건대, 그들은 **소비 대상**이라는 존재 양식에도 만족한다.

미국 그랜드래피즈에 사는 리처드는 다이애나 애플야드의 기사에 분노를 느낀 열성 독자 중 한 사람이다. "내 두 딸(9세와 13세)은 화장이니 립글로스니 하는 덴 전혀 관심이 없고 음식이나 옷차림이나 자동차 등에 집착하지도 않는다. 나이에 맞게, 건강하고 활발하게 지내고 있다. 우리 아이들은 자기도취와는 전혀 다른 자신감을 느끼며, 누구나 친해지고 싶어 할 성격이다. 그렇게 된 주된 이유는 내가 식사를 함께 준비하고 함께 운동하고 숙제를 하고 집 안 청소를 하는 등 아이들과 많은 시간을 함께 보내기 때문이라고 생각한다. 하나 더, 우리는 텔레비전을 보지 않는다."

리처드는 자신이 세운 목표와 그간 굳은 결의로 이루어낸 본인의 성과를 자랑스럽게 여기는 듯하다. 당연히 그럴 자격이 있다. 압력에 저항하려면, 흐름에 맞서려면, 조류를 거슬러 헤엄치려면, 목숨을 걸고 그압도적인 압력을 무시하려면 비단 용기와 의지만이 아니라 '군중 속 한사람'이라는 편안한 자리에 유혹당하지 않게끔 효과적인 예방접종이 필요하기 때문이다. 애플야드가 우리에게 일깨우듯이 "10대 청소년에게 친구들과 채팅을 하지 말라고, 이런저런 잡지를 읽지 말라고, 몸매에 집착하지 말라고 해봐야 거의 소용이 없다." 하나 더, 리처드가 자부심을 느껴도 좋은 이유는 다음과 같다. 아마도 그는 두 딸로부터 (니체가 말한) 무리와 발맞추어 종종거리며 몰려다니는 데서 오는 도취와 환희를 박탈했을 테지만, 그와 함께 (칠드런스 소사이어티의 라이트마이어가 경고한) "정서적으로 아직 성숙하지 않아 제대로 대처하기 어려운," 그래서 그들을 서서히 우울증으로 몰아갈 수 있는 이미지들에 "포위당하는 사태"를 막아주고 있는 것이다.

결국 이 모든 것은 선택의 문제다. 선택은 자유의 신호이며, 자유롭기 위해선 위험을 감수해야 한다. 리처드가 감수하기로 한 위험은 그의 아홉 살, 열세 살짜리 딸들이 머지않아 스스로 판을 뒤집어버릴 수도 있다는 것이다. 그때 그들은 무리 지어 몰려다니지 않고 이미지에 포위당하지 않는 자유로움이, 아버지가 사랑하는 마음에서 조성하고 강제한 그 조건이, 끔찍하고 역겨운 부모 독재의 또 다른 사례일 뿐이라고 선언할지도 모른다…….

고독을 잃어버린 시간

15
속눈썹의 습격

혹시 '속눈썹 감모증hypotrichosis'이라는 말을 아는지? 꽤 최근까지만 해도 대다수 여성은 이 말을 모르고도, 또 자신이 이 말을 모른다는 사실을 모르고도 행복하게 잘 살았으며 그런 것을 걱정할 필요는 더더욱 없었다. 그러나 이제는 상황이 사뭇 달라졌다…….

대체로 인간의 몸은 완벽과는 거리가 멀다는 것, 그러므로 바라는 기준을 충족하고 싶다면 도움이 될 만한 방법이나 억지로 그렇게 만들어주는 방법으로 몸을 고치고 바꿔야 한다는 사실은 새롭지도 않은 이야기다. 화장은 그런 목적을 위한 아주 오래된 기술이고, 이 기술을 행하는 데 꼭 필요한, 혹은 있으면 좋다고들 하는 재료와 도구와 기법을 공급하는 분야는 가장 오래된 산업 중 하나이다. 그런데 어떤 우연의 일치인지, 흥미롭게도 그간 인체 미화라는 인류의 오래된 관심 분야에서는 대체로 개선책이 먼저 등장하고 그다음에야 결함이 인식되면서 어서 고치라는 시끄러운 외침이 나타났다. 즉, 복음이 먼저 들려온다. "이 문제는 **해결 가능하다.**" 그런 다음 계율이 내려온다. "그 문제를 반드시 **해결하라!**" 계율에 이어서, 감히 그 명령을 무시할 만한 이들을 위협하는 무서운 결과(오욕과 수치라는 처벌!)가 읊어진다. 그렇게 해서 당신이 그 고약한 결점을 없애라는 계율을 따르려고 애쓰기 시작할 때, 출시되어 있는 그 방법을 쓰면 되겠다는 깨달음이 엄습한다. 그와 함께 두려움에 휩싸인다. 용감하고 끈질긴 노력으로 문제를 해결하지 못하면 치욕을 면치 못하리라. 여기서 실패했다가는 주변 사람들 앞에서 가면이 벗겨지고 나의 용납할 수 없는 무능함과 부족함과 칠칠치 못함과 게으름이 훤히 드러나리라.

속눈썹 감모증 사태는 저 오래된, 그러나 끊임없이 되풀이되어온 드라마가 또 한 토막 펼쳐지는 현상일 뿐이다. 길이가 너무 짧거나 숱이 부족한 속눈썹은 여자들이 좋아할 만한 조건은 아니다(실제로 대다수 여성이 자신의 속눈썹은 너무 짧거나 숱이 부족하다고 생각한다. 지금의 속눈썹이 아무리 길고 빽빽해도 지금보다 조금만 더 길고 무성해도 괜찮겠다 싶고, 진심으로 그렇게 되길 바라기도 한다). 그러나 정상적인 상황이라면 그 정도 결함을 가지고 비극을 연출할 사람은 거의 없을 것이다. 그걸 병으로 생각할 사람은 더욱 없을 것이며, 하물며 유방암이나 불임증처럼 뿌리를 건드리는 근본적인 치료법이 필요한 질병으로 생각할 사람은 더더욱 없을 것이다. 속눈썹 숱이

고독을 잃어버린 시간

너무 적기 때문에 아픈 사람은 없다. 혹시 문제가 될 때는 마스카라를 몇 번 칠하는 것으로 쉽게 완화하거나 가릴 수 있는 작은 흠일 뿐이다.

그러나 저 막강한 제약 회사 엘러간Allergan(주름을 두려워하는 여자들에게 보톡스 주입제라는 축복을 내린 바로 그 회사)이 가늘고 빈약한 속눈썹은 치료를 요하는 질병의 결과로 진단되었다고 공표한 이래 상황이 달라졌다. 그와 동시에 엘러간은, 다행히 그런 질병에 효과적인 치료법이 발견되어 라티세Latisse라는 이름의 로션 형태로 출시되었다고 발표했다. 라티세는 지금까지 없던 속눈썹을 갑자기 자라나게 해주고, 지금까지 잘 안 보이던 속눈썹을 더 길고 더 뚜렷하게 만들어준다. 단, 조건이 하나 있다. 이 로션을 매일매일, 지금부터 영원히, 규칙적으로 사용해야 한다는 것이다. 이 약물은 부단히 투여해야만 효과가 있기 때문에 치료를 중단하면 속눈썹이 당장 예전의 고약한 상태로 돌아가버린다. 짧고 듬성듬성한 속눈썹을 고칠 수 있다는 말을 듣고도 고치지 못한 그 순간부터, 그것을 남에게 보이는 것은 부적절하고 창피한 행위가 되었다! 단순히 보기 좋게 꾸미는 문제가 아니라, 사회적 명성이 실추되는 문제가 된 것이다.

《가디언Guardian》의 캐서린 베넷Catherine Bennett에 따르면, 많은 의사가 "향상되지 않은 상태의 여자들에겐 발전의 여지가 많다"고 믿는다(덧붙이자면, 병원과 제약 회사에 끊임없이 소득을 안겨줄 여지도 그만큼 많다). 실제로 '미용 수술'은 최근 가장 **빠르게** 성장하고 있는 산업 가운데 하나다(흔히 미용 수술과 혼동되는 **성형**수술이 신체 기관의 형태나 기능에 발생한 **결점**을 수술로 바로잡는 분야라면, **미용** 수술은 몸 자체가 아니라 몸의 **겉모습**을 개선하기 위한 것이지 신체의 기능이나 건강과는 무관하다).

2006년 한 해에 미국에서만 1100만 건의 미용 수술이 이루어졌다. 아무 곳이나 몇 군데 웹 사이트를 훑어보면, 이제 엄청난 수익을 올리는 거대 산업이 된 미용 의료 분야가 주로 어떤 식으로 광고를 하는지 파악할 수 있다. 그들은 자신의 겉모습(및 간접적으로는 사회적 지위와 사교 시장에서의 가치)에 걱정이 많은 여성이라면 도저히 저항할 수 없을 유혹을 뿌려댄다.

가슴이 너무 작아서 확대술이 필요한 분, 지방 흡인술이나 복부 절제술로 결혼 전 체형을 되찾고 싶은 분께 꼭 맞는 방법을 찾아드립니다. 노화는 되돌릴 수 있습니다. 오랫동안 당신을 괴롭혀온 보기 싫은 부분을 없애고, 운동과 식이요법으로는 결코 얻을 수 없는 새로운 몸매를 가지세요.

유혹은 다양하고, 그물은 넓게 펼쳐져 있다. 무엇이든 걱정거리가 될 수 있고 누구나 뭔가를 걱정하며 살아간다는 점에서, (거의) 모든 사람이 저들의 많은 호소 중 하나쯤은 마치 바로 자신의 개인적인 자존심과 자부심에 직접 말을 거는 듯한 느낌, 바로 자신을 손가락질하면서 당신의 의무를 너무 미온적으로 생각하는 것 아니냐고 대놓고 비난하는 듯한 느낌을 받을 것이다.

요즘 병원들이 제안하는 수술보는 얼굴 하나만 놓고 보더라도 주름

제거, 광대 임플란트, 코 수술, 귀 성형, 눈밑 지방 제거, 턱 임플란트 등이 있다. 얼굴이 다 됐다 싶으면, 가슴에 할 만한 수술들(확대하는 수술, 축소하는 수술, 들어 올리는 수술, 유두 성형술 등)이 있다. 그 밖에 지방 흡인술, 복부 절제술, 엉덩이 임플란트, 종아리 임플란트, 팔 리프트, 허벅지 리프트, 질 축소술, '여성형 유방' 수술도 있다. 이러한 광고(및 그것이 야기하는 도덕적 압박)에는 예외 없이 뜨거운 반응이 쏟아진다. 최근의 신용 경색이 있기 몇 달 전인 2008년 4월, NBC의 윌리엄 샐리턴William Saletan은 다음과 같은 추세를 지적했다.

> 미용 수술이 얼마나 확실하게 수익을 올려주는지, 원래라면 의료에 매진했을 사람들이 미용 산업에 뛰어들고 있다. 미용 수술 산업 시장―'고급 보건 부문'의 하위 분야이자 '안면 미용 시장'의 모체―의 규모는 연간 120억에서 200억 달러로 추정된다. 2주 전에 보도된《뉴욕 타임스New York Times》기사에 따르면, 지난해 의사 자격시험에서 최고 등급을 받은 의과대학 졸업 예정자들이 18개 전공 중 가장 많이 선택한 상위 3위가 미용 관련 분야였다.

그 뒤는 똑같은 이야기의 반복이다. 즉, 이제 새롭게 발견된 '향상되지 않은' 여성 신체는 지금까지 경작된 적 없는(즉, '향상'을 바라는 땅이 아니었기에 이익을 전혀 내지 못하던) 순전한 '미개척지'이며, 계속 놀고만 있던 땅이지만 그러하기에 이미 양분이 고갈된 다른 어떤 땅보다도 비옥하고 훨씬 더 대단한 풍작을 약속하는 땅이요, 영리하고 솜씨 좋고 창의적인 영농 기업이 들어오기만을 바라고 그렇게 된다면 최소한 개척 초기에는 (수확체감의 법칙상 투자가 증가하면 이윤은 차츰 감소하므로) 쉽게 큰 이익을 낼 것을 보장하는 땅이라는 것이다. 이제 여자의 몸 한 뼘 한 뼘은 효율적인 활용의 관점에서 평가되어야 한다.

삶은 불안하고, 여성의 삶은 더하면 더했지 남성의 삶보다 덜 불안하지 않으며, 머리를 쓸 줄 아는 사업가에게 이 불안은 결코 한가하게 놀려선 안 될 중요한 밑천이 된다. 보톡스나 라티세를 얼마나 많이, 얼마나 주기적으로 맞고 바르든 그것이 불안을 몰아내진 못하기에 저 엘러간 같은 기업들은 점점 더 많은, 확실한 이익을 기대할 수 있으며, 여자들은 사소한 불편인 줄 알았던 것이 알고 보니 아침저녁으로 분연히 (아무렴 꼭 맞는 로션이나 수술에 의지하여) 맞서 싸워야만 하는 중대한 위협임을 거듭거듭, 참으로 끝도 없이 발견할 수밖에 없는 것이다.

고독을 잃어버린 시간

16

유행, 또는 끝없는 움직임

'영구기관perpetuum mobile'이란, 멈추지 않고 계속 운동하는 데 필요한 모든 것을 내부에 가지고 있기에 그 자체로 유지되고 그 자체로 충분한 장치, 고로 외부의 추진력을 끌어올 필요 없이 스스로 영원히 움직이는 장치다. 그 어떤 자극도, 밀어주는 힘이나 당겨주는 힘도 필요 없고, 외부 세력의 개입도, 새로운 에너지의 투입도 필요하지 않다.

영구기관은 최소한 갈릴레이Galileo Galilei와 뉴턴Isaac Newton 시대 이후로 현자와 신비론자, 땜장이와 사기꾼 모두가 바라던 꿈의 기계였다. 그들은 영구기관을 만들기 위해 열정적으로 실험했고 끝없이 좌절했다. 기적적으로 영구기관을 발견하거나 발명했다는 소식이 여러 번 발표되었지만 결국엔 그것을 공개적으로 실연하는 데 실패하든가, 실험자의 무지가 빚어낸 착각으로 밝혀지든가, 협잡꾼의 탐욕이 주도하고 잘 속는 구경꾼이 방조한 조작으로 판명되었다. 오래된, 그러나 아직도 끝나지 않은 비이성의 역사에 각주 하나를 더하고 사라질 뿐이었다. 영구기관이라는 아이디어가 마침내 '인기 있지만 틀린 생각들'의 쓰레기 더미에 합류하게 된 것은 낙담과 실망이 오래 쌓여서가 아니라 현대물리학이 등장하여 이 개념의 실행 불가능성을 평결하고 사형선고를 내렸기 때문이다.

우리는 물리학자들의 결정에 불복할 수 없다. '물리적 현실'에 관한 한, 즉 정지된 물체를 움직이거나 그 속도나 운동 방향을 바꾸거나 다시 멈추는 데 관여하는 조건들에 관한 한, 최종 판결은 물리학자의 몫이고 우리는 그들의 말을 아주 겸허히 인정해야만 한다. 그러나 '사회'라는 이름의 다른 차원의 현실에서는 — 여기서도 물체들은 목적이나 동기와는 무관한 물리학 법칙에 지배받지만 그와 함께 목적성이 있는 변화에도 지배받는다 — (셰익스피어풍으로 말하자면) 물리학자가 꿈꾸려 하지도, 꿈꾸지도 못할 일들이 벌어진다. 이 다른 세계에서는 영구기관과 비슷한 것 — 스스로 촉발되고 스스로 추진되며 스스로 유지되는 변화, 다만 제 힘만으로 계속 움직일 수 없다는 점이 아니라 갑자기 멈출 수가 없고 속도조차 줄일 수 없다는 점에서 특이한 운동 — 이 갑자기 가능한 일이, 나아가 현실이 된다. 그 같은 돌연한 사태의 가장 찬란한 본보기가 바로 유행이다.

게오르크 지멜은 말한다. "유행은 무엇'이다'라고 정의할 수 없다. 유

고독을 잃어버린 시간

행은 늘 '되어가고' 있는 것이므로."[8] 유행에는 물리적 작용과는 어긋나지만 영구기관이라는 개념 또는 이념형과는 꽤 유사한 불가능성이 있다. 즉, 유행에서는 어떤 일이 돌연히 벌어져서 언제까지고 운동 상태를 유지하는(그러면서 계속해서 일을 하는) 것이 불가능한 게 아니라, 그 자체에서 유발되어 이미 진행 중인 일련의 변화를 멈추는 것이 불가능하다. 더욱이 이 비범한 특질의 가장 놀라운 측면은 계속 일하는 중에도—즉, 그것이 속한 세계에서 작동하며 영향력을 행사하는 중에도—변화 작용의 추진력이 줄지 않는다는 점이다. 유행이 '되어가는' 과정은 언제까지고 지치지 않는, 멈출 수 없는 운동과 비슷할 뿐만 아니라 그 물질적이고 구체적인 영향력이 커지고 영향 받는 대상이 늘수록 운동력과 가속도가 점점 더 커진다.

만약 유행이 평범한 물리작용이라면 그것은 자연법칙을 위반하는 기괴한 변칙일 것이다. 그러나 유행은 물질계의 현상이 아니다. 유행은 **사회의** 현상이며, 사회적 삶이라는 총체는 열역학 제2법칙의 작동을 유예하는 힘을 가진 놀라운 장치로서, 엔트로피의 저주가 미치지 않는 작은 영토를 개척해낸다. 참고로 (프린스턴 대학 홈페이지에 따르면) '엔트로피'란 "어떤 시스템 안에서 더 이상 역학적 일을 할 수 없는 에너지의 양을 나타내는 열역학적 양"으로, "우주에 있는 물질과 에너지가 쇠퇴하여 비활성 균등이라는 최종 상태에 가까워질수록 엔트로피가 증가한다." 유행의 경우 '비활성 균등'은 '최종 상태'가 아닐뿐더러 시간이 지날수록 그럴 가능성은 점점 줄기만 한다. 마치 유행에는 안전밸브 같은 것이 내장

되어 있어서, 유행의 작용을 영원한 운동으로 만드는 인간의 핵심 동기 중 하나로 지목되는 '균등함'이라는 목표물이 아슬아슬할 만큼 가까워져 유행의 인력과 매력을 약화 또는 무효화하기 직전에 딸깍 열리게 되어 있는 것만 같다. 엔트로피가 '반反차별화' 현상이라면, 유행은 차이를 싫어하고 차이가 없어지기를 갈망하는 인간의 성향에서 운동력을 얻으면서도 애초에 그것(유행)이 완화하고 평준화하고 심지어 전부 없애주겠다고 약속했던 바로 그 분열과 불평등, 차별과 박탈을 끝없이 증가하는 크기로 재생산할 수 있다.

　이렇듯 물리적 우주 안에서는 불가능한 영구기관이, 사회라는 우주에서는 현실의 영역으로 진입하고 하나의 규범이 되기에 이른다. 이것이 어떻게 가능한 것일까? 지멜의 설명을 빌리면, 인간의 충동이나 갈망 가운데 서로 똑같이 막강하고 압도적인 것 둘을 한데 불러내면 된다. 이 한 쌍은 절대로 분리할 수 없으나 늘 사이가 나쁘고, 인간이 하는 일을 서로 반대 방향으로 밀거나 당긴다. 다시 한 번 물리학 어휘를 빌려 비유하자면, 유행의 경우에는 움직임의 '운동에너지'가 점진적으로 그러나 완전히 위치에너지로 전환되었다가, 그 위치에너지가 곧 반대 방향으로 움직이는 운동에너지로 전환되는 셈이다. 이 진자는 계속 흔들리는데, 이론적으로는 그 자체의 추진력만으로 영원히 이렇게 왔다 갔다 하는 것이 가능하다.

　지멜이 말하는 인간의 두 가지 충동 혹은 갈망이란, 더 큰 전체에 속하고자 하는 갈망과 개별화 또는 독특함을 향한 충동이다. 소속되고 싶은 마음과 자기주장을 펼치고 싶은 마음, 사회적 지지에 대한 욕망과 자율에 대한 열망, 닮고 싶은 충동과 구별되고 싶은 충동이다. 궁극적으로는 이렇게 말할 수 있겠다. 우리에겐 맞잡은 손의 **안정**이 필요한 동시에 그 손을 놓을 **자유**가 필요하다고……. 이 복합적인 감정과 딜레마를 반대쪽에서 바라보면, 우리는 눈에 띌까봐 두려워하는 동시에 자아가 사라질까봐 무서워한다.

많은(혹은 대다수의?) 부부 관계가 그렇듯, 안정과 자유란 서로 없이는 존재할 수 없지만 함께 존재하기를 버거워한다. 자유 없는 안정이 노예 상태를 선고한다면, 안정 없는 자유는 정신을 갉아먹는 불치의 불확실성을 선고한다. 안정과 자유 모두, 짝(혹은 아예 '분신')이 담당하는 상호 보완과 제한의 역할이 사라지는 순간 탐나는 가치에서 무서운 악몽으로 전락한다. 안정과 자유는 서로를 필요로 하면서도 서로를 견디지 못하고, 서로를 욕망하는 동시에 원망한다. 그리고 이렇게 대립하는 두 감정의 비율은 (일시적) 평형과 화해를 이루는 완벽한 '중용'으로부터 (늘 있는 일이라고 할 만큼) 자주 벗어나 매번 달라진다.

둘 사이에 균형과 조화를 찾으려는 시도는 대체로 끝내 불완전하고, 충분히 만족스럽지 않고, 가장 중요하게는 너무 어설프고 허약하여 '최종 결론'의 기세를 내지 못한다. 반드시 너스래미 같은 부분이 남는데, 그걸 매듭짓겠다고 잡아당겼다간 섬세하게 짜놓은 사회적 그물이 찢어질 것만 같다. 그러니 둘을 중재하려는 시도는 명시적으로나 암묵적으로 의도한, 잘 보이거나 보이지 않는 목적에 결코 이를 수 없을 것이다.

그래도 이 중재 시도는 결코 중단되지 않을 것이며 중단될 수도 없다. 바로 이것이 안정과 자유의 동거가 언제나 '소리와 분노'(무의미한 소란을 뜻하는 셰익스피어의 표현)로 가득할 수밖에 없는 이유다. 둘의 관계에는 풀리지 않는 고질적인 양면가치가 있어서, 그 바닥나지 않는 원천으로부터 창의적인 에너지와 집요한 변화가 생성된다. 그리하여 안정과 자유라는 짝패는 운명적으로 영구기관이 된다.

지멜에 따르면 "유행이라는 독특한 삶의 형식은 사회적으로 평준화되려는 경향과 개별적으로 독특해지려는 경향 사이의 타협을 보장한다." 다시 말하지만, 이때의 타협은 '안정상태'를 이룰 수 없다. 이 타협은 결코 최종 결과일 수 없는바, '추후 공지(고약하리만치 금방 돌아오기 마련이다)가 있을 때까지'라는 조항이 그 존재 양식에 뚜렷하게 새겨져 있기 때문이다. 유행 자체와 마찬가지로 이 타협 또한 늘 '되어가는' 중이다. 타협은 한자리에 있지 못하고, 끊임없는 재교섭을 요구한다. 꼭 한발씩 앞서고자 하는 충동(나의 저서 《삶의 기술Art of Life》 서론을 참고할 것)[9]으로 지금의 유행을 추구하는 행위는 곧 차이의 증표를 흔하고 진부한 것으로 만들 뿐이다. 그래서 변화의 속도에 (무심한 경우는 말할 것도 없고) 아주 잠깐 부주의하거나 아주 조금만 뒤처져도 금세 의도한 목적과는 반대되는, 즉 '개별성 상실'이라는 효과가 나타날 수 있다. 새로운 증표는 재빨리 손에 넣어야만 하고, 어제의 증표는 보란 듯이 당장 쓰레기통에 던져 넣어야만 한다. '지금 새롭게 떠오르는 것'의 취급 수칙 못지않게 '더는 통하지 않는 것'의 취급 수칙을 꼼꼼히 살피고 부지런히 따라야 한다. 삶의 시

고독을 잃어버린 시간

위가 (수명이 짧아 짜증이 날 만큼 자주 바뀌는) 유행의 증표를 획득·전시하는 행위로써 표시되고 알려지고 분간되는 상황에서, 이 지위는 눈에 띄게 전시되는 증표로 규정되는 만큼 눈에 띄게 부재하는 증표로도 규정되는 것이다. 2009년 9월 9일 자《가디언》에서 해들리 프리먼Hadley Freeman이 간결하고도 통절하게 요약했듯이, "패션 산업은 여성의 자부심을 높이는 데 관심이 없다. 패션의 핵심은 사람들로 하여금 그들이 가지기 어려운 무언가를 원하게 하는 것이다. (…) 그러나 그렇게 성취된 그 어떤 만족도 오래가지 못하며 어딘가 실망스럽기 마련이다."

결국 유행이라는 영구기관이란, 멈춰 있는 것이라면 모조리 부수고 다니는 날렵하고 노련한 구축함이다. 유행은 사람의 생활양식을 결코 끝낼 수 없는 영구 혁명 상태로 설정한다. 인간이 세계에 '현존'하는 방식의 '영원하고 보편적인' 두 가지 속성 및 그전만큼 고치기 어려운 둘의 불친화성에 내밀하고 불가분하게 연결되어 있다는 점에서, 유행이라는 현상은 하나 혹은 몇몇의 생활 형식에만 선택적으로 주둔하지 않는다. 유행은 인간 역사의 모든 시기와 인간이 거주하는 모든 영토에서, 부단한 변화를 인간 현존의 규범적인 방식으로 선고하기 위한 긴요한 역할을 수행한다. 그렇지만 유행이 작동하는 방식, 그리고 유행을 유지하고 보수하는 기관들은 당연히 삶의 형식마다 다르다.

지금의 시대에 이르러 유행 현상을 결정하는 것은, 바로 인간 조건의 그 영원한 측면을 식민화하고 착취하는 **소비자 시장**이다.

17

소비주의는 소비의 문제가 아니다

우리 모두는 소비자다. 당연히, 살아 있는 한, 그렇다. 달리 방법이 없다. 소비하기를 멈추면 죽는다. 죽는 데 얼마나 걸릴지가 문제일 뿐. 소비(《옥스퍼드 영어 사전》에 따르면, '다 쓰다' '먹어치우다' '마셔 없애다' '사로잡다' '소모하다' '낭비하다' '불태우다' 등을 뜻한다(《표준국어대사전》에 따르면 '돈이나 물자, 시간, 노력 따위를 들이거나 써서 없애다'))는 꼭 필요하다. 그러나 '소비주의'―소비와 관련한 일을 여타의 모든 사안을 추구하기 위한 왕도로 여기고, 너무도 흔히 다른 모든 활동의 최종 목표로 삼는 경향―는 꼭 필요하지 않다.

소비주의는 **사회적** 산물이지, **생물적** 진화에서 도출된 교섭 불가능한 평결이 아니다. 소비주의의 명령을 따라 살아가고 행동하고 싶다면, 단순히 살아 있기 위해 소비하는 정도로는 부족하다. 소비주의는 단순힌 소비를 한참 넘어서는 문제다. 소비주의는 여러 목적에 봉사한다. 다목적 다기능 현상이라 할 수 있다. 모든 자물쇠를 열 수 있는 곁쇠처럼 그야말로 만능인 도구다. 소비주의는 인간을 다른 무엇보다 소비자로 만들고, 인간의 다른 모든 측면을 부차적이고 파생적이고 열등한 지위로 강등시킨다. 또한 소비주의는 생명의 필요조건을 상업적 밑천으로 개조한다. 때로는 정치적 밑천으로도 삼는다.

이 말의 뜻을 자세히 풀어보겠다. 예를 들어, 미국의 세계 지배를 상징하던 한 쌍의 건물이 테러분자가 조종하는 비행기에 뚫린 뒤 산산조각 났을 때, 충격에 휩싸여 넋을 잃은 국민을 향해 대통령 조지 W. 부시가 일찌감치 던진 메시지는 "다시 쇼핑하러 나가시오"였다. 그가 그 말로써 전하려 한 의미는 **정상적인 삶으로 복귀해달라**였다. 미국인은 적이 공격하기 한참 전부터 쇼핑이야말로 모든 종류의 고민을 해결하고 모든 위협을 물리치고 모든 고장을 고치는 (아마도 유일한, 그리고 가장 탁월한) 방법이라고 여기고 있었다. 그런 그들에게 본 적 없고 들은 적 없는 너무도 낯선 도전, 그렇기에 이례적인 충격과 공포와 혼란을 일으키는 도전에 맞서는 적절한 대책은 바로 쇼핑이었다. 쇼핑은 끔찍한 사건을 하찮고 평범한 골칫거리 정도로 축소할 수 있는 가장 간단하고도 가장 확실한 방법이었다. 쇼핑은 끔찍한 사건을 수습하고, 길들이고, 익숙하고 잘 아는 것으로 바꾼 다음 결국 그것의 독을 빼내므로. 미국인에게 "쇼핑하러 나간다" 함은 다시 정상적으로 살아가고 있음을, 평소 하던 일을 한다는 뜻이었다. 그보다는 덜 극적인, 그러나 결코 덜 중요하지 않은 다른 많은 경우(예컨대 국민총생산의 주기적인 감소, 다시 말해 그 나라의 경제적 번영 수준을 가늠하는 공식 척도인 현금 거래량의 감소. 이 지표는 곧 시작될 불황의 참상을 가늠하는 척도이기도 하다)와 마찬가지로, 이번에도 허리띠를 졸라매는 기간은 잠깐으로 끝나고 소비자들이 다시 쇼핑하러 나가 벌어둔 돈이나 앞으로 벌 돈을 지출할 의무를 부지런히 이행하겠다고 결심한다면 위기에서 벗어날 수 있다고들 했다. '나라가 불황에 빠지지 않게' 하거나 '나라가 불황에서 빠져나오게' 하는 힘이 소비자에게 있다는 말은 이제 우리가 거의 의심하지 않는 하나의 교리, 누구나 아는 통념과 상식이 되었다. '시민'의 의미가 성실한 소비자 모델에 빠르게 가까워지면서 '애국'의 의미 역시 착실하고 헌신적인 쇼핑이라는 모델에 가까워지고 있다.

그러나 소비주의 사회가 소비라는 평범하고 사소한 필요에 할당하는 비범한 역할은 이것만이 아니다. 이것은 방대한 범주의 한 견본일 뿐 우리는 그 비슷한 수많은 문제를 마주하고 있거나, 곧 마주하리라는 경고를 듣거나, 벌써 마주했다는 이야기를 들으며, 그런 문제를 해결하는 데 가장 널리 쓰이는 길은 이제 곧장, 예외 없이, 상점 안으로 통한다. 쇼핑을 해법으로 삼는 이 광범위하고도 점점 더 커져만 가는 문제들의 원형은 바로 몸의 질병이다. 우리는 아프면 약국에 가서 해결책을 찾는다. 소비주의 사회의 모든 상점과 서비스 창구는, 그들이 선반과 진열대에 약이 아닌 무엇을 진열해두고 손님에게 무엇을 판매하든지 간에, 일차적으로 **약국**이라고 할 수 있다.

그들이 파는 상품의 표면적인 용도와 상관없이 대다수 상품은 **약**이

고독을 잃어버린 시간

다(혹은 최소한 약으로 제시되고 상상된다). 만약 그냥 두었다면 계속 번지고 쑤셨을 불편이나 아픔을 그런 상품을 사서 소비하는 행위가 진정시켜 준다고 사람들은 생각하고 기대한다. 더 좋게는, 소비를 게을리하고 소홀히 했다간 피할 수 없었을 불만족을 예방해주는 효험까지 예상한다. 그런 불편과 불만족이 얼마나 다양한가 하면, 소비가 매일 이루어지는 공간인 옷장이나 냉장고를 다시 채워 넣어야 하는 일, 다 썼거나 더는 쓸 수 없는 물건을 주기적으로 보충해야 하는 일 정도가 아니다. 나의 '시장 가치'와 '사회적 판매 실적'이 떨어지지 않을까 하는 두려움, 즉 좋은 평가와 인지도를, 함께 어울릴 사람을, 심지어 친구를 잃을지 모른다는 두려움도 그러한 불만족 중 하나인데, 그 이유는 단 하나, 내가 요즘 이슈가 된 이야기와 요즘 가장 인기 있는 게임을 따라잡지 못했다는 것, 그래서 주변 사람들이 지금 가장 열심히 이야기하고 참여하는 것이 뭔지 모르고 그것을 손에 넣지 못했다는 것이다. 요컨대 사람들이 새로운 발명품이나 발견을 마주하고 있다는 사실을 간과할 때, 그 도착 순간을 놓친 나는 애처롭게도 그것들이 선사하는 짜릿하고 강렬한 감각과 만족에서 배제될지 모른다는 심각한 불편이 발생한다. 아니면 내가 과거에 획득하여 아직도 생각 없이 활용하고 있는 지식과 기술이 과연 시의적절한지에 대한 불확실성이 발생한다. 빠르게 움직이는 이 세계의 다른 모든 것이 그러하듯 지식과 기술도 시급히 업데이트하고 점검해야 하는 게 아닐까 하는 의심이 신경을 갉아먹는 것이다.

　내가 변화의 열띤 속도를 따라잡고 있으며 고로 아직 제자리에 있다는 확신은 매일 새롭게 증명되고 새롭게 보증되어야 한다. 주기적으로 쇼핑몰을 거니는 행위가 이 모든 불안을 해결해줄 수 있다. 쇼핑몰에 가는 행위는 내가 아직 제대로 잘 걷고 있다는 안도감을 주고, 계속해서 게임에 참여할 수 있게 해준다. 불편 중에서도 가장 뼈아픈 불편, 다른 더 구체적인 모든 불편을 뒷받침하며 언제까지고 거듭거듭 소비주의 약국에 들르라고 우리를 재촉하는 '불편 위의 불편'은, 바로 내가 제자리에 있는지 어떤지 확신하지 못하는 것이다. 나의 선호도가 현재의 평가 기준에 잘 들어맞는지, 내 선택이 옳은지, 내가 하는 일이 맞고 내가 행동하는 방식이 맞는지 도저히 알 수 없는 것이다.

전통적인 약국, 그러니까 지금은 한물간 옛날식 약재상은 몸의 고통과 불편을 완화하고 해소해주겠다고 약속했다. 우리는 목이 칼칼하거나 콧물이 나거나 허리가 아프거나 속이 쓰리면 약국에 갔다. 그때 우리를 괴롭히던 고통, 약사의 도움을 받을 수 있었던 그 고통에는 불확실한 구석이 전혀 없었다. 그러나 만약 오늘날의 소비주의 약국이 어리석게도 그와 같이 명확한 고통의 피해자들에만 의지한다면, 그들의 단골 대열은 궤멸하고 말 것이다. 다행히 그들은 그런 우를 범하지 않는다. 소비주의의 약사들은 셰익스피어가 말한 "조용히 말없이 걷는 시간이라는 보병"(셰익스피어의 희곡 〈끝이 좋으면 다 좋아All's Well That Ends Well〉 5막 끝에 나오는 표현)이 결코 말이 없어지지 않도록, 결단코 조용해지지 않도록 유념한다. 이제 시간은 모든 텔레비전 화면과 헤드폰에서, 모든 화려한 잡지의 모든 페이지에서, 무엇보다도 그들의 자발석이거나 비자발적인, 무보수이

고독을 잃어버린 시간

지만(오히려 제 쪽에서 돈을 내며!) 용감하고 호전적으로 싸우는 용병들과 역시 무보수이지만 헌신적으로 수고하는 앞잡이들이 나누는 모든 대화에서 커다란 소리를 낸다. 셰익스피어가 무색하게도 '시간의 보병'은 더 이상 조용하지 않다. 터벅터벅 혹은 의기양양하게 걷는 그 발소리는 경보음이다. 절대로 잊지 말라. 시간에는 발이, 그것도 민첩하고 힘차고 빠른 발이 달려 있음을. 그리고 (루이스 캐럴Lewis Carrol이 예언자처럼 경고했듯이) 당신이 그저 그 자리에 있기 위해서는 있는 힘을 다해 뛰어야 한다는 사실을⋯⋯.

소비주의 사회에서 종종걸음으로 바쁘게 지나가는 시간의 발소리는 하나의 메시지를 못 박는다. 당신이 지금 당장 살펴야만 하는 것은 당신이 확실히 알지 못하는 문제들만이 아니라, 당신이 확실히 알지 못한다는 사실조차 알지 못하는 문제들이라고. 이것은 실로 모든 확실성의 죽음을 알리는 결정적이고도 돌이킬 수 없는, 가차 없는 조종弔鐘이다. 모든 확실성이 추정에 불과하고 기껏해야 '추후 공지가 있을 때까지'만 유효할 때, 모든 자기 확신이 주의력 결핍이나 철저한 무지의 산물일 때 우리를 가장 배신하기 쉬운 종류의 불확실성은 우리를 거의(혹은 전혀) 불안하게 하지 않는 불확실성, 아찔하게도 우리가 아직 모르는 불확실성이다⋯⋯.

소비주의의 자발적 또는 비자발적 포로인 우리 모두에게 다행인 것은, 시장가 및 갈수록 더 세련되어지고 더욱 많은 곳에 이르는 그 수많은 증축 건물에 소비주의의 약국들이 빽빽이 밀집한 채로 우리에게 필요한 구명대와 목숨을 구하는 서비스를 공급하고 있다는 사실이다. 그곳에만 가면 우리가 아는 불확실성에서 벗어날 수 있고 우리가 모르는 불확실성에 눈뜰 수 있으리라.

18

문화 엘리트에게 무슨 일이 있었나?

지금으로부터 30년 전, 프랑스의 위대한 사회학자 피에르 부르디외Pierre Bourdieu는 그의 명저 《구별짓기Distinction》에서 이렇게 주장했다. 민중이 보기에 최고 권위를 가지고 모든 '문화적' 사안에서 '무엇이 옳고 무엇이 그른지'를 구분하는 사람들, 이름하여 '문화 엘리트'와 나머지 우리의 차이점은 그들의 예술 취향은 매우 선택적이고 그들의 기준은 엄격한 반면, 우리의 취향은 평범하고 무분별하며 기준은 아예 없거나 있더라도 느슨하기 짝이 없다는 데 있다고. 바로 이 차이가 (문화 엘리트가 승인하고 실천하는) '고급문화'와 나머지 '하급(대중 또는 대량)문화'의 차이를 지탱한다고, 부르디외는 말했다.

《인디펜던트Independent》 온라인판에 게재된 앤디 맥스미스Andy McSmith

의 기사에 따르면, 최근 매우 권위 있는 한 대학(옥스퍼드)의 권위 있는 학자들은 오래된 의미의 "문화 엘리트는 존재하지 않는다"고 선언했다.[10] 옥스퍼드 대학 사회과학자인 탁 웡 찬Tak Wing Chan과 존 골드소프John Goldthorpe 외 열세 명의 연구자는 영국, 칠레, 프랑스, 헝가리, 이스라엘, 네덜란드, 미국에서 수집한 자료를 바탕으로 부르디외가 논했던 종류의 '문화 엘리트'가 더는 나타날 수 없다고 결론지었다. 이를테면 오페라를 보러 가고 그 시기에 '고급 예술' 꼬리표를 단 것이면 무엇에든 감동하는 한편 "팝송이나 주류 텔레비전처럼 저속한 것"이면 무엇에든 콧방귀를 뀌고 공공연히 경멸하는 식으로 자신을 저보다 열등한 계층과 구분하던 최고층 인사는 이제 없다는 얘기다.

사실 **구식** 엘리트의 소멸은 딱히 새로운 소식이 아니다. 이미 1992년에 밴더빌트 대학의 리처드 피터슨Richard A. Petersen은 그 시대 '문화 지도층'들이 특징적으로 보이던 취향(혹은 취향의 부재)의 핵심을 '잡식성'이라는 비유로 포착했다.[11] 그들은 오페라와 팝송을 **함께**, '고급 예술'과 주류 텔레비전을 **모두** 즐겼다. 여기서 한 입, 저기서 한 입, 이번엔 이것, 다음엔 저것 하는 식으로. 최근 피터슨은 그때의 통찰을 다음과 같이 고쳐 말했다. "엘리트 집단의 정세가 달라지면서, 천하거나 속되거나 대량 생산 되는 대중문화 전체를 고고한 자세로 경멸하던 교양인이 (…) 대중적인 것부터 고상한 것에 이르는 다양한 예술 형식을 잡식하듯 소비하는 교양인으로 바뀌고 있다."[12] 바꿔 말하면 이렇다. "나는 '문화적'인 것이라면 무엇이든 맛부터 보기 전엔 거부하지 않겠고, 그 어떤 '문화적'인

고독을 잃어버린 시간

것으로도 다른 즐길 거리를 단호히, 절대적으로 배제하지 않겠노라. 나는 **어느 한곳에** 매이지 않되(혹은 매이지 않기 때문에) **어디에나** 편히 매일 수 있노라." 그렇다면 이제 더는 하나의 (세련된) 취향과 다른 (저속한) 취향이 맞붙지 않는다. 맞붙는 것은 잡식 대 편식이다. 즉, 차별하지 않고 뭐든 먹어치우고 뭐든 음미하는 태도 대 높이 평가할 만하거나 혐오할 만하거나 도저히 이해할 수 없는 것을 선험적으로 정하고 고르는 태도. '문화 엘리트'는 과거 어느 때보다 바쁘고 활기차게 잘만 살아 있다. 온갖 문화적인 것을 뒤쫓고 소비하느라 바쁜 나머지 사람들을 개종시키고 전향시키는 원래의 사명에 힘 쏟을 시간이 없을 뿐. '최신식' 엘리트가 문화 위계 저 아래층의 편식하는 사람들에게 전하는 메시지는 "까탈 부리지 말고, 엄격하게 선택하지 말고, 더 많이 소비할 것," 그뿐이다. 한마디로 그들은 '민중'(요즘 말로 '대중', 더 정확히는 '문화 소비자')을 개종시키고 전향시키고 계몽하고 교화하는, 요컨대 '위로 끌어올리는' 소명에서 손을 털었다.

과연, 문화를 위한 변명을 짓고 말하고 논하는 부류에게 예술은 이제 사회 위계 재생산을 거드는 시녀의 기능을 상실했다(혹은 최소한 빠르게 상실하고 있다). 그에 조금 앞서 문화라는 영역 전체가 형성기의 민족과 국가와 계층 위계를 거들던 원래의 시녀 역할을 상실했던 것과 똑같이 말이다. 이제 예술은 **개인의** 자기 정체화와 자기주장에 봉사할 수 있게 되었다.

근현대의 유동하는 국면에 이르러 문화(및 특히 눈에 띄기로는 그 분과인 예술)는 **개인의** (기꺼이 추구하는, 혹은 어쩔 수 없이 감당하는) 선택의 자유를 위한 맞춤옷이 된 것 같다. 이제 문화는 바로 그 자유에 봉사하는 것을 **목적**으로 한다. 그리고 그 자유가 **불가피한** 자유로 남도록, 삶의 필수 조건이자 의무로 유지되도록 뒷받침하는 것을 목적으로 한다. 더하여 자유로운 선택의 둘도 없는 동반자라 할 만한 선택의 '책임'이 유동하는 현대의 조건이 정한 범위를 벗어나지 않게 하는 것을 목적으로 한다. 그 범위란 '삶의 정치'를 혼자 수행하고 혼자 감당하게 된 **개인**의 양어깨 위다.

우리 사회와 같은 소비자 사회에 걸맞게도 오늘날 문화는 **제안**이지 **규범**이 아니다. 부르디외의 말마따나 문화는 유혹으로 먹고살지 규범적 단속으로 먹고살지 않는다. 공적 관계이지 경찰력이 아니다. 문화는 새로운 필요와 욕망, 바람과 기분을 만들어내지 그것을 억압하지 않는다. 우리가 사는 이 사회는 소비자들의 사회이기에, 문화는 소비자가 보고 겪는 세상의 다른 모든 영역과 마찬가지로 소비되기 위해 존재하는 상품들의 창고가 된다. 문화에 속하는 모든 상품은 부초처럼 갈대처럼 종잡을 수 없는 소비자의 관심을 '잠깐'보다는 좀 더 오래 끌고 붙들고 차지하려 애쓴다. 그러니 결국 엄격한 기준을 포기하는 것, 무차별함에 탐닉하는 것, 모든 취향에 봉사하되 그 어느 것에도 특권을 주지 않는 것, 변덕스러움과 '유연함'('줏대 없음'을 더 무난하게, 정치적으로도 올바르게 가리키는 말이다)을 장려하는 것, 불안정함과 모순됨을 낭만화하는 것 등등이 한데 모여 가장 적절한(어쩌면 유일하게 합리적인? 유일하게 실행 가능한?) 전략을 이룬다. 까다롭게 굴기, 눈살 찌푸리기, 입술 꾹 다물기는 그리 현명한 방법이 아니다. 어떤 영향력 있는 텔레비전 비평가는 한 새해밑이(2007년에서 2008년으로 넘어가는) 방송을 호평하면서 그 이유를 "매우 다양한 음악 공연을 선보임으로써 모든 사람의 구미를 확실히 당긴다"고 설명했다. 그게 "왜 좋은가" 하면 "보편적인 매력을 갖춘 덕분에 사람들이 각자 선호하는 대로 방송에 빠져들었다 나왔다 할 수 있기 때문"이다.[13] 바로 이런 매력이야말로, 구조 대신 네트워크가 들어서고 '결정'과 '고정' 대신 관심―무관심 게임과 끝없는 연결―차단 과정이 들어서는 사회에 어울리며 실로 알맞은 특질이다.

소비자로 이루어진 이 세계는 "당신에게 필요하며 당신이 갈망하는 모든 것"의 백화점이 되어가고, 문화는 이제 그 안의 한 매장이 되어간다. 상점의 다른 매장들과 마찬가지로 문화 코너의 선반 또한 상품이 빽빽이 들어찬 가운데 부단히 보충되며, 카운터는 최신 상품을 선전하는 광고로 꾸며진다. 물론 그것도 곧 그것이 선전하는 매력과 함께 사라질 따름이다. 상품과 광고 모두 사람들로 하여금 새로운 제안을 욕망하고 원하게 하는 방향으로, 낡은 제안에 매달리려는 욕망이나 바람은 족족 짓누르는 방향으로(조지 스타이너George Steiner의 유명한 표현을 빌리자면 "최대치의 영향력과 즉각적인 노쇠"를 위해) 정확히 계산된다. 상인과 카피라이터는, 꼭 '한발씩' 앞서려 하고 '스타일'에서 우위를 점하거나 최소한 뒤처지지 않으려 하는 소비자의 몸에 밴 버릇과 충동에 상품의 매력을 다가붙이는 데서 방법을 찾는다.

유동하는 현대의 문화에는 '교화'할 '민중'이 없다. **유혹**할 **고객**이 있을 뿐. 또한 '견고한 근대'에는 문화의 목표가 어떻게든 맡은 임무를 (이왕이

면 어서) '다하고' '끝내는' 데 있었다면, 이제는 문화 자체가 영원히 존속
하는 것으로 목표가 뒤바뀌었다. 어떤 방법으로? 전에는 피후견인이자
개종 대상자였지만 이제는 고객으로 거듭난 민중의 삶 면면을 잠깐이
면 바뀌고 말 것으로 만들면 된다.

고독을 잃어버린 시간

19

약 주고 병 주기

모든 문화와 모든 언어에는 '병'에 해당하는 개념이 있다. 영어 단어 '병 dis-ease(불-편)'과 마찬가지로 '편함'이 없는 상태, 즉 마음이나 몸의 **부-자 유**dis-comfort, **불-안**in-convenience, **불-쾌**in-firmity, **약-점**dis-tress을 가리키는 의미론적 등가어가 모든 언어에 태곳적부터 존재하여 지금까지 살아남아 있다. 병 또는 불편이라는 말은 그러한 상태가 원래 생겨서는 안 됨을, 혹은 생기지 않는 게 **정상**임을 뜻한다. 즉, '병'은 **불**-편한 사람이 처한 조건의 **비**-정상성을 나타낸다.

현대에 이르러 '병(불편, 아픔)'은 흔히 '의료적 이상'이라는 개념과 동의어로 쓰인다. 그러나 이 개념은 전자의 등가어인 시늉만 할 뿐, 실은 은밀히 다른 의미를, 그것도 무척 무거운 의미를 끌어들여 '편하지 않음'이라는 사안 자체를 완전히 다른 영역으로 옮겨놓는다. 원래는 하나의 **상태**였던 것이 그 상태에 필요하다는 **행위**로 바뀌고, 문제에 대해 취해야 하거나 곧 취할 그 행위가 애초의 그 상태를 규정하는 힘을 차지하는 것이다. 요컨대 오늘날엔 의사가 무대에 등장해야 극의 주제가 '질병'으로 결정된다.

그리하여 원래는 논의가 이루어지고 논쟁까지도 가능했을 사안, 즉 그 **상태**가 **의료적** 개입이 필요할 정도로 무르익었는지, 또 의료적 개입으로 상태가 호전될 것인지 하는 문제가 '의료적 이상'에 선점당한다. 이 개념에서 의사의 방문은 '당연한', 이미 정해진 조치이다. 마땅히 의학적 검사가 수행되어야 하고, 약물이 처방·입수·복용되어야 하고, 치료 관리 체제가 시작되어야 한다. '의료적 이상' 개념은 의약학 분야의 전문가가 아픈 사람의 몸과 마음을 책임지고(져야 하고) 통제한다(해야 한다)는 사실을 우회적인 방식으로 한 번 더 승인한다. 우리가 병을 '의료적 이상'으로 생각할 때, 그러면서 간접적으로 그러나 필연적으로 병을 의료 행위의 개입 가능성과 동일시할 때, 아픔이라는 상태는 의료적 조치가 이루어질 수밖에 없는, 이루어져야 좋은, 이루어지길 바라는 상황으로 규정된다. 이제 '아픔'은 의사의 도움이 필요한 상태이고, 의사가 도움을 제공한다는 것은 그 상태가 질병임을 뜻한다……. 다시 한 번, 닭과 달걀의 문제다. 그런데 둘 중 어느 것이 달걀이고 어느 것이 닭일까?

마르샤 앤절은 《뉴욕 타임스》(2009년 1월 15일 자)에 책으로 발표된 세 건의 연구 결과를 평하면서 이렇게 말했다. "최근 제약 회사들은 시장을 확장하는 새롭고도 매우 효과적인 방법을 완성했다. 질병을 치료하는 약을 홍보하는 대신, 약에 꼭 맞는 질병을 홍보하기 시작한 것이다." 이 새로운 전략은 "세상 사람은 둘 중 하나라고 미국인을 설득한다. 의료상 문제가 있기에 약물 치료가 필요한 사람, 그리고 아직 그 사실을 모르는 사람."

하지만 이 새로운 전략을 발명하고 개발한 것이 꼭 제약 회사라고는 할 수 없다. 제약 회사는 그저 현대 마케팅업계의 보편적인 추세를 따를 뿐이라고 보는 쪽이 더 옳을 것이다. 오늘날 새로운 상품은 더 이상 기존의 수요를 좇지 않는다. 이제는 **시장에 이미 나와 있는 상품을 위한 수요가 창출되어야 하며, 고로 수요는 만족을 추구하는 인간적 필요의 논리가 아니라 이윤을 추구하는 영리사업체의 논리를 따른다.** 이 새로운 추세가 풀 가동에 들어가기 위해서는 먼저 다음과 같은 생각이 우리의 머릿속에 서서히 퍼져 단단히 자리를 잡아야 했다. 완벽한 상태가 되고자 기울이는 노력의 수준을 더 높이는 데서 오는 만족에는 한계가 없으며, 한계가 있을 수도 없다는 생각. 요컨대 "내 상태가 현재 아무리 좋다 해도, 더 좋아질 수 있고 더 좋아져야만 한다."

건강한 상태라는 상象에는 바닥만이 아니라 천장도 있어서 최고치에 도달한 뒤에는 한숨 돌릴 수 있다고 한다면, 그 상을 대체하게 된, 혹은 그 상을 현대인에게 부차적인 염려로 밀어낸 **적합한** 상태라는 특질에는 위아래로 한계가 없다. 전통적이고 일반적인 의미의 건강에 대한 관심과 달리 적합 상태에 이르기 위한 투쟁은 결코 끝나지 않으며, 이제 그만 노력을 느슨히 해도 되는 순간은 결코 오지 않는다. 우리가 지금 아무리 적합한 상태일지라도 얼마든지 더 적합한 상태가 될 수 있다. 우리의 감각적 만족은 지금보다 얼마든지 더 만족스러워질 수 있고, 쾌락은 더 큰 쾌락을 줄 수 있고, 기쁨은 더 기쁠 수 있다. 제약 회사들의 전략적 참신함은 **건강에 대한 염려가 지닌 권위와 설득력을 동력화하여 그 힘을 늘 더더욱 적합한 상태와 더더욱 큰 자기만족을 추구하는 방향으로 돌렸다**는 점에 있으며 우리, 소비자 사회의 소비자들은 그 방향을 따르도록 눈치를 받고 설득당하고 훈련받는다. 이미 우리의 인생철학이 되었고 나아가 이 시대의 상식이 되었듯이, 더욱 적합해지고 자신에게 더욱 만족하기 위해서는 최신 광고를 면밀히 연구해야만 하며 결국엔 상점에 가야만 한다. 이제는 '다들 아는 사실' '다들 인정하는 것' '다들 하는 일'이 되어버린 이 중요한 상식이야말로 기업들로 하여금 더욱 많은 이윤을 긁어모으게 해주는 영원무궁의 핵심 자원이다.

새로 나온 약이 해결하겠다고 약속하는 그 문제적 상태라는 게 실제로 심각한 문제인지 아닌지는, 그러니까 그로부터 심상찮은 결과가 나올 수 있는지, 그 때문에 피해자가 정말로 위험과 불편에 처하게 되는지는 중요하지 않다. 그보다 훨씬 더 중요한 것은 그 상태가 얼마나 흔한가, 그래서 그 약을 소비할 만한 사람이 얼마나 많은가, 그래서 그 약을 만드는 회사에 얼마나 큰 이익이 예상되는가이다. 이 원칙에 의거하여, 우리 대부분이 일상적으로 참고 사는 익숙한 고통(가령 속 쓰림, 월경전 긴장 증후군은 물론, 흔하디흔한 자신감 부족이나 그 증거인 소심함까지도)이 최근에는 '질병'으로 재정의되고 있다. 거기에는 학문적인, 너무도 기괴하고 어려운, 그래서 불길하게 들리는 이름(가령 의약계 종사자는 속 쓰림을 흔히 '위식도 역류중'이라고 부른다)이 붙고, 고로 시급한 의료 조치가 요구된다.

크리스토퍼 레인은 인간의 삶에서 가장 광범위하게 표출되는 현상 중 하나가 최근 거쳐온 극적인 의약학적 이력을 추적했다. 다름 아니라 장기적으로 또는 일시적으로 느끼는 '소심함'이라는 현상이다(우리 중에서 단 한 명이라도, 자신 없거나 어색하거나 수줍은 기분을 절대로 느끼지 않는 사람이 있단 말인가?!). 이 평범하고 흔한 불쾌감이 이제 의학계에는 '사회 불안 장애'라는 심각한 느낌의 이름으로 알려져 있다. 1980년도에 저 권위 있는 《DSM(정신질환 진단 및 통계 편람)》에 아직 '사회적 공포'라는 이름으로 실렸을 때만 해도 이 증상은 '드문' 경우라고 설명되었다. 그러나 1994년에는 '극히 흔함'으로 재분류되었고, 1999년에 이르러서는 제약계의 거물 글락소스미스클라인GlaxoSmithKline이 약품 팍실Paxil의 시장을 창출하고자 수백만 달러를 들여 불안을 홍보했다. 이 약은 (광고의 표현에 따르면) "심각한 의료적 이상 현상"인 불안을 완화하고 나아가 제거해줄 것을 보장했다. 레인은 팍실의 생산을 감독한 배리 브랜드의 말을 인용한다. "모든 마케터의 꿈은 아직 밝혀지지 않거나 알려지지 않은 시장을 찾아서 개발하는 것이다. 우리는 '사회 불안 장애'를 가지고 그 일을 해냈다."

물론 우리가 그런 데 돈을 내는 것은 **특정한** 종류의 두려움과 불안에서 자유롭게 해준다는 약속 때문이긴 하지만, 그런 약이 우리가 느끼는 두려움과 불안을 **전반적으로** 덜어주는 일은 거의 없다. 삶의 평범한 시련과 고난에서 오는 모든 고통과 불편에 대해 가까운 약국에서 파는 치료제가 있다고(반드시 있어야 하고, 없으면 생겨야 한다고) 믿기 시작한 소비자들은 '생명 강화제'라는 이름의 약들이 약속한 힘을 발휘하지 못할 때 끝없이 실망하게 될 것이고, 광고주와 유통업자와 판매업자는 끝없이 이득을 챙기게 될 것이다. 아이러니하게도, 우리는 그들의 계략에 걸려든 채 우리 자신이 실망할 일에 자금을 대고 있는 셈이다. 헉슬리의 디스토피아인 《멋진 신세계Brave New World》 속 장난감들이 보이는 패턴과 마찬가지로, 이미 신뢰를 잃은 약을 대체하기 위해 새로 출시되는 약에는 흔히 더 높은 가격이 매겨진다. 약의 효능이 좋아졌다는 사실만으로는 설명되지 않는 비싼 가격이.

20

돼지 독감 등 이런저런 무서운 것들

잘 모르겠다. 여러분이 이 글을 읽는 시점, 지금까지도 '돼지 독감'[*] 바이러스라는 유령이 멕시코에서 출발해 대서양을 건너 자신의 집 앞에 당도할까봐 두려워하고 있을지 어떨지. 내가 이 글을 쓰는 현재 내 주변 사람들이 앞날을 두려워하는(혹은 두려워하라고 강요받는) 만큼 여러분도 두

[*] 사람·돼지·조류 인플루엔자 바이러스의 유전물질이 혼합되어 있는 새로운 형태의 바이러스로서 2009년 4월 멕시코와 미국 등지에서 발생한 뒤 아메리카·유럽·아시아 대륙의 여러 나라로 확산되었다. 정식 명칭은 신종 인플루엔자A(Influenza A virus subtype H1N1). 보통 H1N1 또는 신종 플루로 약칭한다. 처음에는 '돼지 인플루엔자' 또는 '돼지 독감'이라고 하였으나 돼지와 관련이 있다는 증거가 없어 세계보건기구의 공식 명칭으로 사용하는 '신종 인플루엔자A'로 통일되었다. 바우만이 이 글을 쓸 당시 아직 명칭이 통일된 시기가 아니었기 때문에 원문에는 '돼지 독감'으로 지칭하고 있다.

려워하고 있을지, 아니면 이것이 애초에 무엇 때문에 벌어진 일인지 기억조차 못하는 건 아닐지, 나로서는 알 수가 없다. 결국 일간신문의 헤드라인이 담당하는 중요한 임무 하나는 사람들의 기억에서 지난주 헤드라인을 지우는 것이고, 그렇게 공적 관심의 자리를 말끔히 비움으로써 다음 주 헤드라인이 들어갈 자리를 만드는 것이니까. 더구나 공황이라는 것은 끔찍하고 강렬할수록 우리의 열정을 빠르게 소진시키고, 간담을 서늘하게 하고 신경을 곤두서게 하는 그 자체의 힘도 빠르게 닳는다. 그럴 땐 더 군침 돌고 한층 땀을 쥐게 하는, 완전히 새로운 종류의 큰 뉴스가 어서 나와서 주춤거리는 신문 판매 부수와 방송 시청률을 끌어올려주어야 한다. 이와 같은 여러 이유는, 어쩌면 그 이상의 이유로, 나는 이 글을 읽는 현재 여러분이 무엇으로 인한 공황에 빠져 있을지 짐작조차 할 수 없다. 어쩌면 여러분은 지금부터 내가 전하는 이야기를 케케묵은 것, 오래전에 종결된(애초에 시작된 적이 있다면 말이지만) 사건으로 여기며 괜히 시간 들여 고민할 필요가 없다고 생각할지도 모르겠다. 여러분은 이제 다른 이유로 다른 것을 두려워하는 중일 테고, 고로 지나간 두려움을 되새길 시간도, 여력도 없을 테니.

아니나 다를까 이 글을 쓰는 지금 벌써 신문들은 또 다른 종류의 무서운 일을 예고하고 경고하는, 사람들을 공황으로 몰아넣는 헤드라인으로 1면을 수놓고 있다. 돼지 독감의 경과와 관련한 소식은 이제 뒷면으로 밀려났고 어쩌다 한 번씩 다시 앞면에 등장하는데, 그 인쇄된 활자는 얼마 전의 크기와 두께에 한참 못 미친다. 게다가 이제 관련 기사에는 (불과 며칠 전과 달리) 놀람과 회의와 아이러니의 어조가 섞여드는 경우가 많다. 예컨대 보스턴 터프츠 메디컬 센터의 바트 로즈는 광역 전염병 경보를 발령한 당국에 대해 "그들은 해야 할 일을 했을 뿐"이라는 침울한 평가를 내린다. "이번 바이러스가 특별히 엄청난 문제를 야기할 가능성은 결코 크지 않지만 아예 없는 것은 아니다." 그리고 곧바로 덧붙이기를 "하지만 (이번 바이러스로 인한) 공황**이라면** 두세 주 안에 가라앉을 가능성이 크다. 독감 시즌이 거의 끝나가는 데다, 이 바이러스의 행동에 특이한 면이 있다는 증거가 전혀 없기 때문이다."《가디언》의 사이먼 젠킨스가 최근의 사태를 요약한 기사는 이보다 더 회의적이고 냉소적이며, 이번 문제의 진짜 핵심까지 파고든다. "(이 바이러스의) 돌연변이에는 실제로 걱정스러운 특징이 있었다. 그러나 영국 관계 당국과 미디어가 벌인 일대 소동에는 어떠한 정당한 근거도 없었다."

이제 우리가 잘 아는 사실은 다음과 같다. 이 독감 바이러스의 최신 돌연변이로 인해 멕시코에서 사망한 사람의 수는 매년 발생하는 독감의 평균 피해자 수를 결코 넘지 않으며, 연간 교통사고 사망자 수보다는 훨씬 적다는 것(세계 전역에서 유행성감기로 죽는 사람은 연간 약 1만 2000명이다. 미국 어린이 가운데 매년 독감으로 인해 사망하는 수는 약 150명인 반면, 2003년 한 해에 교통사고로 사망한 수는 7677명, 살인 사건의 피해자는 3001명이었다). 한편 새 돌연변이가 확인된 시점에 멕시코를 방문했다가 귀국한 사람들은 세계적 유행병의 보균자라는 의심과 공포의 눈길로 감시당했지만, (평소와 마찬가지로) 그보다 많은 수가 식중독에 걸렸다. 그러나 우리가 또 잘 아는 것이 있다. 영국 정부가 3200만 개의 마스크를 주문(하고 보관했으나 이제 쓸모가 없어졌으니, 창고에 '궂은날'을 대비하는 다른 보급품이 들어갈 수 있도록 곧 처분될 것이다)했다는 사실이다. 이 정부가 너무도 잘 아는 바와 같이, 다음 선거에서도 무사히 살아남고 싶은 정부라면 "후회하느니 조심하는 게 낫다"는 지침을 절대 무시해서는 안 된다. 나아가 이 시대에는 자신들이 열정적으로 '조치'를 취하고, 은밀한 계략과 몰래 숨어드는 위험과 보이지 않는 위협을 간파하고, 그것들에 단호하게 맞서 싸우는 모습을 수천 대의 텔레비전 카메라를 통해 수백 만 대의 텔레비전 화면에 전송하는 것이야말로 정권이 존속하기 위한 불가결한 조건이다.

제약계의 거물 호프만라로슈사Hoffmann–La Roche가 '타미플루Tamiflu'라는 이름으로 생산하고 판매하는 오셀타미비르Oseltamivir를 각급 병원에 들여놓는 데도 수백만 파운드가 사용되었다. 바로 얼마 전인 2009년 9월 6일 《가디언》의 과학 부문 편집인 로빈 매키가 밝혀냈듯, "돼지 독감 유행에 대비하여 필수 약물을 수십 억 단위량으로 비축하는" 사업은 제약 회사들에 수천만 파운드의 이익을 보장한다. 정부는 심각한 독감이 유행하여 국가의 제약 생산 및 유통망이 마비될 경우를 대비해 페니실린, 모르핀, 디아제팜, 인슐린을 넉넉히 확보하기로 했다. 이 결정은 최근 영국 정부의 최고 원로 의료인이 돼지 독감의 2차 파동이 우려했던 것만큼 심각하지는 않을 것이라고 발표한 뒤에 내려졌다.

지금까지 이렇게 쓰인 돈은 모두 공적 자금이다. 즉, 정말로 겁먹은 사람들과 겁박에 저항한 사람들 모두가 형벌의 위협하에 납부한 세금이

고독을 잃어버린 시간

란 말이다. 정치가와 사업가가 내통했느냐고? 아마도. 그러나 그것이 정치가의 자발적인 선택이었느냐 하면 꼭 그렇진 않을 것이다. 어쨌든 정부는 이루 말할 수 없이 끔찍한 재앙들로부터 유권자의 삶과 행복을 매일같이 지키고 있음을 증명해야 하니까. 그들을 노리는 끝없이 많은 죽음의 위협과 다양한 종류의 파멸로부터 그들을 지키고 있다고 말이다. 바로 이것이, 영국의 국가 의료 고문 리엄 도널드슨이 국민에게 모든 낙관은 시기상조이며 돼지 독감이 다음 겨울에 "다시 돌아오리라고 예상되기도 한다"고 경고한 이유이고, 미국에서는 여러 주 당국이 '공중 보건 비상'을 선언한 이유이다. 바로 이것이, 미국 부통령 조 바이든이 국민에게 지하철이나 비행기를 타지 말라고 호소하면서 가장 음침하고 가장 섬뜩한 색을 골라 임박한 재앙의 얼굴을 그리는 이유이다. 그러고 보면 젠킨슨의 말대로 "반테러리즘과 국민의 '건강과 안전'을 강조하며 팽창하는 제국에서는 이제 '겁박'만큼 실속 있고 효과적인 무기가 없다. (⋯) 질병이 세계적으로 퍼지고 있다고 양치기 소년처럼 매번 소란을 피우는 것이 의료/산업 복합체에는 너무도 중요한 일이 된 지금, 제아무리 멀쩡한 사람도 무엇이 현실이고 무엇이 짬짜미인지 구별할 수가 없다." 정말이지 우리는 겁을 주는 대로 겁을 먹는다. 과연 사람이 얼마나 용감하고 무모해야, 또 어리석고 경솔해야 저기 우렁찬 합창으로 운명을 고하는 예언자들에 맞서서 이의를 제기하고, 그들의 허세에 도전하고, 당신들이 말하는 위험은 십중팔구 발명된 것이거나 지독하게 과장된 것이거나 터무니없이 부풀려진 것이라고, 사실은 무시해도 아무 문제 없지 않느냐고 주장할 수 있을까?

반대 의견과 이성의 목소리가 묵살되기만 하는 한 바이러스는 눈에 보이지 않는다는 그 가공할 이점을 누리고, 따라서 우리는 그 어떤 특별한 안경으로도 우리가 숨 쉬는 공기에 바이러스가 없다고 확신하지 못한다. 우리, 경보의 수신자들, 공황에 빠지기를(그리고 순응하기를) 요구받고 채근당하는 사람들에겐 문제의 돌연변이에 관한 뉴스가 시작되는 장소인 연구 개발 실험실에 입장할 권리가 없다. 우리가 가진 것은 선택권이다. 전문가를, '정통'하다는 사람들을 믿을 것인가, 아니면…… 도대체, 그게 아니면 어떤 다른 **선택지가 있는가?**

사이먼 젠킨스는 기사 말미에 "현재의 소동이 끝나고 장부를 확인할 때, 이 처참한 낭패에 대한 조사가 반드시 이루어질 것"을 확신한다고 썼다. 하지만 그는 그런 조사가 이번과 유사한 값비싼 공황의 재발을 막아주리라고 생각하는 대신, 볼테르의 오래된 충고를 따라 간간이 바이러스학자를 한 명씩 총살하여 다른 학자들에게 본을 보여주자고 제안한다……. 충고의 극악무도함은 차치하더라도, 이 방법에 무슨 효과가 있을지 난 모르겠다. 결국 불쌍한 바이러스학자들은 자기가 맡은 일을 할 뿐이다. 학자의 연구 결과로 우리를 겁주는 것은 다른 사람들, 저 잘나고 높으신 분들의 일이다. 사실 그 연구 결과가 정말 바이러스학자에게서 나온 것인지, 아니면 그분들의 입에서 나온 것인지도 알 수 없고. 게다가 그 일에서 정치적 또는 상업적 이득을 취하는 것도 그분들 일이요, 그러면서 모종의 개인적인 가산점과 이득을 챙기는 것도 그분들 일 아닌가…….

고독을 잃어버린 시간

21

건강과 불평등

팜비치는 플로리다에 약 20킬로미터 길이로 뻗어 있는 좁다란 섬으로, 1만 명 조금 넘는 주민이 살고 있다. 세 개의 다리로 본토와 연결되어 있지만, 주민들은 마치 이곳이 거대한 '빗장 동네'인 양 생각하고 행동한다.

이곳이 특별 제한 구역인 건 사실이다. 성벽이나 철조망이 필요 없는 것은 고맙게도 집값이 그 역할을 완벽하게 대신하기 때문이다. 현재 시장에 나와 있는 소수의 주택 매물은 가격이 70만 달러에서 7250만 달러에 이른다(한화 약 7억 8000만 원에서 800억 원). 모두가 알다시피 팜비치는 미국 전체에서 부의 밀집도가 가장 높은 지역으로, 이곳에는 여타 지역과 비교해 돈이 1평방마일당 수백만 달러씩 더 쌓여 있다. 우스갯소리로, 이 동네 사람에게 백만장자라는 호칭은 욕이다. 팜비치 주민들이 옷을 사는 거리인 워스 애버뉴Worth Avenue에 늘어선 부티크에선 스웨터 한 벌 가격이 자그마치 1000달러, 바지 한 벌은 그 두 배다. 이 동네 컨트리클럽 회원은 가입비로만 30만 달러를 낸다. 또 《뉴욕 타임스》의 데이비드 시걸이 추정한 바에 따르면, 최근의 주가 폭락 사태로 팜비치 주민이 잃은 자산은 팜비치의 독보적인 위상에 걸맞게 미국의 다른 어떤 지역도 범접할 수 없는 규모였다. "최근 평균 거주민의 순자산이 (…) 국내 다른 어떤 지역이나 도시의 평균 순자산보다 크게 감소했다." 다른 어떤 통계보다도 바로 이 통계가 미국의(그리고 아마 세계의) 부자 리그에서 홀로 수위를 점하고 있는 팜비치의 독점적인 지위를 보증하는 듯하다.

팜비치에는 묘지나 장례식장이나 병원이 없다. 주민 다수가 여든 살을 한참 넘겼음에도 이들의 머릿속에 죽음과 병의 자리는 없다(물론 제아무리 착실하게 열심히 노력해도, 돈을 아끼지 않아도 삶에서 죽음과 병을 쫓아내진 못하지만).

한편, 영국 버밍엄 병원 재단의 도메니코 파가노 연구 팀은 심장 수술을 받은 환자 4만 5000명(평균 나이 65세)의 이후 운명을 추적했다. 그 결과, 수술 후 사망자 수는 환자의 경제력과 밀접히 연관되어 있고, 소득이 낮을수록 사망 확률이 급증한다는 사실을 밝혔다. 한마디로, 가난한 사람이 더 많이 죽는다. 일단 흡연, 비만, 당뇨—모두 잘사는 사람보다 못사는 사람에게 더 많은 영향을 끼친다고 알려져 있다—가 이 결과를 설명할 '유력 용의자'로 불려 나왔지만, 틀렸다. 해당 요소가 통계에 미쳤을 영향을 감안한 뒤에도 수술 후 생존률의 뚜렷한 차이는 그대로였

고독을 잃어버린 시간

다. 그렇다면 가능한 결론은 단 하나, 심장 수술을 받은 환자 가운데 가난한 사람의 생존 가능성이 잘사는 사람보다 낮다면 그것은 다름 아니라…… 그들이 가난해서라는 것이다.

꽤 최근까지만 해도 정치색을 (거의) 가리지 않고 수많은 정치 지도자가 상식이자 지혜로 열심히 배양하던 개념이 있었으니, 최상층이 더욱 번영하면 종국에는 사회의 나머지 전체가 그 덕을 보게 된다는 이른바 '낙수 효과'가 그것이다. 그러나 과거엔 어땠는지 몰라도 지금은 그런 '낙수' 현상이 그 어디에서도 발견되지 않는다. 엘리트가 부유해질수록 공동체 전체의 삶이 더 안전해지고 건강해진다는 논리는 상상의 산물이며, 대놓고 말해서 정치적 프로파간다의 날조다. 그러나 우리의 논지에 더 중요한 것은, 리처드 윌킨슨Richard Wilkinson과 케이트 피킷Kate Pickett이 《평등이 답이다The Spirit Level》에서 풍부한 증거를 제시하며 합리적 의심의 여지 없이 입증한 대로[14] 국민총생산으로 가늠되는 **국부**의 총합 또는 평균은 길게 줄지어 선 사회적 해악들에 거의 영향력을 미치지 못하는 반면 그 부가 분배되는 양상, 즉 **사회 불평등**의 정도는 사회 악폐의 확산과 강도에 지대한 영향을 미친다는 사실이다. 예를 들어 일본과 스웨덴은 전혀 다른 방식으로 운영되는 나라이다. 스웨덴은 중앙정부가 복지를 주도하는 반면, 일본에는 국가 차원에서 시행되는 사회정책이 거의 전무하다. 그러나 두 나라는 소득이 비교적 균등하게 분배되어 전체 인구 중 소득 상위 20퍼센트와 하위 20퍼센트의 생활수준 격차가 비교적 작다는 공통점이 있다. 두 나라의 또 하나 중요한 공통점은, 소득과 부의 격차가 심한 다른 부유한 산업국에 비해 '사회문제'가 덜 발생한다는 점이다. 비슷한 예로 서로 가까운 위치에서 밀접한 관계를 맺고 있는 두 나라 스페인과 포르투갈을 살펴보면, 포르투갈은 사회 불평등에 관한 지수들이 스페인의 거의 두 배에 달한다. '사회문제'의 발생 빈도와 강도라는 면에서 포르투갈은 스페인을 아주 쉽게 이긴다!

미국과 영국 등 지구 상에서 가장 불평등한 사회들에서는 불평등 리그 최하위의 사회에 비해 정신질환이 세 배 많이 발생한다. 감옥에 수용된 인구가 훨씬 많고, 비만 비율이 훨씬 높고, 10대 임신율이 훨씬 높고, (그 대단한 부의 총합과 상관없이!) 가장 부유한 계층을 포함한 **모든** 사회계층의 사망률까지 훨씬 높다. 전반적인 건강 수준은 대체로 부유한 나라에서 더 높지만, 부가 더 평등하게 분배되는 나라에서는 사회 평등 정도의 증가에 비례하여 사망률이 떨어진다. 실로 놀랍고 의미심장한 결과 하나는, **건강**만을 목적으로 하는 지출이 증가할 때는 평균 기대 수명이 거의 달라지지 않는 반면에 **불평등 정도**가 증가하면 변화가, 그것도 아주 부정적인 변화가 나타난다는 것이다.

왜 이런 현상이 나타나는지에 대해서는 윌킨슨과 피킷의 책을 참고하길 바란다. 그런데 그들의 주장에 따르면, 불평등한 사회에서는 사회적 지위 상실의 두려움, 즉 비하당하고 사회적으로 배제되고 존엄성을 부정당하고 굴욕을 느끼는 상황에 대한 두려움이 훨씬 강하며, 특히 추락의 강도를 고려하면 그런 공포는 더더욱 끔찍하고 섬뜩한 것이 된다. 이런 종류의 두려움은 큰 불안으로 이어져 사람들로 하여금 심리적 장

고독을 잃어버린 시간

애와 우울증에 더 취약하게 만드는데, 이 요인이 또 기대 수명에 영향을 끼칠 수밖에 없다. 이런 양상은 자신의 성취가 얼마나 오래 지속되고 자신의 특권이 얼마나 견고할지 확신하지 못하는 특징을 보이는 계층, 즉 중산층에 특히 큰 영향을 미친다.

이른바 '선진국'을 괴롭히는 요소로 악명 높은 '사회 병폐'는 긴 목록을 이루고, 그 모든 노력(참된 노력이든 명목상의 노력이든)에도 불구하고 목록은 더 길어지고만 있다. 가령 앞서 언급한 몇 가지 문제 외에도 살인, 영아 사망, 그리고 사회적 결속 및 협력의 전제 조건인 상호 신뢰의 부재가 있다. 이 하나하나의 사정이 우리가 더 불평등한 사회에서 덜 불평등한 사회로 나아갈수록 나아진다. 때로 그 차이는 참으로 충격적일 정도다. 불평등 리그의 최상위 국가는 미국, 최하위 국가는 일본이다. 미국에서는 인구 10만 명당 거의 500명이 감옥에 사는 반면, 일본에서의 비율은 10만 명당 50명이 채 안 된다. 미국에서는 인구의 30퍼센트 이상이 비만 문제를 겪는 반면, 일본에서는 그 비율이 10퍼센트가 채 안 된다. 미국에서는 15세에서 17세 사이의 여성 1000명 중 50명 이상이 임신 상태다. 일본에서 그 수는 3명이다. 미국은 인구 4명 중 1명 이상이 정신 질환을 겪고 있다. 영국, 오스트레일리아, 뉴질랜드와 같이 비교적 더 불평등한 나라에서 정신 질환을 겪는 사람은 5명 중 1명이며 일본, 스페인, 이탈리아, 독일 등 부가 더 평등하게 분배되는 사회에서는 10명 중 1명이 정신 질환을 앓는다.

여기까지는 다 통계다. 대략의 셈이거나 평균치이고 상관관계이며, 통계가 그 상관관계 뒤에 있는 인과관계에 대해서 알려주는 건 거의 없다. 그러나 통계는 상상을 촉구하고 경보를 울린다(최소한 우리는 통계로부터 경고를 들을 수 있고, 마땅히 들어야만 한다). 통계는 양심과 생존 본능 **양쪽**에 호소한다. 통계는 우리가 너무도 자주 드러내는 윤리적 무기력과 도덕적 냉담에 도전하고 (바라건대) 때려눕힌다. 나아가 통계는 건강한 삶과 행복의 추구가 (그 자체로 목적에 부합하는) 자기 지시적 활동이라는 관념이 철저한 오해이며 잘못된 결과를 부른다는 사실을 의심의 여지 없이 입증한다. 저 자신의 가발을 끌어당겨 늪에서 스스로 빠져나왔던 뮌하우젠 남작°처럼 '혼자 힘으로' 성공할 수 있다고 믿는 것은, 스스로를 염려하고 보살피겠다는 목적을 배반할 뿐인 치명적인 실수다.

타인의 불운에서 멀어지는 동안에는 그러한 목적에 가까워질 수 없다. '사회 병폐'와의 싸움은 우리가 함께할 때만 치를 수 있다. 그러지 않으면, 패배한다.

• 18세기 독일의 실존 인물이자 소설가 라스페Rudolf Raspe가 허구화한 캐릭터. "자신의 머리카락을 잡아당겨 물에서 빠져나왔다"는 허풍담 이야기가 유명하여 철학에서는 순환 논리, 무한 후퇴의 오류를 '뮌하우젠의 궁지'라고 부른다.

고독을 잃어버린 시간

22
경고를 들으시오

이 위기가 지나고 다음번 재앙이 (분명히 또는 혹시라도) 닥칠 때는 여러분도 나도, 그 누구도 "이럴 줄 몰랐다"고 변명할 자격이 없다. 군중으로부터 멀리 떨어진 저 위, 사람들의 재잘대는 소리가 들리지 않는 기둥 꼭대기에서 평생을 보낸 은둔자 시메온 같은 사람만이 무지를 주장할 수 있을 터(사방에 정보 고속도로가 뚫린 세계에서 그런 곡예 같은 은둔이 가능할까마는. 게다가 이 시대에 혹시 시메온의 추종자가 있다 해도, 기둥을 오르기 전에 주머니에 든 아이폰을 내려놓진 않을 것이다). 알아야 할 지식을 물어보면 무엇이든 척척 알려주는 영리한 장비를 손에 쥐고 다니는 이상, 우리는 무지를 주장할 자격이 없다.

　예컨대 우리가 생태 시한폭탄을 깔고 앉아 있다는 사실을 우리는 너무 잘 알고 있다(우리의 일상적인 행동에서는 그 사실을 아는 듯 보이는 구석이 거의 없지만). 또 우리가 인구 시한폭탄 위에 앉아 있다는 것도 귀에 못이 박이도록 듣는 이야기다("우리가 너무 많고 특히 '그들'이 너무 많은데, '그들'로 말할 것 같으면⋯⋯"). 소비주의 시한폭탄은 또 어떤가("우리의 잔치에 끼고 싶어서 애원하며 문을 두드리는 저 수많은 사람들을 이 불쌍한 지구가 얼마나 더 지탱할 수 있을까?"). 그 밖에도 몇 가지 폭탄이 더 있으며, 폭탄의 수는 조금도 줄어들 기미를 보이지 않은 채 늘어만 간다. 그러니 그 모든 폭탄 가운데 지금껏 언급한 것보다 조금도 덜 불길하다고 할 수는 없지만 어쩐지 아직 다른 것보다 우리의 관심을 덜 받고 있는 것이 하나 있다고 경고해도 딱히 놀랄 사람은 없으리라.

몇 주 전, 우리는 바로 그러한 종류의 경고를 한 번 들을 수 있었다(하지만 그것에 귀 기울인 사람이 몇 명이나 될는지). 꽤 가까운 미래에 **불평등 시한폭탄**이 폭발할 수 있다는 경고였다. UN은 세계 120개 대도시에 관한 연구를 토대로 한 도시 개발 현황에 관한 보고서를 발표하면서 "심각한 불평등은 부정적인 사회적·경제적·정치적 결과로 이어져 공동체를 위태롭게 할 수 있다"고 경고했다. 그로 인해 발생하는 "사회적·정치적 분열은 사회적 동요와 불안으로 발전할 수 있다." 부유층과 빈곤층은 여러 면에서 깊게 분열되어 있고, 이 상황은 어느 모로 보나 앞으로도 계속될 전망이다. 문제의 '낙수 효과' 이론은 부자가 계속 부를 유지하고 더 부유해지도록 도울 뿐 가난한 사람을 위한 방향으로는 작동하지 않기 때문이다. 지금까지 수많은 지역에서 급속한 경제성장으로 인한 결과는, 부

고독을 잃어버린 시간

의 총합과 '평균치'가 가파르게 증가하는 데 정비례하여 대량의 실업자 및 임시직·비정규직 노동자가 겪는 견디기 어려운 궁핍 또한 가파르게 악화되었다는 것이다.

적잖은 사람이 이 사실에 충격을 받겠지만, 머나먼 나라에서 들려오는(과연 들리긴 할까 몰라도) 소식으로 생각하고 안전할 정도로만 충격을 받을 것이다. 그러나 다시 말하지만, "이럴 줄 몰랐다"라고는 하지 마시길. 지금 우리가 이야기하는 것은 단순히 사하라 남쪽 아프리카나 라틴아메리카의 연합도시 등 도시계획도, 질서도, 자금도, 관리도, 행정도 태부족하기로 악명 높았던 지역과 거기 몰려 살던 농장노동자들의 이야기가 아니다. UN에 따르면 뉴욕은 현재 세계에서 아홉 번째로 불평등한 도시이고, 애틀랜타, 뉴올리언스, 워싱턴, 마이애미 등 잘사는 미국 대도시의 불평등 수준도 나이로비, 아비장의 불평등 수준과 맞먹는다. 지금까지 이 보편적인 추세를 피할 수 있었던 나라는 덴마크, 핀란드, 네덜란드, 슬로베니아 등 몇몇 특별한 나라뿐이라고 한다.

상식적으로 볼 때 여기에 걸려 있는 문제는 교육, 직업 선택, 사회적 계약 같은 기회의 불평등과 그 결과인 물질적 재산과 삶을 즐길 기회의 불평등이다. 그러나 예란 테르보른Göran Therborn이 때마침 우리를 일깨우는바, 문제는 그것으로 전부가 아니며 가장 중대하고도 눈에 띄는 결과는 따로 있다. '물질적' 불평등이나 '자원' 불평등 외에도 (테르보른의 용어로) '생명 불평등'이 있다.[15] 기대 수명 및 성인기 이전 사망 확률은 계층에 따라, 나라에 따라 크게 다르다. "은행이나 보험사에서 일하다 은

퇴한 영국인 남성은 위트브레드나 테스코에서 일하다 은퇴한 사람보다 7~8년 더 오래 산다." 영국의 공식 통계에서 소득 최하위 구간의 사람들은 최상위 구간의 사람에 비해 은퇴할 나이까지 살아 있을 확률 자체가 네 배나 낮다. 글래스고에서 가장 가난한 지역(칼튼) 주민의 기대 수명은 같은 도시의 가장 부유한 지역(렌지) 또는 런던의 켄싱턴이나 첼시 같은 부유한 지역의 주민보다 28년 짧다. 테르보른은 "사회적 신분의 위계는 말 그대로 치명적이다"라고 결론짓는다. 그러면서 불평등에는 세 번째 종류 혹은 양상이 하나 더 있다고 덧붙인다. '존재 불평등'은 "특정 범주의 인간에 대해 행동의 자유를 제한함으로써 그 사람의 인격 자체를 훼손한다"(가령 빅토리아 시대 잉글랜드에서 여성은 공공장소 출입을 금지당했다. 그러나 지금도 여러 나라에서 똑같은 일이 벌어지고 있다. 100년 전 런던의 빈민이 이스트엔드에 모여 살았다면, 우리 시대의 빈민은 프랑스의 '방리유(외곽)'나 라틴아메리카의 '파벨라(빈민촌)', 북아메리카 도심의 '게토'에 산다).

존재 불평등에 희생되는 범주의 사람들은 존중받을 권리를 부정당하고, 열등하다고 여겨지고, 결과적으로 그들 인간성의 가장 중요한 부분을 박탈당한다. 미국에서는 흑인과 인디언(저 위선적인 '정치적 올바름'이 요구하는 이름으로는 '원주민족')이 그렇고, 세계 모든 지역에서 가난한 이민자와 '하류층'과 소수 인종 집단이 그렇다. 최근 이탈리아 정부는 존재 불평등을 법제화하고, 불평등을 약화하려는 모든 시도를 범죄로 규정했다. 이 새로운 법에 따라 이제 이탈리아 시민은 불법 이민자를 감시·신고해야 하며, 그들에게 도움을 주거나 머물 곳을 제공했다가는 징역형을 받

고독을 잃어버린 시간

을 수 있다.

테르보른을 비롯한 여러 학자가 입을 모으듯이, 인간 불평등의 정도가 폭발하듯 치솟는 최근의 상황에는 의심하기 어려울 만큼 분명한 원인들과 병적인 결과들이 있다.

자본주의경제는 하나의 거대한 세계 카지노로 전락했다. 바로 이것이 현재 수십만 명을 일자리에서 쫓아내고 수십억 파운드의 세금을 요구하는 경제 위기의 원인이다. 이 세계적 위기는 개발도상국 주민을 더 가난하게 하고 더 굶주리게 하며 더 많이 죽게 하고 있다. (…) 가장 가난한 사람들과 가장 부유한 사람들 사이의 사회적 거리가 멀어질수록 사회 결속이 약화되고 그로 인해 범죄와 폭력 등 공동의 문제가 더욱 늘어난다. 또 국민 정체성부터 기후변화에 이르기까지 우리가 안고 있는 다른 모든 공동의 문제를 해결할 자원이 더욱 줄어든다.

그러나 이것도 문제의 끝이 아니다. 사회불안, 도시 소요, 범죄, 폭력, 테러…… 이 모든 섬뜩한 전망이 우리의 안전과 우리 아이들의 안전에 불길한 그림자를 드리우고 있지만, 그것들은 겉으로 드러난 증상으로 보아야 할 것이다. 즉, 오래된 굴욕에 새 굴욕이 더해지고 원래도 심각했던 불평등이 경제 발전으로 인해 한층 더 심각해진 결과, 사회 병폐들이 매우 극적인 모습으로, 격렬한 기세로 폭발하고 있는 것이다. 지금 가파르게 부상하는 저 모든 불평등은 또 다른 종류의 피해를 남긴다. 도덕의 황폐, 윤리의 맹목, 감각의 상실이 그것이다. 인간의 불행에, 인간이 인간에게 매일같이 해를 입히는 장면에 익숙해지는 것. 삶에 의미를 부여하고 인간의 즐거운 공존을 실행 가능한 목표로 만드는 가치들이 조금조금씩, 그러나 끊임없이, 눈에 띄지 않고 저항에 부딪치지 않을 속도로, 저 속에서부터 부식되어간다. 여기에 걸려 있는 것이 무엇인지 간파했던 리처드 로티Richard Rorty는 우리에게 이렇게 호소했다.

> 우리 아이들은 책상 앞에 앉아 키보드를 두드리는 우리가 제 손을 더럽히며 우리의 변기를 닦는 사람보다 열 곱절 많은 돈을 받는다는 사실, '제3세계'에서 우리의 키보드를 조립하는 사람보다 백 곱절 많은 돈을 받는다는 사실을 도저히 참지 못하는 사람으로 자라야 한다. 우리 아이들은 먼저 산업화된 나라가 아직 산업화되지 않은 나라보다 백 곱절 더 많은 부를 가졌다는 사실을 걱정하는 사람으로 자라야 한다. 저 자신의 운과 다른 아이들의 운이 그렇게 다른 것이, 그 불평등이 '신의 뜻'도 아니고 경제적 효율에 지불해야만 하는 대가도 아닌 필연적인 비극임을 어릴 때부터 배워 알아야 한다. 우리 아이들은 누군가 과식하는 동안 그 누구도 굶주리지 않으려면 이 세계를 어떻게 바꾸어야 할지를 가능한 한 어릴 때부터 궁리하기 시작해야 한다.[16]

고독을 잃어버린 시간

"이럴 줄 몰랐다"는 변명을 멈추기에 딱 좋은 때다. 이 종이 누구를 위해, 하루하루 더 크게 울리고 있는지 묻기에 더없이 좋은 때다.

교육을 푸대접하는 세상? (1)

최근 '교육의 위기'가 널리 논의되고 있지만, 이는 어느 모로 봐도 새로운 일이 아니다. 교육의 역사는 위기로 점철되어 있으며, 그때마다 그 전까지는 타당하고 확실해 보이던 전제와 전략이 명백하게 현실성을 잃으면서 재고와 수정과 개혁이 요구되었다. 하지만 지금의 위기는 과거의 위기들과는 사뭇 다른 듯하다.

오늘날의 상황은 문명 초입에 형성되어 내내 이어져온 교육이라는 개념의 본질 자체에 맹타를 날리고 있다. 이 시대의 난제들은 교육이라는 개념의 **불변식**마저 의심한다. 모든 도전과 위기를 견디고 지금까지 멀쩡하게 살아남은 그 근본적인 특징들이, 지금껏 단 한 번도 면밀히 검토되거나 의문시된 적 없으며 하물며 시효가 다되었으니 대체해야 할 것 같다는 의심조차 받은 적 없는 가정들이 드디어 논의의 대상으로 떠오른 것이다.

유동하는 현대 세계에서는 흔히 인간관계의 견고함만이 아니라 사물의 견고함까지도 불쾌한 위협으로 간주된다. 결국 모든 종류의 충성 맹세와 모든 (영구한 것도 아닌) 장기적인 약속은 의무에 발목 잡힌 미래를 예고하는바, 맹세하고 약속한 사람은 그로 인해 이동의 자유를 제한당할 뿐 아니라 아직은 뭔지 모를 새로운 기회가 (틀림없이) 그 모습을 드러낼 때 그것을 차지하기가 힘들어지기 때문이다. 처치 곤란한 물건이나 유대를 평생 붙들고 있어야 할지 모른다는 가능성은 너무도 끔찍하고 두렵게 느껴진다. 그도 그럴 것이, 개중 가장 탐나는 사물마저 빠르게 노화하면서 곧 광택을 잃고 영광의 상징에서 수치의 낙인으로 바뀐다고들 하니까. 화려한 잡지를 만드는 편집자들은 시간의 맥박을 참 잘 느낀다. 그들은 독자에게 "반드시 해야 할" 새로운 일과 "반드시 가져야 할" 새로운 물건을 알려줄 뿐 아니라 이제는 "통하지 않"으므로 내다 버려야 할 것에 대해서도 정기적으로 충고한다. 우리가 사는 세계는 그 어느 때보다도 이탈로 칼비노Italo Calvino의 '보이지 않는 도시' 레오니아에 가깝다. "부를 가늠하는 척도가, 매일 제작되고 판매되고 구매되는 물건의 양이 아니라 (…) 새것을 들일 공간을 확보하기 위해 매일 버려지는 물건의 양"이라는 점에서 그렇다.[17] '정리'하고 '처분'하고 없애고 갖다 버리는 즐거움이야말로 우리 유동하는 현대 세계의 참된 열정이다.

사물이나 유대를 두고 영원한 지속 능력을 말하는 것은 더 이상 찬사가 아니다. 물건과 유대는 정해진 기간만큼만 제 역할을 하다가 쓸모를 다하고 나면 해체되거나 파쇄되거나 처분되는 것이 좋다. 그리고 쓸모는 이내 다하는 것이 좋다. 소유물, 특히 쉽게 내다 버릴 수 없을 만큼 오래가는 것들은 기피해야 할 대상이다. 오늘날 소비주의의 핵심은 사물의 축적이 아니라 사물을 그때그때 '한 번' 즐기고 마는 것이니까. 상황이 이러한데 학교에서 습득하는 '지식 패키지 상품'이 그 보편적인 규칙에서 제외되어야 할 이유는 무엇인가? 변화의 소용돌이 속에서는 그때그때 쓰기 알맞은 '일회성' 지식이 훨씬 더 매력적으로 보인다. 당장 쉽게 쓸 수 있는 장점을 지닌 지식, 점점 빠른 속도로 상점의 선반에 전시되었다가 사라지는 소프트웨어 프로그램들처럼 언제든 쉽게 폐기할 수 있는 지식이 선호된다.

그런 이유로, 교육이라는 '상품'은 언제까지고 버려선 안 되고 여러 용도에 맞추어 써야 한다는 생각은 당혹스러울 뿐이며, 특히 학교의 제도 교육을 옹호하는 근거로써는 더 이상 힘을 발휘하지 못한다. 옛날 학부모들은 자식에게 배움의 쓸모를 강조할 때 "공부로 얻은 것은 절대로 안 없어진다"라는 말을 했다. 그게 그 시대 학생들에게는 힘이 되는 약속이었겠지만, 이 시대 청소년은 혹시라도 부모가 그런 주장을 펼친다면 경악을 금치 못할 것이다. 요즘 사람들은 약속에 대해서도 '추후 공지가 있을 때까지 당분간'이라는 단서가 붙어 있지 않으면 불쾌해한다. 미국의 점점 더 많은 도시에서 건축 허가는 철거 허가와 함께 발급되며, 미군의 장교들은 확실한 '철수 계획'이 미리 마련되지 않은 한 현지 파병에

고독을 잃어버린 시간

(실질적인 효과는 없을지언정) 강하게 저항한다.

교육의 기본 전제를 위협하는 또 하나의 난제는 현대의 변화가 변덕스럽고 본질적으로 예측 불가능하다는 사실과 관련이 있으며, 이것이 첫 번째 문제를 한층 강화한다. 예로부터 지식의 변치 않는 가치는 세계를 충실히 재현한다는 데 있었다. 그런데 만약 세계가 현존하는 지식의 진리를 끊임없이 비껴 나가는 방향으로 변화한다면? 이 세계가 가장 '유식한' 자들의 허를 찌르는 방향으로만 바뀐다면? 가르침과 배움이라는 개념의 뿌리를 고대에서 찾은 고전학자 베르너 예거Werner Jaeger는 교육(독일어로는 '형성'을 뜻하는 Bildung) 개념이 원래 다음 두 가지의 쌍둥이 같은 전제 위에 성립했다고 보았다. 하나는 인간의 온갖 (표면적으로) 다양한 경험의 바탕에는 세계의 불변하는 질서가 있다는 것이고, 다른 하나는 인간의 본성 또한 영구한 법칙에 지배받는다는 것이다. 첫째 전제는, 교사가 학생에게 지식을 전달하는 행위가 반드시 필요하고 또 이롭다는 사실의 근거가 되었다. 둘째 전제는, 교사가 학생들에게 추종하고 흉내 내라고 가르치는 본보기가 영원히 유효함을 뒷받침함으로써 그것을 가르치는 교사에게 자기 확신을 확보해주었다.

그러나 우리가 오늘날 거주하는 세상은 배움을 옹호하고 장려하는 환경이라기보다 망각을 목적으로 만든 장치에 가까운 듯하다. 이를테면 전에는 행동주의 심리학 실험에서 쓰던 미로의 벽처럼 뚫거나 통과하기가 불가능한 칸막이들이 길을 구획하고 있었는데, 이제 그 칸막이들 밑에 바퀴가 달려 끊임없이 움직이면서 어제는 구석구석 파악되었고 어제는 확실했던 경로들을 오늘은 무가치하게 만들어버리는 것이다. 기억력 좋은 사람들에게 화 있으리라! 어제는 믿을 만했던 길이 오늘 보면 막다른 벽에서 끝나거나 흐르는 모래에 묻혀 있고, 한때는 틀림없었던 습관과 행동 패턴이 이제는 성공 대신 재앙을 불러오기 십상이므로. 그런 세계에서 배움이란 영원히 잡히지 않는 표적을 끝없이 추격하는 행위일 수밖에 없다. 그뿐인가. 설령 목표물을 손에 넣는다 해도 그것은 곧 녹아내릴 테고, 적절한 행위에 대한 보상이 매일 다른 장소로 옮겨진다는 점에서 반응 강화는 오히려 잘못된 방법이다. 강화는 조심하고 피해야 할 덫이다. 그것이 주입하는 습관과 충동이 금세 무익한 것으로, 어쩌면 너무도 해로운 것으로 밝혀질 테니.

랠프 왈도 에머슨Ralph Waldo Emerson이 말했듯이, 살얼음판 위에서 스케이트를 탈 때는 속도가 생명이다. 생명을 지키고 싶은 사람이라면 빠르게 움직이면서 어느 한곳 특정한 지점에서 얼음의 힘을 과도하게 시험하지 않는 것이 좋다. 유동하고 휘발하는 현대 세계에서는 그 어떤 형식과 형체도 믿음을 허락할 만큼 오래 지속되지 않으며 장기적인 신뢰라는 '겔 상태'를 형성하지 않는다(혹은 최소한 그런 겔 상태가 형성되거나 할지, 언제 형성될지, 형성될 가능성이 얼마나 낮은지 알려주지 않는다). 이런 세계에서는 앉아 있느니 걷는 것이 좋고, 걷느니 뛰는 것이 좋고, 뛰느니 물결을 타는 것이 훨씬 더 좋다. 서핑은 가볍고 민첩한 사람에게 유리하다. 또 밀려오는 파도를 고를 때도 지나치게 까다롭지 않게 굴며, 원래 바라던 바가 있더라도 쉽게 포기할 줄 아는 편이 유익하다.

고독을 잃어버린 시간

이 모든 것이 배움과 교육의 역사가 줄곧 지탱해온 모든 것의 특질에 어긋난다. 교육이 처음 형성되었을 때 기준이 된 세계는 오래 지속될 수 있는 세계, 오래 지속되는 것이 바람직한 세계, 앞으로는 전보다 훨씬 더 오래 지속되는 방향으로 만들어지는 세계였다. 그런 세계에서는 기억력이 자산이었고, 더 오래된 일을 더 오랫동안 기억하는 것이 가치 있는 능력이었다. 오늘날, 그렇게 견고하게 자리 잡은 기억은 살아가는 데 문제를 일으키는 경우가 많고, 혼란을 낳는 경우는 더욱 많으며, 쓸모없는 경우는 너무도 많다.

서버와 전자 네트워크가 이토록 빠르고 거대하게 성장한 배경에는 다름 아니라 쓰레기의 저장, 처리, 재활용 문제를 해결해준다는 이유가 얼마나 크게 작용했는지 모른다. 기억하는 기능이 사용 가능한 산물보다 쓰레기를 더 많이 생산할 때, 그리고 (유용해 보이던 산물이 금세 한물가고, 무용해 보이던 산물이 갑자기 인기를 끄는 등) 뭐가 뭔지 미리 판단할 확실한 방법이 없을 때, 모든 정보를 용기에 넣어 뇌로부터 안전한 거리에(뇌에 직접 저장한다면 그 정보가 행동을 은밀히 통제할 테니) 따로 저장해둘 수 있다는 가능성은 때에 어울리는 솔깃한 제안이었다…….

(다음 편지로 이어짐)

24

교육을 푸대접하는 세상? (2)

긴박하고 변덕스러운 변화로 들끓는 이 세계에서 안정적인 습관과 견고한 인식 구조, 확실한 가치관 등 정통적인 교육이 궁극적으로 지향하는 목표들은 불리한 조건이 된다. 최소한 지식 시장에서는 그렇게 간주된다. (다른 모든 상품을 다루는 모든 시장과 마찬가지로) 지식 시장에서 충성과 굳건한 유대, 장기적 헌신은 이제 저주나 다름없다. 전부 발에 거치적거리니 치워 마땅한 장애물이다. 지금 우리는 행동주의의 실험 모델이었던 저 얼음처럼 단단히 고정된 미로나 파블로프의 모델이었던 균일하고 단조로운 반복 행동에서 벗어나 사방이 트인 장터에 살고 있다. 이곳에서는 언제 무슨 일이 벌어질지 모르고, 그 어느 것도 최종 결과일 수 없으며, 운이 좋아 어떤 방법이 성공했다 해도 그것으로 다시 한 번 성공

152   고독을 잃어버린 시간

할 수 있다는 보장은 없다. 그로 인한 모든 결과 가운데 특히 머리와 마음에 새겨야 할 것이, 이 시대에 이르러서는 '세계와 생명계의 지도mappa mundi et vitae'가 '시장'에 포개어진다는 사실이다.

다니로베르 뒤푸르Dany-Robert Dufour가 지적했듯이, 영토의 표면에 존재하는 모든 사물을 상품화하는 자본주의는(물에 대한 권리며, 게놈에 대한 권리며, 동식물, 아기, 인체 장기 같은 것들을 떠올려보라) 그 영토를 지구 끝까지 확장하기를 꿈꿀 뿐 아니라, 저 밑으로 파고 들어가서 과거에는 개개인이 관할하던 사적인 사안(주체성, 섹슈얼리티 등)까지도 상업적 용도(이윤의 원천)로 전용하고 장사의 대상으로 개조하기를 꿈꾼다. 그리하여 우리 모두는, 지금 이 순간 무엇에 몰두하고 있든 간에 거의 언제나 가시고기의 곤경을 그대로 겪는다. 콘라트 로렌츠Konrad Lorenz는 수컷 가시고기에게 서로 충돌하는 신호를 줌으로써 혼란을 일으키는 실험을 했다. 모순되는 행동 패턴 간의 경계를 알 수 없었던 가시고기의 기괴한 행동이, 이제 인간의 가장 일반적인 행동으로 빠르게 자리 잡아간다. 신호에 대한 반응은 신호가 혼란스러운 만큼 복잡해지는 경향이 있다.

문제는, 우리가 교육 전략을 아무리 창의적이고 정교하고 철저하게 개혁한들 그것만으로는 이 모든 사태를 거의 조금도 바꿀 수 없다는 데 있다. 인간이 가시고기와 같은 곤경을 겪게 된 것도, 돈후안식의 (무엇이든 재빨리 끝내고 새 일에 착수하는) 인생 전략이 갑자기 매력을 발휘하는 것도, 교육자를 탓하면서 전부 그들의 과실이나 태만 때문이라고 비난할 일이 아니다. 고전적인 학교가 학생들을 훈련해서 내보내던 세상, 예거가 묘사한 그런 세상으로부터 완전히 멀어지고 있는 것은 학교가 아니라 학교 **밖**의 세상 자체이므로.

이 새로운 세계에서 인간은 개인적인 문제에 대해 사회적인 해법을 구하기보다는 사회가 만든 문제에 대해 개인적인 해법을 구한다. 근현대의 '견고한' 국면을 다시 떠올려보면, 인간의 행동이 이루어지는 환경은 행동주의 심리학의 미로 패턴과 비슷하다고 해석되었다. 혹은 그것과 최대한 비슷한 행동 환경을 구축하는 것이 마땅한, 또는 그럴듯한, 또는 바람직한 목표였다. 미로 안에는 옳은 길과 틀린 길이 늘 명확하게 나뉘어 있어서, 알고든 모르고든 옳은 길에서 벗어난 사람은 반드시 그 자리에서 처벌을 받고 옳은 길을 순종적으로 충실하게 따른 자는 보상을 받았다. 이처럼 자극과 반응을 반복 행동으로 엄격히 고정하려는 경향을 가장 온전하게 구체화한 사례가 바로, 견고한 근대 특유의 일망 감시 권력이 거느리던 두 종류의 가장 포괄적인 완력, 즉 대규모 포드주의 공장과 대규모 징병 군대이다. '지배'란 무너뜨릴 수 없는 규칙을 세우고, 규칙의 실행을 감독하고, 규칙을 따라야 하는 사람들을 부단히 감시하고, 길을 벗어난 자들은 다시 제자리에 넣거나 그러한 교정 노력이 실패할 경우에는 밖으로 내쫓을 권리의 다른 말이었다. 이러한 지배 패턴에서는 피관리자와 관리자를 함께 고용해야 했고 두 집단이 상시적으로 한 공간에 있어야 했다. 모든 일망 감시 체제에는 동작의 순서를 결정하고 그것이 현재 또는 미래에 그 어떤 반대 압력에도 영향 받는 일 없이 단조롭게만 반복되도록 단속하는 파블로프 씨가 있었다. 파놉티콘을 설계·감시하는 사람들이 보장하듯 행동 환경이 오래 유지되고 똑같은 상황과 선택이 반복되는 구조에서는 규칙을 철저히 익히면서 그것을 습관 속에 녹여 굳히고 몸 깊이 새겨 틀림없이 따르는 편이 이로웠다. '견고한' 근대는 그처럼 모두를 아우르고, 엄격하게 관리되고, 빈틈없이 감독되는 지속성 강한 환경에 매우 근접한 시기였다.

그러나 현대의 '유동하는' 단계에서는 정통적인 관리직에 대한 수요가 빠르게 증발하고 있다. 이제는 훨씬 적은 노력과 시간과 돈으로도 지배권을 획득하고 확립할 수 있으니, 그 방법은 관리자의 강압적인 통제와 감시가 아니라 고용을 거부하거나 철회하겠다는 위협이다. 해고 위협은 입증의 책임을, 즉 계약을 계속 창출하고 유지하는 역할을 피지배자 쪽에 전가한다. 이제는 지배당하는 사람들이 알아서 고용인의 환심을 살 만한 방향으로 행동하면서 자신이 제공하는 서비스 및 각자 다르게 설계된 '상품'을 '구입'하도록 고용인을 유혹해야 한다. 다른 많은 상품의 생산자와 유통업자가 자신이 파는 상품을 욕망하도록 소비자를 유혹하는 것과 똑같이 말이다. 기존의 '반복 행동 체제'로는 아무래도 이 목적을 이루기 어렵다. 뤼크 볼탄스키Luc Boltanski와 이브 치아펠로Eve Chiapello가 말했듯이, 실험 쥐의 미로와도 같던 노동환경을 대체하게 된 '계약 관계'에서 좋은 결과를 얻고 싶은 사람이라면 누구나 쾌활한 성격과 소통 기술, 열린 자세와 호기심을 분명히 보여주어야 하고, 결국엔 자기라는 사람을, 인격 전체를 팀의 수준을 높여줄 독자적이고 대체 불가능한 가치로 상품화해야 한다.[18] 이제는 고용된 사람 또는 고용되고자 하는 사람이 알아서 저 자신을 감시·관찰함으로써 자신의 업무 능력을 구매자에게 증명하고 인정받아야 하며, 나아가 구매자의 욕망과 기호와 취향이 바뀌는 와중에도 계속 인정받을 수 있어야 한다. 피고용인의 인격 중 날카롭거나 거친 모서리가 있으면 둥글리고 연마하고, 특이한 개성을 억누르고, 행실을 균일화하고, 행동을 경직된 일과의 틀에 맞춰 넣고, 그럼으로써 그들을 구매 가능한 상품으로 바꾸는 일은 더 이상 고용인의 의무가 아니다.

성공의 열쇠는 '나다움'이지 '다른 모두와 같음'이 아니다. 가장 잘 팔리는 특질은 동일함이 아닌 차이이다. 해당 업무에 필요한 종류의 지식과 기술, 또는 이미 다른 사람이 그 일에 적용했거나 현재 적용하고 있는 지식과 기술을 보유한 것으로는 부족하다. 아니, 오히려 불리할 지도 모른다. 오늘날 노동자에게 요구되는 것은 '다른 어떤' 아이디어와도 다른 특별한 아이디어, 그 누구도 아직 제안한 적 없는 비범한 기획, 그리고 무엇보다 고양이처럼 고독하게 제 갈 길만 가는 성벽이다.

유동하는 현대를 살아가는 사람들이 탐내는 지식은 바로 이런 종류의 지식(이라기보다도 영감)이다. 이들은 학생에게 단 하나뿐인―'단 하나뿐'이기에 이미 초만원인―길을 걸으라고 가르치는 교사가 아니라, 걷는 방법을 알려주는 상담사를 원한다. 이들은 자신의 인격과 개성 저 깊은 곳까지 파고들어 그곳에 풍부하게 매장된 채 발견되기만을 기다리고 있을 소중한 원석을 함께 발굴해주는(그리고 분명 발굴해줄) 상담사를 원하고, 그들의 서비스에 얼마든지 돈을 지불할 생각이다. 상담사는 의

고독을 잃어버린 시간

뢰인의 무지가 아니라 게으름이나 태만을 꾸짖을 것이다. 정통적인 교사들이 학생에게 어떤 것의 '내용'에 관한 지식을 전하고자 했고 그런 교육에 일가견이 있었다면, 상담사가 제공하는 것은 잘 살아가고 잘 존재하는 '방법'에 관한 지식일 것이다.

요즘 '평생교육'이라는 개념에 쏟아지는 열광은 일단 직업에 필요한 정보를 '첨단'으로 업데이트해야 할 필요에서 비롯된다. 그러나 그만큼 중요한, 어쩌면 그보다 더 중요한 인기 요인은, 인격이라는 광산은 결코 고갈되지 않는다는 믿음, 그리고 다른 길잡이들은 찾아내지 못했거나 괘씸하게도 허투루 보아 넘겼던, 아직 개발되지 않은 혹은 아직 발견되지도 않은 광맥에 어떻게 하면 닿을 수 있는지를 아는 영적 스승들이 어딘가에는 존재한다는 믿음에 있으며, 무엇보다도 충분히 노력한다면 그런 스승을 발견하리라는 믿음에 있다. 물론 그들의 서비스에 치러야 할 돈도 넉넉히 준비해야겠지만.

(다음 편지로 이어짐)

25
교육을 푸대접하는 세상? (3)

근대 세계에서 지식은 세계를 누비며 승리를 구가했으니, 이때 전선은 두 차원에서 형성되었다. 첫 번째 전선에서 지식은 아직 탐사되지 않은 세계의 새로운 부분이나 측면을 침략하고 나포하고 조사하여 지도에 재현하고자 했다. 이 전선에서의 전진으로 세워진 제국, 즉 정보의 제국은 세계를 재현하기 위해 존재했다. 세계의 어떤 부분이 지도에 재현되는 순간 그 부분은 인간의 '지성'에 정복된, 인간 소유의 땅이 되었다.

두 번째 전선은 교육이었다. 이쪽은 교육이라는 근본법을 확장하는 동시에 피교육자의 인식 및 기억 능력을 확대하는 방법으로 전진했다.

양쪽 전선에서 모두, 처음에는 진군의 '결승선'이 눈에 명확하게 보였다. 마침내 모든 빈 곳이 채워져 '세계의 지도mappa mundi'가 완성된다면,

그리하여 인간이 세계를 자유롭게 돌아다니는 데 필요한 모든 정보가 수집된다면, 그리고 그것이 필요한 만큼 갖추어진 수많은 교육적 전송 채널을 통해 사람들에게 보급될 수 있으면, 그때 이 전쟁은 끝날 것이었다. 그러나 문제는 전쟁이 진행될수록, 전투에서 승리해나갈수록, '결승점'이 오히려 더 멀어지는 듯 보였다는 것이다……

이제 우리는 이 전쟁이, 처음부터 그랬고 지금도 그렇듯, 도저히 이길 수 없는 전쟁임을 안다. 두 전선 모두에서 그렇다. 먼저, 새로 정복한 영토를 지도에 그려넣어도 빈 공간의 크기와 수가 줄기는커녕 오히려 늘어나는 것만 같고, 고로 세계의 지도를 완성하는 순간은 여전히 가까워지지 않는다. 게다가 '저 바깥의' 세상, 한때는 재현 행위로써 붙잡아 못 박을 수 있으리라 기대했던 세계가 이제는 그 모든 종류의 기록으로부터 빠르고 교묘하게 빠져나간다. 세계는 인간이 이 진실 게임에서 승리하여 차지하고자 했던 현상금이나 포상이 아니라, 게임의 또 다른 (그것도 빈틈없고 꾀 많고 교활한) 참가자다. 폴 비릴리오Paul Virilio가 간결하고도 생생하게 요약했듯이, 오늘날의 세계는 더 이상 어떠한 종류의 안정성도 띠지 않는다. 세계는 늘 자리를 바꾸고 잠깐 어디 걸터앉았다가 다시 스르륵 움직인다.

그러나 더더욱 중대한 소식은 두 번째 전선, 즉 지식의 분배라는 문제로부터 들려온다. 비릴리오를 한 번 더 인용하자면, '미지'의 자리가 달라졌다. 즉, 인간에게 알려지지 않은 세계의 이미지는 너무도 광활하고 신비로운 야생의 땅에서 구름처럼 희뿌연 은하계로 바뀌었다. 이 은하를 총체적으로 탐사할 의지가 있는 사람은 무척 드물고, 그럴 능력이 있는 사람은 더더욱 드물다. 과학자와 예술가와 철학자는 이 은하를 탐사하는 새로운 성격의 동맹, 평범한 사람은 아무리 끼고 싶어도 절대 낄 수 없을 동맹을 이루게 되었다. 이 은하는 결코 이해와 융화를 허락하지 않는다. 이제 '미지'의 중심에는 정보가 전달하는 세계가 아니라 정보 그 자체가 놓인다. 너무도 광활하고 신비롭고 야만적인 것은 다름 아닌 정보다. 오늘날 정보는 세계를 알기 위한 왕도이기를 거부하고 그 앞을 가로막는 거대한 장벽으로 변모하는 것만 같다. 평범한 사람들을 혼란스럽고 심란하고 위협적인 기분으로 몰아가는 것은 한줌의 과학 애호가 혹은 한줌도 안 되는 노벨상 후보나 흥미롭게 여기는, 이제 얼마 남지 않은 '우주의 미스터리'가 아니라, 서로 주목받으려 다투는 저 방대한 양의 정보다.

모든 미지의 대상은 위협적으로 느껴지기 마련이지만, 그 종류에 따라 사람들에게 유발하는 반응이 다르다. 우주의 지도에 아직 비어 있는 부분은 모험심 강한 사람들에게 호기심을 자극하고, 행동을 고무하고, 결의와 용기와 확신을 부여한다. 무언가를 발견하는 흥미롭고 모험적인 삶을 약속하며, 삶을 좀먹는 불쾌한 것들로부터 점점 자유로워지는 더 나은 미래를 예고한다. 반면에 마치 벽처럼 뚫을 수 없고 통과할 수 없는 거대한 정보 덩어리의 경우엔 다르다. 그것은 바로 여기, 손을 뻗으면 손에 넣을 수 있는 곳에 있으나, 그것을 꿰뚫고 이해하고 흡수하려는 대담한 노력을 조롱하듯이 도발하며 영원히 따돌리기만 한다.

고독을 잃어버린 시간

오늘날에는 축적된 정보가 무질서와 혼돈의 다른 말이다. 이제 정보라는 덩어리는 마치 우주의 신비로운 블랙홀처럼 모든 정통적인 질서화 장치—관련성의 원리, 중요도의 분포, 필요가 결정하는 유용성, 권위가 결정하는 가치 등—를 빨아들이고 삼키고 용해하고 있다. 이 덩어리 안에 든 내용물은 모두 똑같은 무색이다. 이 덩어리에 들어가는 모든 정보 조각은 똑같은 비중을 지니고 흘러다니게 된다. 자신의 판단에 대해 전문성을 주장할 자격을 인정받지 못한 채 서로 충돌하는 전문적 주장들 틈에서 부대끼는 이들에게는 그중 쭉정이와 알맹이를 걸러낼 확실한 방법은커녕 이렇다 할 방법도 없다. 이 덩어리에서 소비와 사적인 사용을 위해 한 토막 베어낸 정보는 오직 그 양으로만 가치가 평가된다. 다른 정보 토막과 질을 비교할 도리가 없기 때문이다. 정보는 1비트, 1비트가 동등하다. 텔레비전의 퀴즈 쇼는 인간 지식의 이 새로운 조건을 충실히 반영한다. 참가자는 어떤 문제를 맞히든, 즉 문제의 주제가 무엇이든, 그 '비중'이 어느 정도나 되든(애초에 우리가 그 비중을 측정할 수 있는 것도 아니나) 상관없이 똑같은 점수를 받는다.

이제는 다양한 정보 조각에 중요도를 할당하는 것이, 그러면서 어떤 조각에 다른 것보다 더 높은 중요도를 부여하는 것이 얼마나 당혹스러운 작업인지, 얼마나 어려운 판단인지 모른다. 이때 길잡이로 삼을 유일한 경험적 잣대는 그때그때의 시사적 관련성이나, 그 관련성마저 바로 다음 순간 달라지고, 흡수한 정보는 통달하자마자 의미를 잃는다. 시장에서 거래되는 모든 상품과 마찬가지로 정보는 그 즉시, 그 자리에서, 한

번 쓰고 버려지도록 되어 있다.

  그래서 이 모든 이야기의 결론이 무엇인가 하면…….

  과거의 교육은 여러 형식으로 이루어졌고, 환경이 달라질 때는 새로운 목표와 새로운 전략을 설계하면서 적응해나갔다. 그러나 다시 말하지만, 작금의 변화는 과거의 변화와 전혀 다르다. 교육자들은 인간 역사의 어떤 전환점에서도 이번만큼 어려운 고비와 도전에 직면한 적이 없다. 정말이지, 우리는 이런 상황을 처음 겪고 있다. 우리는 정보로 과포화된 세계에서 살아가는 기술을 아직 배우지 못했다. 하물며 그보다 더 더욱 어렵고 역부족인 기술, 즉 앞으로 그런 삶을 살아가도록 인간을 가르치는 기술을 우리는 아직 모른다.

고독을 잃어버린 시간

26
묵은해 유령과 새해 유령

새해라⋯⋯. 새해 바로 전날과 새해 첫날에, 특히 두 날을 가르는 그 마법 같은 순간에 우리는 대체 무엇을 축하하는 걸까? 이제 막 끝난(고로 아직 생생하게 기억하는) 해와 이제 막 시작되는(고로 기대 가득한) 해 각각에 숱하게 존재하는 여느 자정이 아니라 그날 자정을 특별히 축하하는 이유가 뭘까? 생각해보면 난처한 질문이다. 12월 31일에서 1월 1일로 넘어간다고 계절이 바뀌는 것도 아니고, 어제와 오늘은 너무도 비슷해서 거의 분간할 수조차 없으니 말이다. 하루는 어제나 오늘이나 스물네 시간, 1440분이고 두 날은 여느 날처럼 1초 간격으로 이어진다. 그렇다고 그날이 한 해 중 밤이 가장 길고 다시 낮이 길어지기 시작하는 절기도 아니고⋯⋯.

우리가 이날 축하해야 할 일이 있긴 있을까? 글쎄, 굳이 꼽자면 이뤄야 할 일을 이뤘다는 기분, 바로 이날까지 뭔가에 힘을 쏟았다는 기분 정도가 아닐까 싶다. 책의 한 장을 끝내고 다음 장을, 아마도 전혀 다른 장을 연다는 기분 말이다. 과연 이날이라면 그동안 너무도 딱딱하게 굳어서 어찌해볼 수 없던 문제와 고민을 마침내 기억에 묻거나 털어낼 수 있겠다는 기분이 들고, 특히 (우리가 이날 바라는 대로 열심히 노력한다면) 지나간 시간과는 다른 시간, 새로운 시간으로 향할 수 있겠다는 기분이 든다. 아직은 부드럽고 유연하고 말랑말랑해서 우리의 의지를 고분고분 따를 미래가, 아직까진 아무것도 놓치지 않았고 앞으로 뭐든 손에 넣을 수 있을 시간이 우리 앞에 놓여 있는 것이다. 어쩌면 그동안 고민하고 고생한 모든 문제가 사라질지도 모를 시간이 다가온다. 한마디로, '전혀 다른 무언가'를 시작하기 좋은 순간이다. '묵은해'의 마지막과 '새해'의 처음을 나누는 이 마법 같은 순간에 우리는 **그만 손을 털고 처음부터 다시 시작할 기회**를 축하한다. 원치 않는 바닥짐은 영원히 과거에 내려놓을 기회를. (이제는 별 도리가 없는) 과거를 완전히, 참으로 **지나간** 시간으로 만들고, 앞으로 **다가올** 시간은 말 그대로 (모든 것이 가능한) 미래로 만들 기회를.

새해를 맞아 우리는 **소망**을 갖는다. 수많은 소망 중에서도 '소망 이상의 소망'이자 '모든 소망의 모체'를 갖는다. 지난날 어떤 시련과 고난이 우리를 괴롭혔더라도 이제는, 두 번 다시는 나의 여러 소망이 좌절되지 않고 실현되기를, 또 작년과 달리 올해엔 그것을 이루려는 나의 결의가

고독을 잃어버린 시간

너무 일찍 시들거나 무너지거나 힘을 잃지 않기를 바라고 기원하는 것이다. 새해는 **소망의 부활**을 기념하는 연례 축제인 셈이다. 우리는 춤을 추고 노래를 부르고 술을 마시면서 새로 태어난, 아직 손상되지 않은 **소망**의 도착을 환영한다. 그것이 부디 과거와는 다르기를, 신뢰를 잃거나 불명예를 당하지 않을 만큼 건강하기를 바라면서…….

영국 사람은 어릴 때부터 매해 '새해 다짐'을 하는 훈련을 받는다. 이곳 영국에 사는 사람 대다수가 꽤 나이 들어서까지도, 때로는 죽기 직전까지도 한 해 한 해 꾸준히 새로운 다짐을 한다. 다짐의 종류는 아주 다양하지만, 대부분 나쁘고 불쾌한 것을 솎아내고 그 자리에 더 좋은 것, 더 멋진 것을 들여놓겠다는 결심이다. 담배를 끊거나 신체 단련을 꾸준히 하자는 다짐, 인간관계를 개선하거나 정리하자는 다짐, 돈을 쓰기만 하지 말고 모으자는 다짐, 나이 드신 부모님이 건 전화를 일찍 끊지도 말고 앞으로는 더 자주 찾아뵙자는 다짐, 직업 생활에 더 관심을 가진다거나, 공부를 귀찮아하지 말고 더 열심히 노력하자는 다짐, 페인트 부스러기가 날리는 주방 천장을 다시 단장하자는 다짐, 파트너나 친구, 자식을 더 소중히 여기고 더 이해하고 더 사랑하자는 다짐……. 요컨대 새해 다짐의 핵심은 **더 좋은 사람이 되겠다는 것**이다. 남에게나 나 자신에게나 더 나은 존재가 되겠다는 것, 더 많이 존경받(을 수 있)는 사람이 되겠다는 것이다.

그런 다짐이 오래 남아서 우리가 바라고 목표하고 계획하고 약속한 것들을 이룰 수 있다면, 작심삼일보다는 좀 더 길게 이어져 우리의 인격을 향상시킨다면 얼마나 좋을까. 얼마나 마음 뿌듯할까. 그러나 그 좋은 목표를 세우고도 의지가 따라주지 않을 때가 얼마나 많은가. (굳게 마음먹고 하루하루 목표를 이루어 나가는 대신) **1년마다** 다짐을 반복하기만 하는 습관은 우리에게 별 도움이 되지 않는다. 사람들은 혹여 이번 새해 다짐을 이루지 못한다 해도 크게 문제 될 것은 없다고 생각한다. 그 정도 오점은 얼마든지 지울 수 있고 알아서 지워질 테니까. 새해는 다시 오기 마련이고, 그때가 되면 과거와 선을 긋고 다시 시작할 기회가 또 생기니까. 다음번 도전은 반드시 성공하도록 힘과 맷집을 기를 시간이 아직 충분하니까. 새로운 시작은 새로운 도전을 뜻하지만, 그 도전은 다음 기회가 올 때까지 미루면(모르는 척하든가 한쪽에 치워두면) 되니까. 때가 되면, 즉 그 다음 새해가 돌아오면, 마음을 다잡고 덤비면 되니까……. 그러나 우리, 그런 식으로 양심의 가책을 잠재우는 습관은 축복이자 저주임을 인정하자. 페인트 부스러기가 날리는 천장은 내년에 새로 칠해도 늦지 않을 것이다. 부모님은 관심이 부족한 자식을 1년 더 이해해줄 것이다. 담배를 1년 더 피운다고 해서 당장 죽진 않을 것이다. 그러나 우리가 과감하게 행동하지 않으면 곧 늦어버릴 일들이 분명히 있다. 미루적거릴수록 모두의 운명이 위험해질 중요한 행동들이 있다. 당장 나서지 않으면 결국 손쓸 수 없을 정도로 커지고 곤란해질 임무들이 있다.

내가 지금 무슨 이야기를 하는지 여러분은 잘 알 것이다. 아니, 모르고 싶어도 **모를 수 없다**. 어느새 첫 10년을 거의 다 보낸 이번 세기에 인류의 운명이 걸려 있고, 그 운명과 떼려야 뗄 수 없는 (인간의 집단적 방종과

고독을 잃어버린 시간

비대한 자신감과 왜소한 책임감 때문에 무고하게 '부수적 피해'를 당하고 있는) 다른 모든 생명의 운명이 걸려 있다. 우리—모든 인간—는 한 해 한 해 거르지 않고 꾸준히, 빠르게 낭떠러지 끝을 향해 나아가고 있다. 약 2억 5000만 년 전에 발생했던 지구의 과열 현상은 생물의 95퍼센트를 죽였고 그 나머지도 이후 수천 년간 가느다란 실에 매달린 양 아슬아슬하게 살아가야 했다. 그 정도로 거대하고 섬뜩한 재앙이 다시 벌어질 참이다. 그러나 우리는 파국이 점점 가까워지는 것을 보면서도 그것을 멈추거나 조금이라도 늦추기 위한 어떠한 노력도 하지 않는다.

페름기의 재앙은 화산 폭발로부터 시작되었다. 막대한 양의 이산화탄소가 쏟아져 나와 지구의 기온이 5도 상승했고, 그로 인해 또 어마어마한 양의 메탄(이산화탄소보다 25배 강력한 온실가스)이 바다의 바닥을 덮고 있던 불안정한 화합물로부터 빠져나와 대기 중으로 풀려나면서 기온이 5도 더 상승했다……. 한번 시작되어 임계점에 도달하고 나면 멈출 수 없는 연쇄반응이 일어났던 것이다. 지금 내가 하려는 말은, 앞으로 다시 한 번 벌어질 재앙에 대해서 우리는 전처럼 자연의 변덕을 탓할 수 없을 것이고, 우리 인간이 가진 모든 기술과 재간을 동원했음에도 도저히 막을 수 없는 우발적인 사건이었다고 변명할 수 없으리라는 것이다('우리' 중 누가 남아 그 죄목에 항변할 수 있을까마는). 이번에 펼쳐질 드라마에서는 **바로 우리가** 우리의 거주지인 지구를 사용하고 오용한 방식이 재앙을 낳고 결국 자멸을 불렀다고 해야 옳기에, 그런 결과를 "예상하지 못했다"는 말은 가당찮은 **변명이리라**('우리' 중 누가 남아 변명할 수 있을까마는). 이제는 그 누구도 어떤 종류의 미래가 끓어오르고 있는지 모른다고 말할 수 없다. 그것이 왜 끓어오르고 있는지 모른다고도. 이 재앙을 막을 가능성을 조금이라도 확보하기를 진심으로 바란다면, 그 누구도 우리 모두가 지금 당장 **해야 할 일**이 무엇이며 지금 당장 **멈추어야 할 일**이 무엇인지 모른다고 말해선 안 된다. 우리가 무엇을 결심해야 하는지는 모두가 알고 있으며, 기회는 지금이 마지막이라는 사실 또한 모두가 알고 있다. 어떤 불편과 희생을 감수해야 하는지는 모르더라도, 실제로 다짐을 하고 그것을 지켜나갈 마지막 기회다.

이것이 내가 여러분에게, 나와 여러분의 아이들에게, 나와 여러분의 아이들의 아이들에게, 그리고 나 자신에게 바라는 새해 소망이다.

고독을 잃어버린 시간

27

예측 불가능한 것을 예측한다는 것

몇 주 전 화요일에 강연을 하러 로마에 갈 일이 있었다. 난 그날 그곳의 날씨가 어떨지 미리 알고 싶었다. 입고 갈 옷도 정해야 했으니까. 그래서 전주 금요일에 일기예보를 확인했더니 로마에는 비가 많이 오고 기온이 15도까지 오를 것이라고 했다. 혹시나 해서 월요일에 한 번 더 예보를 확인했다. 이번엔 전혀 다른 날씨가 예상되었다. 하늘이 맑고 기온은 12도 밑으로 떨어진다고 했다. 화요일 당일 로마의 실제 날씨는 직접 확인할 수 없었다. 공항 직원들을 급습한 갑작스러운 눈보라로 인해 항공편이 취소되었기 때문이다.

1960년대 초, 에드워드 로렌즈Edward Lorenz는 날씨의 변화 방향을 더 정밀하게 예측하게 해줄 프로그램을 구상했다. 그는 동료들이 한목소리로 감탄했을 만큼, 일부는 시샘했을 만큼, 모든 요소를 계산에 넣은 상당히 포괄적이고 매우 확실한 일기예보 모델에 근접해가고 있었다. 그러나 어느 날 실험실에서 작업을 재개한 로렌즈는 프로그램의 여러 초기변수 중 딱 하나를 살짝만(수치를 소수점 아래 넷째 자리에서 반올림하는 정도로) 달리해도 철저하게(어떻게 보면 처절하게!) 다른 예상값이 도출된다는 사실을 깨닫고 입을 다물지 못했다. 겨우 하나의 변수가, 지극히 미세하고 하찮을 뿐 아니라 가장 정밀한 측정법으로도 잡아낼 수 없기에 통상 무시해도 괜찮은 그 차이가 시스템 전체의 결과에 지대한 영향을 끼치는 것이었다. 아무리 작디작은 차이라 해도 시간이 지나면 거대한, 실로 파국적인 규모로 커질 수 있었다. 로렌즈 본인의 표현을 빌리면, 베이징에서 나비 한 마리가 날개를 퍼덕인 결과 수개월 후 수천 킬로미터 떨어진 멕시코만에서 특정한 경로의 허리케인이 형성될 수 있었다.

대수롭지 않은 변화가 기하급수의 비율로 증대하여 엄청난 결과를 낳는 이런 종류의 현상은 이제 '나비효과'라는 이름으로 잘 알려져 있다. 나비효과 법칙의 단적인 의미는, 상호 독립적인 수많은 변수로 이루어진 복잡계의 작용은 지금도 앞으로도 영원히 **예측 불가능**하다는 것이다. 그저 **우리가** 뭘 몰라서, 소홀히 해서, 멍청해서 예측하지 못하는 것이 아니라 시스템 자체의 본성이 그러하다. 우리가 거주하는 세계는 상상할 수 있는 가장 복잡한 시스템이며, 그러므로 이 세계의 **미래는 거대한 미지수**에 다름 아니다. 우리는 어떻게 해도 이 미지수를 밝혀낼 수 없다. 예측은 기껏해야 어림짐작일 뿐이고, 그것을 믿는 것에는 막대한 위

고독을 잃어버린 시간

험이 따른다. 미래가 예측 불가능한 이유는 그야말로 **정해지지 않은** 상태이기 때문이다. 그 모든 순간과 각각의 사건이 앞으로 취할 수 있는 경로는 하나가 아니다.

그렇긴 해도⋯⋯ 어떻게 해서든 저 불굴의 장애물을 뛰어넘어 미래의 그럴듯한 견본을 미리 구해보는 것, 아직 미결 단계에 있는(사실 아직 태어나지도 않은) 미래를 미리 밝히는 것, 이를테면 아직 존재하지도 않는 모델의 초상화를 손에 넣는 것, 그것이야말로 역사의 초입부터 오늘날까지 인간이 열심히 노력해온 일이며 성취하고자 한 목표다. 기상학이 수립되기 수천 년 전부터 현대 과학의 선례라 할 만한 진지한 시도가 이루어졌으니, 옛사람들 역시 자연과 역사와 인간 운명의 이런저런 우여곡절을 결정하는 정밀한 법칙을 찾아내고자 했다. 그 굴곡과 굽이를 예측할 수 있도록, 미래가 또 다른 현재가 되기 **전**인 바로 **지금** 미래의 향방을 알 수 있도록 말이다. 날씨점, 닭점, 밀가루점, 보리점, 창자점, 인체점, 숫자점, 별진단, 별자리점, 점성술, 별점, 공기점, 도끼점⋯⋯ 모두 고대에 미래를 점치던 방법으로, 겨우 A로 시작하는 이름만 나열한 것이 이 정도다(알파벳에는 글자가 얼마나 많은가!). 널리 존경받고 높이 추앙되던 그 시대 현자들이 실제로 저 모든 방법을 행했고, 예언가와 사제가 보여주는 자기 확신과 재주에 감동한 많은 사람이 저 모든 방법을 깊이 신뢰했다. 이제는 전부 신빙성을 잃고 거의 폐기되었거나 기억에서 말끔히 지워졌지만 말이다. 그런데 어쩌면 현대의 기상학 또한 훗날 언젠가는 저 대열에 합류할 가능성이 있지 않을까⋯⋯.

이젠 우리도 엎치락뒤치락하기로 유명한 기후의 변덕에 길이 들었다. 거의 매일 반복되는 이 평범한 불편에 웬만해선 호들갑을 떨지 않는다. 그러나 위험을 무릅쓰고 미래를 예측하는 노력에는 날씨보다 훨씬 더 심각하고 불안하고 걱정스러운 사안들이 걸려 있다. 가령 지난 세기의 가장 획기적인 사건들은 우리의 아버지와 할아버지 세대를 그야말로 불시에 급습했다. 그 누구도 잔인한 권위주의 독재 정권의 극적인 부상과 확산을 예상하지 못했다. 거기서 더 '새롭고 더 좋아진' 전체주의 정권에 대해선 말할 것도 없다. 몇십 년 뒤 '소비에트학'—지금은 수명이 다해 다행히 사장되었지만, 당시만 해도 넉넉한 기금이 상시로 쏟아져 들어오고 수많은 연구 기관과 수천 명의 저명한 학자를 거느리던 학문 분과였다—은 베를린장벽이 무너지기 전날까지도 두 부류로 나뉘어 있었으니, 한쪽의 선각자들은 자본주의 체제와 사회주의 체제가 점진적으로, 그러나 가차 없이 서로 '수렴'하여 이른바 '조합주의'(이 용어도 이제 대체로 기억에서 지워졌고 더는 제대로 된 학문의 어휘로 통용되지 않는다)를 구성하리라 예측한 반면, 반대쪽에서는 두 체제의 갈등이 격화하여 양쪽 모두를 확실히 파멸시킬 엄청난 폭발에 이를 것이라고 예측했다. 소비에트학에서 한자리 차지하던 분과 가운데 소비에트 체제가 그 자체의 우둔함으로 인해 **내파**되리라고 진지하게 내다본 경우는 전무했다. 마찬가지로 그 어떤 세계적인 경제학회도 최근 소비 중심의 신용 기반 경제에 발생한 지진 및 그 갑작스러움과 깊고 넓은 범위, 그리고 이번 사태가 습관적으로 동원되는 구제 조치들에 저항한 정도를 예상하지 못했다……. 두 사건

고독을 잃어버린 시간

에서 모두, 옳은 예측을 내놓은 경우는 대량의 무작위 어림짐작 집합에서 확률 법칙상 예상되는 정답률에도 한참 못 미친다. 지금이라고 다르지 않다. 사건을 겪고 전보다 현명해진 우리는 이 파괴적인 '효과'를 일으킨 치명적인 '나비'를 애타게 찾고 있지만, 그 날갯짓의 결과는 여전히 모든 예후를 뛰어넘고만 있다!

바츨라프 하벨Vaclav Havel, 체제에 집요하게 반대하며 자유를 위해 싸웠고, 숱한 전투를 치른 뒤 체코공화국의 대통령이 되었으며, 미래를 예상하기 위해서만이 아니라 미래가 인간이 살기 좋은 인도적인 방향으로 들어서고 거기서 벗어나지 않게 하기 위해 평생을 역사의 최전선에서 보낸 이 인물은 본인의 경험을 요약하면서, 미래의 방향을 알기 위해서는 사람들이 지금 부르고 있는 노래를 알아야만 한다고 말했다. 그러나 이어서, 이때 어려운 점은 사람들이 내년에 부르게 될 노래는 알 길이 없으며 내후년에 부를 노래는 더더욱 알 수 없다는 사실이라고 덧붙였다. 역사라는 이름의 복잡계에서 그 어떤 변수보다도 월등히 변덕스러운 변수, 예측하기 어려운 대상 가운데서도 가장 예측하기 어려운 대상이 바로 인간의 행위다.

우리 인간의 어휘에는 '아니다'라는 단어가 있다. 이 말이 있기에 우리는 세계가 우리 앞에 내놓는 '사실'을 의심하고 부정하고 기각할 수 있다. 또 우리의 문법에는 미래 시제가 있어서, 지금 실재하는 것과는 다른 사태를 상상하고 시각화할 수 있다. 즉, 하나의 일에 대해 서로 전혀 다른 여러 사실을 말할 수 있는 것이다. 이러한 무기를 갖춘 우리는 불확정적이기에 자유로운 존재이지만, 한편으로는 잘못된 선택을 내릴 상시적인 위험에 노출된 채 끝없는 불확실성을 짊어져야만 하는 존재다. 현재의 불안과 미래의 불확실함은 삶의 여정 끝까지 우리와 동행하는 상수다. 그러니 과거라면 '선지자'나 '예언자', '신의 입'이라 불렀을, 요즘엔 '전문가'라고 부르는 사람들과 전화번호나 인터넷 주소로 연결되기를 다들 갈망하는 것도 당연하다. 그런 존재라면 (천사가 없는 지금은) 새들만이 이르는 저 높은 곳에서 우리가 사는 세계를 내려다볼 수 있을 테고, 그러면 이번 모퉁이 너머에 있는 것, 지표면에 붙박인 우리의 눈에는 보이지 않는 저 앞의 일을 알아다가 미리 알려줄 수 있을 테니. 그러나 다시 한 번 말하건대, 그 어떤 새도 미래를 내다볼 순 없다. 미래가 미래인 한 미래는 실재하지 않으며, 제아무리 유리한 높이에 있는 제아무리 예리한 눈도 실재하지 않는 것을 볼 순 없기 때문이다. '미래'라는 말은 '앞으로 벌어질 수 있는 모든 일, 그러나 우리가 결코 확실히 알 수 없고 바꿀 수도 없는 일'의 짧은 표현일 뿐이다. 하지만 아이러니하게도 미래에 바로 그 일이 벌어지게 되는 것 또한 우리, 즉 선택이 습성인 인간 때문이다. 미래가 어떤 모습일지 끊임없이 궁금해하는 것은 인간의 본성이나, 그에 대해 (단순히 일리 있는 답이나 불확실한 어림짐작이 아니라) 확실한 답을 결코 손에 넣을 수 없는 것 역시 우리가 가진 선택의 자유 때문이다.

위대한 이탈리아인 안토니오 그람시Antonio Gramsci는 말했다. 미래를 '예측'하는 유일한 방법은 미래의 사건이 우리의 바람과 일치하게 만들

고독을 잃어버린 시간

고 바람직하지 않은 시나리오는 피하기 위해 서로 힘을 모으고 함께 노력하는 것뿐이라고. 물론 그런 노력이 우리가 바라는 결과를 가져다준다는 보장은 어디에도 없고, 결국 불확실성과의 **전쟁**에서 전면적인 승리란 결코 불가능할 것이다. 그러나 우리가 각 **전투**에서 이기기 위해서는 바로 이 전략이 필요하다. 완벽한 해법은 아니지만, 이것이 유일한 선택지다. 취할지 버릴지는 당신이 선택하라.

28

계산 불가능한 것을 계산한다는 것

'위험'이라는 주제를 이 시대에 가장 앞장서서 탐사했고 지금도 단연 가장 노련한 이론가로서 이 분야를 이끌고 있는 울리히 벡Ulrich Beck에 따르면, 위험률이라는 개념은 근대 초입에서부터 "앎과 모름을 확률이라는 의미론적 지평 안에 하나로 결합했다."[19] "과학사에 기록된 확률 계산의 출발점은 1651년, 피에르 페르마Pierre Fermat와 블레즈 파스칼Blaise Pascal이 편지를 주고받다가 최초로 예측 불가능한 것을 통제하려 했던 그 순간"으로, 바로 그때부터 "통제가 가능하다는 오만한 가정"이 위험률이라는 범주를 통해 그 영향력을 확대할 수 있었다고 벡은 말한다.

강박적인 유동화 경향을 보이긴 했지만 아직까지는 견고성에 사로잡혀 있던 근대 초기 단계를 지나 명백하게 유동화된 지금 시점에서 보건

고독을 잃어버린 시간

대, 또 지금에야 더 잘 보이는바, 위험률이라는 범주는 근대인의 의식을 구성하던 두 가지 큰 기둥, 즉 세계의 우발성 및 임의성이라는 축과 '우리는 할 수 있다' 식의 자기 확신(벡이 선호하는 표현으로는 '오만')이라는 축을 중재하려는 시도였다고 해석할 수 있다. 더 정확히 말해 '위험률' 범주는, 첫째 기둥이 사람들의 분노와 두려움을 사면서도 언제 어디서나 집요하게 결따르는 상황에서 둘째 기둥을 구해내려는 시도였다. '위험률' 범주(및 그로부터 이어지는 '위험률 계산'이라는 기획)는 다음과 같이 약속했다. 자연계는, 그리고 인간이 자연에 추가하고 변경한 사항들은 절대적인 규칙성에 한참 못 미칠 수밖에 없지만, 또 진실로 완전하고 확실한 예측 가능성과는 거리가 멀지만, 그래도 인간이 지식을 수집·저장하고 그 실용적이며 기술적인 완력을 동원한다면 인간 조건에 확실성을, 혹은 최소한 예언이 잘 들어맞는 높은 개연성을 부여할 수 있을지 모르고, 그럼으로써 인간이 '통제력'을 가질 조건을 마련할 수도 있다고. '위험률'이라는 범주는 위험이 제거된 틀림없는 안정상태를 약속한 것은 아니어도, 적어도 **위험이 발생할 확률과 그 예상 규모를 계산하는 능력**을 약속했고, 고로 간접적으로는 자원의 가장 적절한 분배 방식을 도출·적용함으로써 인간이 하려는 일이 최대한 효과적이고 성공적으로 수행될 가능성을 약속했다.

위험률이라는 의미론이 성립하기 위해서는 '차선의 우주'라는 공리가 명백하게, 혹은 최소한 암묵적으로라도 상정되어야 했다. 즉, 이 세계가 구조화된 환경('구조화'란 원래는 무작위적이었을 확률분포를 조정하거나 기울이거나 비틀어서 차이를 끌어낸다는 뜻이다), 근본적으로 규칙을 따르는 환경, 그러니까 사건의 **발생**까지는 아니어도 사건의 발생 **확률**만큼은 미리 정해져 있기에 우리가 면밀히 들여다보면 그 확률을 알아내고 평가할 수 있는 곳으로 가정되어야 했다. 애초에 '위험률 계산'이라는 개념이 오류 없이 완벽한 확실성과는 한참 다르며 따라서 미래를 미리 결정한다는 가능성과도 한참 거리가 멀다. 그러나, 그 넓은 간극조차 "확률이라는 의미론적 지평"(및 그로부터 기대되는 위험률 계산의 실행 가능성)과, 이 유동하는 현대에 우리의 의식 위를 맴도는 '불확실성은 없앨 수 없고 바꿀 수 없다'는 저 불안하고 겁나는 예감에서 해방된 땅 사이의 결코 건널 수 없는 범주적 심연에 비하면 작고 무의미해 보인다.

지금으로부터 십수 년 전 존 그레이(John Gray)는 "주권국의 정부들은 시장이 어떻게 반응할지를 미리 알 수 없다. (⋯) 1990년대 들어 각국 중앙정부는 맹목비행을 하고 있다"고 지적했다. 그는 미래가 온다고 해서 우리의 조건이 지금과는 사뭇 다른 방향으로 이행할 것이라곤 기대하지 않는다. 과거에 그랬듯이 미래에도 "우발적인 사태와 불가피한 파국이 연속되는 가운데 이따금 평화와 문명화의 시기가 찾아들" 것이라고 예상될 뿐이다.[20] 이에 덧붙이자면, 우발적인 사태와 불가피한 파국과 평화와 문명 가운데 어떤 것도 미리 예상되거나 예견되거나 계산될 수 없으며, 대개의 경우 그 희생자만이 아니라 수혜자까지도 예고 없이, 불시에 기습당한다.

이제는 매우 확실하게 보이는바, 근대인의 사고에서 '위험률 지평'이

고독을 잃어버린 시간

가졌던 중요성을 찾아내어 설명하는 일은, 낮이 다 지나가고 어둠이 내리기 직전에야 날개를 펴는 '미네르바 부엉이'의 유구한 습성을 그대로 따른다. 혹은 마르틴 하이데거Martin Heidegger가 말한 사물의 더욱 흔한 경향성을 보인다. 사물은 "빛 속에 숨어" 있다가(너무도 당연한 나머지 알아챌 수가 없다가, "손 안에zuhanden" 눈에 띄지 않은 채 있다가, 또는 주제 사라마구의 1982년작《수도원의 비망록Memorial do Convento》을 인용하면 "너무 흔하고 별 재주를 요하지 않기에 보아 넘기기 쉬운" 상태에 있다가) 돌연 눈이 번쩍 뜨일 만큼 잘 보이는 곳에, "눈 앞에vorhanden" 나타나곤 한다. '문제'는 수습할 수 없는 지경에 이르기 직전에야, 또는 갑자기 당연한 것이 아니게 되기 직전, 아니면 그것을 습관적으로 사용하던 사람의 (대개 반은 의식적이고 반은 암묵적인) 기대를 저버리기 직전에야 문제로 '직시'되고 '해결'되곤 한다. 바꿔 말해서, 사물은 모습을 감출 때, 혹은 전례 없는 방식으로 변화하며 충격을 일으킬 때 비로소 '별안간' 의식되고 인간에게 알려진다. 아닌 게 아니라, '위험률' '위험률 계산' '위험 감수' 등의 범주가 우리의 근현대 역사에서 담당한 대단한 역할을 우리가 마침내 예민하게 인식하게 된 것은 '위험률'이라는 용어의 의미가 과거의 효용을 크게 잃고 (자크 데리다Jacques Derrida식으로 말하자면) '삭제 표시'하에서만 그 말을 쓸 수 있게 된 뒤의 일, '위험률'이 (울리히 벡의 어휘로 말하면) '좀비 개념'으로 변한 다음의 일이다. 이제는 '위험 사회Risikogesellschaft' 개념을 '불확실성의 지구 사회Unsicherheitglobalschaft'로 대체해야 할 때다.

오늘날 우리가 마주하고 있는 위험들은 '위험률' 범주가 붙잡아 밝혀

내려 했던 것들과 다르다. 우리의 위험은 현실이 되기 전까지는 **이름 붙일 수 없고, 예상할 수 없고, 계산할 수 없기** 때문이다. 또한 이 시대에 위험이 태어나고 펼쳐지는 환경은 더 이상 '사회'라는 틀에 들어맞지 않는다. 사회라는 개념이 그 정통적인 함의를 버리고 영토적 국민국가의 구성원이 아니라 **지구의 구성원**, 즉 인류 전체와 관계되기 전까지는 말이다.

오늘날 문제가 되는 권력(즉, 행위자가 택할 수 있는 선택지들에 최종 결정권까지는 아니더라도 가장 큰 영향을 미치는 힘)은 점점 규모를 키우고 있고 그 성격은 이미 지구적이다. 그러나 정치는 여전히 지역에 갇혀 있다. 그리하여 현 사태에 가장 깊이 관련된 권력은 기존 정치제도의 범위 너머에서 힘을 행사하는 반면, 정치적 구상과 책략은 국가 안에 갇힌 채 점점 축소되는 형국이다. 오늘날 세계적인 사안을 처리하는 주체는 그때그때 임시변통으로 꾸려지는 동맹이거나 그도 아니면 서로 불화하는 세력이 모인 의회인데, 현재 동원 가능한 그러한 정치기구도 점점 더 무력해지면서 사안을 정치적으로 통제하지 못한다. 국제 의회들은 어쩔 수 없이 야심을 한껏 누른 채 전통적으로 국가 정부의 통치에 위임하던 기능을 비정치적 기구에 점점 더 많이 '분봉'하거나 '외주'하거나 '도급'하는 추세다.

(제도 정치라는 전통적 의미의) '정치권'의 쇠퇴는 그 자체로 추진된다. 국가 정치를 구성하는 서로 인접한 각 부분이 적합성을 잃어갈수록 제도 정치에 대한 국민의 관심이 쇠퇴하고, 한편으로는 '어디에도 묶이지 않은' 채 전자적으로 중개되는 유사/미완성/신종 정치를 실험하자는 요구와

고독을 잃어버린 시간

추진력이 제도 정치를 대체하는 경향이 확산되기 때문이다. 그와 같은 대안적인 종류의 정치는 신속한 면이 돋보이긴 하나, 동시에 급하게 만들어지고, 단기적이고, 단일 사안에 한정되고, 제도적으로 확립하기에는 튼실하지 않고 저항력이 강하고 나아가 본질적으로 제도화되기 어렵다는 특징을 가진다(이 모든 특징은 상호 의존적인 동시에 서로를 지탱하고 강화한다).

오늘날의 불확실성이 전 세계에 걸쳐 뿌리내리고 있다는 점에서, 권력과 정치 사이의 균형을 회복하는 과업은 오직 지구적 차원에서만 수행될 수 있으며, 오직 (안타깝게도 아직 존재하지 않는) 지구적인 입법기관 및 그것을 뒷받침하는 행정·사법 기관에 의해서만 수행될 수 있다. 이 난제를 바꿔 말하자면, 지금까지는 거의 부정적이기만 했던 세계화(본질적으로 제도 정치에 적대적인 세력인 자본, 금융, 교역, 정보, 범죄, 마약 및 무기 밀매 등의 세계화)를 긍정적인 세계화(예컨대 정치적 대의, 입법 및 사법의 세계화)로 보완해야 한다는 뜻이다. 물론 후자는 실질적으로 아직 시작되지도 않았다.

인간의 상호 의존이라는 거대한 현상과 인간 자치에 쓰이는 수단의 협소한 가동 범위 사이, 그 넓은 공동 속에 도사리고 있는 위험들은 '위험률'이라는 이념형과는 전혀 다르다. 그 위험들은 예측되거나 계산될 수 없고, 고로 관리될 수 없다. 이를 예측 가능하고 계산 가능하고 관리 가능한 위험으로 바꾸는 것이 앞으로의 과업이다. 바로 이 목표가 이번 세기 역사에 가장 큰 추동력을 부여할 것이며, 가장 중요한 내용을 이룰 것이다.

29

공포증의 일그러진 궤도

공포증, 즉 무언가를 병적으로 무서워하는 증상은 불안이나 혐오와도 비슷하나, 그에 더해 특정한 종류의 영상, 소리, 냄새, 맛 등 어떤 구체적인 감각에 유독 민감해지거나 반감을 느끼거나 알레르기를 일으키고, 고로 간접적으로는 특정한 종류의 사람이나 동물, 물질, 상황에 대해서 예의 불쾌하고 심란하고 고약하고 야단스러운 감각적 반응을 나타내는 현상이다. 우리는 이러한 공포증의 원인이나 매개체, 혹은 공포증 효과를 유발하는 존재나 물질과 접촉했다가는 병에 걸릴지도 모른다고 생각하거나, 그렇게 생각하지는 않더라도 그런 두려움을 느낀다. 그래서 무슨 수를 써서라도 그런 것을 가까이 하지 않도록, 시각과 청각, 후각, 무엇보다 촉각으로 접촉하지 않도록 경계한다. 공포증은 우리에게 거리

고독을 잃어버린 시간

를 유지하라고, 뚫을 수 없는 벽을 세우든가 철조망을 촘촘히 치든가 건널 수 없는 해자를 파라고 채근한다. 우리가 사는 곳과 가까운 어디에도 저 기분 나쁜 것들이 줄줄 새거나 배거나 침투하지 못하도록 모든 방법을 동원하라고 다그친다.

한마디로, 공포증에 걸린 사람은 두려움에 사로잡힌다. 그래서 그 범인임이 분명한 특정 대상에 걱정을 집중시키고 그로부터 거리를 두는 방어책을 취한다. 여기까지는 대체로 명백한 사실이다. 하지만 그런 대상이 정말로 우리가 두려워하는 피해를 낳는가 하는 점은 그리 명백하지 않으며, 대상과 우리가 겪는 고통 사이의 인과관계는 더더욱 명백하지 않다. 사실 우리의 불평에 전혀 근거가 없을 수도 있는 것이, 우리가 불안해하는 진짜 원인은 다른 데 있기 때문이다. 불쾌한 것들을 멀리한다고 해도 위협의 감각은 사라지기는커녕 별로 누그러지지조차 않는다. 모순적이게도 우리가 공포에 시달리지 않기 위해 취하는 바로 그 조치가 알고 보면 그 공포를 가장 왕성하고 꾸준하게 유발하는 원천일 공산이 크다.

이 공산은 우리가 겪는 불안이 점점 더 손에 잡히지 않고 모호해지는 데 정비례하여 커진다. 생각해보자. 인생 만사가 겉으로는 괜찮아 보일 수 있다. 은행 계좌에 충분한 돈이 있고, 상사는 친근한 미소를 지으며 나의 이번 성과를 아낌없이 칭찬한다. 파트너는 말과 행동으로 사랑과 헌신을 보여주고, 나를 어루만지길 좋아하고, 내가 어루만지는 것도 좋아하며, 아이들은 학교에서 늘 좋은 성적을 받아 온다. 그렇다면 무엇이 걱정인가? 하루하루가 어둡게만 느껴지는 이유는 무엇인가? 이 불편함은 어디에서 오는가? 왜 나는 밤에 푹 자지 못하고 불길한 예감에 눈을 뜨는가? 왜 태평하게 지내면서 편히 웃질 못하는가?

생각해보면 그 이유는 쉽게 알 수 있다. 직장을 계속 다니는 한 은행 계좌가 바닥나진 않겠지만, 펼치는 신문마다 임금이 또 삭감되었다는 소식과 정리해고가 또 단행되었다는 소식이 실려 있고, 그러면 불안한 마음이 들고, 이 행복한 나날이 얼마나 오래갈지 알 수가 없으며, 자고 일어난 뒤에도 내 일자리가 남아 있을지 도저히 확신할 수가 없다. 지난번 프로젝트에서는 고용인이 나를 높이 평가했지만, 그런 성과가 얼마나 오래 기억되고 내가 그 후광을 얼마나 더 누릴 수 있을까? 다음번 합병이나 경영 합리화, 아웃소싱, 도급 계약이 있을 때까지는 기억될까? 어차피 그런 일이 생길 거라면 어서 생겼으면 좋겠는데. 우리 부부는 둘 다 지금의 관계에 만족하는 듯하지만, 혹시 한쪽이 먼저 마음을 접는다면? 한때는 아무리 행복했더라도 이젠 아니라고 선언한다면? 그만 헤어지자고 한다면? 지금까지는 아이들에게 별문제가 없지만, 언제 나쁜 친구를 사귀게 될지, 언제 마약의 덫에 빠질지, 아니면 언제 아동 성추행범의 함정에 걸려들지 누가 안단 말인가? 이 정도 걱정으로도 충분히 끔찍한데, 혹시 이게 전부가 아니라면……? 아쉽지만, 전부는커녕 지금까지의 걱정은 아무것도 아니다. 우리가 걱정할 일에 끝이 있기나 할까?

현대 세계를 예리하게 분석하는 학자이자 이탈리아 외교관인 로베르토 토스카노Roberto Toscano에 따르면 "현재의 위기가 얼마나 심각한지는

고독을 잃어버린 시간

명백하다. 그 특징은, 경기 침체부터 광범위한 정치적 불안정, 민주주의 체제의 타당성에 관한 새로운 문제들, 테러, 공동체 정체성의 급진화 및 그로 인한 잦은 폭력 사태, 지구의 존속 자체를 위협하는 사태들까지 그 모든 것이 심각하게 뒤얽혀 있다는 것이다." 그리고 하나 더, 그 모든 원인에 못지않게 심각한 문제를 최근 이탈리아 사회학자 일보 디아만티 Ilvo Diamanti가 지적했다. "이탈리아인이 느끼는 두려움은 현실과 거의 무관하다. 그 두려움은 텔레비전 리모컨이 만들어낸다." 실제로 지난 선거를 앞두고 이탈리아의 공식 범죄율은 전보다 낮아졌지만 베를루스코니 Berlusconi 일가가 소유하고 경영하는 텔레비전 채널은 모든 길모퉁이와 모든 침대 밑에 범죄자가 도사리고 있다는 식으로 매일매일 공포를 조장했다. 그런 일이 이탈리아에서 일어났다. 그러나 그런 일이 이탈리아에서만 일어날 리 없다.

이 세계에는 없는 것도 많고 부족한 것도 많지만, 우리가 앞일을 걱정해야 할 이유만큼은 전혀 부족하지 않다. 정도의 차이는 있을지언정 모두가 (최근 하먼 리온Harmon Leon이 명명한) **공포 공포증**, 즉 공포에 대한 공포증, 두려움을 느낄까 하는 두려움에 시달리고 있는 것도 전혀 놀라운 일이 아니다. 빠르게 움직이고, 흐릿하고, 혼란스럽고, 예측 불가능한 시대, 이런저런 덫과 함정으로 빼곡한 유동하는 현대에 우리를 끈질기게 따라붙는 것은 바로 두려움에 대한 두려움이다.

겁내는 것을 겁내는 것, 그것도 너무도 타당한 이유로—여전히 손에 잡히지 않고 부정확하고 콕 집어 말할 순 없어도 분명 언젠가는 그 고르곤 같은 얼굴을 들이밀고 충분히, 참으로 섬뜩한 얼굴과 가공할 힘을 드러낼 문제 때문에—놀라게 될까봐 무서워하는 것, 이것이야말로 이번 세기에 가장 흔하고 가장 끔찍한 공포증이다. 이 공포증의 핵심에는 불행을 자기 혼자서, 속수무책으로 겪게 되리라는 예상이 있다. 이에 많은 사람이 가장 열심히 구하는 가장 흔한 예방약은 자신과 똑같은 공포증에 노출된 다른 희생자들과 함께 은신처를 꾸리는 것이다. 서로 손을 잡고 놓지 않는 것, **연락을 유지하는 것, 연락이 닿지 않는 곳으로는 절대로 나가지 않는 것**. 그래서 우리 대다수는 수많은 반복 일과 중에서도 '연락'에 가장 많은 열정과 에너지를 쏟는다.

1999년에, 영화 〈블레어 위치The Blair Witch Project〉는 '연락이 닿지 않으면 죽는' 세기가 도래함을 공표하지 않았던가? 이 공포물에서 세 젊은 주인공을 엄습하고 지배하고 결국 삼켜버린 두려움은 결국—어쨌든 관객 입장에서 파악하기로는—휴대전화가 방전되고 전파가 닿지 않는 곳을 헤매는 상황에 있었다. 그런 공포는 우리도 쉽게 상상할 수 있다. 천만다행히 영화 속 주인공들보다는 덜 심각한 상황에 처해 있을지언정, 전화기를 집에 두고 나왔거나 충전하는 것을 깜빡했거나 잃어버렸거나 도둑맞았을 때 바로 그 따끔거리는 불쾌감을 느껴보았기 때문이다(흔히 사람들은 집 밖에 나왔을 때 손에 휴대전화가 없으면 마치 바지를 입지 않고 거리를 걷는 것 같다고 표현한다. 그야말로 무방비로 벌거벗은 기분, 즉 견디기 어려운 수치심과 그에 대해 아무것도 할 수 없는 무력감, 이렇게 이중의 굴욕을 느끼는 것이다).

내가 보기에 이는 실제로 **연락이 되고 안 되고**의 문제가 아니다. 혹시

　　　　　　　　　고독을 잃어버린 시간

누군가 내게 연락해야 하거나 연락하고 싶을 때 언제든 **즉시 연락이 되는 사람**임을 스스로 거듭거듭 증명하는 것, 이것이 관건이다. 여러분은 친구와 얼굴을 마주하고 있을 때도 관심을 난폭하게 요구하는 시끄러운 알림음이나 진동에 즉시 응답하느라 자주 대화를 끊지 않는가? 페이스북에서 메시지를 주고받을 수 있는 친구 목록의 길이가 실제로 그들과 대화를 나누는 것보다 더 만족스럽지 않은가? 트위터의 가장 소중하고 유혹적인 장점은 어마어마하게 많은—의미 있는 대화를 나눌 수 없을 만큼, 나누고 싶지도 않을 만큼이나 많은—사람에게 당신의 존재를 알리고 존재감을 행사할 수 있다는 것 아닌가?

배제당하는 것, 쫓겨나는 것, 혼자 남는 것, 삭제당하거나 블랙리스트에 오르거나 차단당하는 것, 뒤처지거나 떨어져 나오는 것, 승인이 거부되고 무시당하고 계속 기다려야 하고 불청객 취급을 받는 것…… 이런 것들이 우리 시대의 가장 흔한 악몽이다. 이 세계는 악몽마저도 이렇게 쓸데없이, 남아돌 만큼 많이 생산한다.

30

빈 왕좌

안토니오 그람시는 1920년대 말에서 1930년대 초 사이 언젠가, 투리의 감옥에 오래 갇혀 지내는 동안 써 내려간 여러 권의 노트 중 하나에 이렇게 기록했다. "위기는, 낡은 것은 죽어가는데 새로운 것이 태어날 수 없다는 바로 그 사실에서 비롯된다. 이 인테레그눔에는 매우 다양한 병적 징후가 나타난다."[21]

'인테레그눔(Interregnum, 공위기空位期)'은 군주가 죽은 뒤 다음 군주가 주권을 계승하기까지의 기간을 가리키던 용어로, 옛날 사람들이 지루하고 단조롭게만 이어지던 정부와 법과 사회질서에서 일종의 파열을 경험하곤 했던(또 관례적으로 파열이 예상되었던) 특별한 시간이다. 이와 같은 용어(및 그 지시물)의 해석을 공식화한 것은 고대 로마법이다. 로마에서는,

(조르조 아감벤Giorgio Agamben이 2003년《예외 상태Lo stato di eccezione》에서 재확인한 대로) 사망한 황제하에 구속력을 가졌던 법들은 효력이 (일시적으로) 중지되고 새 통치자가 전과 다른 새로운 법을 공포하기를 기다리는 과도기인 **유스티티움**(justitium, 비상사태)이 **인테레그눔**과 함께 선포되었다. 그러나 그람시는 인테레그눔 개념에 사회-정치-법 질서를 더 넓게 아우르는 동시에 그 토대를 이루는 사회-문화 현실을 더 깊이 포착하는 새로운 의미를 주입했다. 뒤집어 말하면(레닌이 '혁명 상황'에 대해 언급한 인상적인 정의, 즉 통치자들이 더는 낡은 방식으로 지배하지 **못하고** 피통치자들 또한 더는 낡은 방식으로 지배받기를 **바라지 않는** 상황이라는 정의를 본떠 말하면) 그람시는 인테레그눔 개념에서 세습 권력이나 선출 권력이 **평상시대로** 이양될 때 발생하는 '막간'이라는 그 유서 깊은 뜻을 떼어냈다. 그는 이 개념을 **평소와 다른** 상황에 결부했다. 현존하는 사회질서를 떠받치는 법의 틀이 힘을 잃어 빠르게 성장하는 새로운 사회 현실을 더는 뒷받침하지 못하는데 낡은 틀을 무용하게 만든 그 신생 조건에 꼭 들어맞는 새로운 틀은 아직 설계단계에 있거나, 미처 다 조립되지 않았거나, 전면적으로 시행·확립하기엔 아직 역부족인 시기, 이때가 그람시 개념의 '인테레그눔'이다.

키스 테스터Keith Tester의 최근 주장을 살펴보면[22] 현재 지구가 앓고 있는 병에 다시 그 '인테레그눔'의 징후가 여럿 보인다. 과연 이번에도 그람시의 명제대로 "낡은 것이 죽어가고" 있다. 지금 죽어가는 낡은 질서의 기저에는 영토, 국가, 국민이 한데 얽히거나 섞여 있던 긴밀한 연합(나아가 실질적인 통일체)이 있었고, 권력은 영토적 국민국가 정치라는 그 유일한 실행 기구와 영원한 동반 관계라도 맺은 듯했다. 이 질서가 얼마 전까지는 주권을 분배하는 원칙이자 주권을 굳건하게 뒷받침하는 기저로 이해되고 세계 전역에서 활용되었건만, 이제는 죽어간다. 주권은 더 이상 영토/국가/국민이라는 세 날개 중 어떤 요소에도 단단히 붙어 있지 않으며, 요소 간 조응이나 협력과는 더더욱 멀어졌다. 기껏해야 이 요소 저 요소의 부분 부분에 느슨하게 묶여 있고, 그렇게 접합된 부분의 규모와 내용과 중요도는 전보다 훨씬 축소되었다. 이제 주권은 어느 곳에서도 완전하지 않다. 또한 모든 곳에서 공공연히 또는 은밀하게 힘겨루기와 부식을 겪으며, 매번 새로운 왕위 요구자와 경쟁자를 마주한다. 마찬가지로, 무너질 리 없다고 여겨지던 (한때는 국민국가의 정부 청사에 안정적으로 정착했던) 권력과 정치라는 부부는 이제 별거 단계도 끝나고 이혼을 앞둔 모양새다.

한마디로, 오늘날의 주권은 제대로 정의되지 않은 채 논쟁에 휩싸이고, 구멍이 숭숭 뚫려 공격을 거의 막아내지 못하며, 닻을 내리지 못한 채 이리저리 부유한다. 이제는 주권을 배당하는 기준 자체가 치열한 힘겨루기의 대상이 되곤 한다. 주권 배당의 원칙을 먼저 정하고 그것을 적용하던 관습적인 순서가 역으로 뒤집히는 경우는 더더욱 잦다(주권을 어떻게 배당할지를 먼저 결정한 다음 사후에 원칙을 표명하거나, 이미 마무리된 사안으로부터 원칙을 추리하는 경우가 태반이다). 모든 국민국가는 실제로 신민이거나 아니면 신민이고 싶어 하거나 신민인 척하는 자들, 어쨌거나 늘 호전적으로 경쟁하며 유사 군주로 군림하는 자들과 부대끼면서 그들과 끝없이 마찰하고 전투를 치르게 되었다. 지금까지는 효력을 발휘했던, "지배하는 자가 권력을 차지하고 법을 만들고 종교를 선택한다cuius regio, eius potestas, lex et religio"는 원칙이 그들에겐 여간해선 통하지 않기 때문이다. 그들은 교묘한 회피술에 일가견이 있다. 그들은 목표한 대상을 노골적으로 무시하거나, 은밀하게 무너뜨려 훼손한다. 갈수록 늘어나는 주권 경쟁자는, 혼자서는 아니더라도 여럿이 힘을 합치면 평균적인 국민국가의 유지력과 통제력을 이미 넘어섰다(존 그레이에 따르면 금융계, 산업계, 무역계의 다국적기업은 이제 "세계 생산의 약 3분의 1과 무역의 3분의 2"를 담당한다).[23] 그 어느 영토, 그 어떤 삶의 측면을 들여다보아도 주권─다시 말해 법을 공포하고 폐지할 권리, 법 적용에 자유자재로 예외를 둘 권리, 그리고 이러한 결정들에 구속력과 효력을 부여하는 힘─은 다수의 다양한 중심점들 사이사이에 파편처럼 이리저리 흩어져 있다. 이에 주권은 유독 의심의 대상이 되고 힘겨루기의 장이 될 수밖에 없다. 다국적기업은 얼마든지 한 기구와 다른 기구를 맞붙일 수 있고, 그러면서 자신은 모든 기구의 개입과 간섭을 피하고 감독에서 벗어날 수 있다. 그 어떤 의사 결정 기구도 완전한(제한당하지 않고, 분할할 수 없고, 공유되지 않는) 주권을 요구할 수 없을뿐더러, 그것을 확실하고 효과적으로 주장할 능력은 더더욱 없다.

요즘 지구라는 행성 전체는 실로 인테레그눔을 지나고 있는 것 같다. 세계화 이전 시대로부터 물려받은 현존하는 정치기구들은 전 지구적 상호 의존이라는 새로운 현실에 대처하기에는 턱없이 부적합하다. 겉보기에는 비정치적이고 스스로도 비정치적이라고 주장하나 실은 큰 힘을 거머쥔 채 꾸준히 역량을 강화하는 세력들을 상대할 만큼 강력한 정치 기구는 대체로 그것이 존재하지 않는다는 사실로써 그 존재가 부각된다. 기성 정치제도의 통제를 조직적으로 회피하면서 충분히, 참으로 전 지구적인 성격을 드러내는 세력(자본, 금융, 교역, 정보, 범죄, 마약 및 무기 밀매 세력 등)은 모두 한 족속이다. 다른 측면에서는 얼마나 다를지 몰라도, 각 영토에서 발생하는 제약과 국경과 지역 성문법을 무시하거나 대놓고 위반하는 일에 있어서는 하나같이 담대하고 교활하고 영리하다. 뛰어넘거나 뚫거나 통과하기 불가능한 방벽은커녕 그 어떤 실질적인 장애물에도 부딪치지 않는다.

지금의 '인테레그눔'에 종지부를 찍을 원칙, 보편적으로(그리고 역사상 처음으로, 반드시 **전 지구적으로**) 인정받고 준수될 인간 공존의 새로운 원칙은 어디에서 생겨날 수 있을까? 또 그러한 원칙을 설계하고 실행할 기구를 우리는 어디에서 찾아낼 수 있을까? 십중팔구, 바로 이 진퇴양난의 질문이야말로 이번 세기에 우리가 전면적으로 달려들어 모든 창조적 에너지와 실용적인 능력으로 적절한 방법을 찾아내고 대응해야 할 여러 난제들 가운데서도 가장 어렵고 중요한 것이리라. 나아가 이 도전에 맞서지 않고서는 크고 작은 다른 어떤 난제에도 결코 달려들 수 없다는 점에서 '최우선 난제'이기도 하다. 무수한 위험과 위협과 위기 가운데 어떤 것이 임박했든, 혹은 이미 문제를 일으키고 있든 간에, 그 해법을 찾는 과정은 언제나 하나의 진실을 향한다. 그것을 무시했다간 우리가 공유하는

고독을 잃어버린 시간

이 분할할 수 없는 운명이 더욱 위태로워질 뿐이다. 그 진실이란, 지구적인 문제는—그 해법이라는 것이 정말 존재한다면—지구적인 해법으로써만 풀 수 있다는 것이다.

31

초인은 왜, 어디에서 오는가?

불확실성 속에 사는 우리는 흔히도 어떤 **힘**을 절실히 원한다. 어떤 종류의 힘이든 상관없다. 유동하는 현대에 이르러 너무도 많은 평범한 인간을 밤낮으로 괴롭히는 불안, 마음 깊은 곳에서 솟구치지만 또렷하게 초점을 맞춰 파악하고 입증하기 힘든 이 불안이 대체 어디에서 기인하는지를 잘 아는 힘이라면 무엇이든. 그런 힘이 존재한다면 피해자들에게 효과적인 대응책을 가르쳐서 불안을 다스리고 무력화하게 도와줄 수 있을 텐데. 아니, 기왕이면 지식이나 기술, 지략이 부족한 평범한 사람들은 꿈만 꿀 뿐 절대 해낼 수 없는 그 어려운 일을 알아서 해결해주면 더 좋을 것이다. 한마디로, 수많은 현대인은 보이지 않는 것을 보게 해주고 음험하게 숨어 있는 모호한 적과 정면으로 대결하게 해줄 든든하고 확실한 힘을 갈망한다. 우리로선 도저히 받아들일 수 없는 도전을 받아들이고 그 무적의 상대를 무찌를 수 있는 힘, 게다가 그 모든 것을 당장에, 완벽하게 해낼 수 있는 힘……. 이러한 기대와 염원에 부응하려면 우리가 꿈꾸고 소원하는 그 힘은 어떤 의미로는 '인간을 넘어서는' 힘이어야 한다. 즉, 우리에겐 익숙하고 평범한, 그러나 치유 불가능한 인간적인 약점으로부터 자유로워야 하고, 풍부한 지략을 동원하여 제 결의와 계획을 방해하는 모든 것을 물리쳐 처단하고 뿌리 뽑을 수 있어야만 한다.

그렇게 대단한 힘이라면 '살아 있는 신'이라고 불러도 되지 않을까? 역사에는 그런 힘이 실로 자주 나타났다. 다만 우리 시대에 나타날 힘은 조금 다를 것이다. 자신은 미천한 인간이 볼 수도, 이해할 수도 없는 사악한 세력의 은밀한 계략과 곧 시작될 공격에 관한 계시를 받았다고 주장하면서도 신적 지위는 요구하지 않을 것이고, 희생자가 될 무리를 이끌고 구원에의 길로 안내하는 사명을 과거와는 다른 방식으로 성별받거나 예정받았다고 주장할 가능성이 높다. 이 힘은 한 개인의 모습으로 나타나서, 하늘의 사명을 받고 전능자와 직접 연락을 주고받는 것에 맞먹는 근거(가령 일반인은 볼 수 없는 기밀 보안 문서를 볼 수 있는 능력이랄지)를 들면서, 또한 흠잡을 데 없는 모범적인 인격과 거짓말하기를 뼛속부터 싫어하는 기질을 가졌다는 이유에서 만인의 의지가 될 권리를 직접 주장할 수도 있다. 아니면, 교회나 정당처럼 하나의 집단으로 나타나서 전능한 신이나 정의로운 역사가 서명했다는 백지위임장을 휘두를 수도 있다. 그중 어느 경우이고 어떤 종류든, 사람들이 꿈꾸어온 초인적인 힘이라면 혼란에 빠진 사람들을 혼란으로부터 구조하고 무력한 사람들을 무력으로부터 인양하는 능력이 자신에게 있음을 주장해야 한다. 즉, 신이나 역사가 선택한, 그리고 신을 경외하거나 역사를 따르는 회중, 국민, 계층, 인종이 선택한 그 힘은 사람들이 홀로 또는 여럿이 겪고 있는 인간적인 약점을 지울 수 있는 전능함을 가져야만 한다.

신의 섭리, 혹은 역사의 정의……. 바로 이 두 가지를 사람들은 초인적인 임무에 어울리는 초인적인 힘으로 보고 믿는다. 종교와 정치의 주체들은 서로 협조하기도 하고 어쩌다 불화하기도 하지만, 어쨌든 동일한 자원(이를테면 무지와 무능력을 두려워하는 인간의 감정)을 통제하고 자본화하기를 꿈꾼다. 시장에서 서로 대체 가능한 브랜드들이 그러듯, 이 둘은 상품의 수요를 늘리고자 할 때는 힘을 모으고 똑같은 고객층에게 선택받기 위해 다툴 때는 자신이 경쟁자가 동원할 수 있는 것보다 더 효과적인 방법으로 고객의 필요를 충족할 수 있다고 주장한다. (과거의 지배자나 정복자가 하던 대로) 예속을 작정하고 그 억압성을 보란 듯이 휘두르는 방식은 이제 적절하지도 않고 효과는 더더욱 없는 선택지이다. 자유시장에 나와 있는 수많은 사상과 겨루어 인간의 영혼을 차지해야 하는 이 전투에서 오늘날의 **콘키스타도르**(conquistador, 정복자)는 표적 '고객'들의 온순함이나 어리석음, 비겁함에 의존하여 그들을 설득하고 자신의 브랜드로 '개종'시키면서도 대개 그 사실을 공들여 가린다.

노골적으로 힘을 행사하는 권력은 실행 가능성이 심각하게 제한되고 실용성에도 문제가 많다. 하지만 권력을 공공연히 전시하기를 삼가고

고독을 잃어버린 시간

그보다는 토론과 변호에 의존하는 쪽이 유리한 선택지로 선호되는 이유에는 그것 말고도 하나가 더 있다. 명시적인 위협으로 사람을 겁박하는 능력은 상대적으로 빠르게 소진하는 경우가 많다는 것이다. 인간은 (외부의 침략자든 내부의 권위적인 통치자든 상업 세력이든 누군가에게) 예속되어 하등민 취급을 받으면 이내 결기를 되찾아 강탈자에게 저항하려 한다. 상대가 얼마나 압도적인 힘을 가졌고 얼마나 우월하든 간에, 이의를 제기하고 협력을 완강히 거부함으로써 그렇게 한다. 이런 사람들은 정복자를 궁지로 몰아넣을 방법을 찾아내어, 침략은 했지만 결코 정복할 수 없을 듯한 그 땅에 매달리느니 당장 손을 떼는 편을 훨씬 더 매력적인 방안으로 여기게끔 만든다. 그러기에 침략자든 내부의 압제자든, 자신의 진짜 의도를 자백하기보다는 가급적이면 은혜를 베푸는 자로 행세하려 한다. 전리품을 노리고 조공을 강요하기보다는 자신은 선물(자유, 풍요로운 미래, 문명의 보화 등)을 주려는 것이라고 주장하는 쪽을 선호한다. 이 모든 점에서, 종교와 정치의 주체들이 가장 흔하게 목표로 삼는 바가 있으니, 로베르토 토스카노와 라민 자안비글루Ramin Jahanbegloo가 500년 전에 쓰인 에티엔 드 라보에티Étienne de la Boétie의 시론을 참고하여 주조한 개념인 '**자발적 예속**'을 이식하고 육성하는 것이다.[24] 라보에티에 따르면, 노예로 전락한 사람 중 다수가 스스로의 자유를 상당 부분 포기하는 현상을 설명하기 위해서는 처벌의 공포 외에도 안정적인 질서를 희구하는 인간 내면의 강한 욕망을 고려해야만 한다. **어떤 종류의 질서든** (자유를 심각하게 침해하는 질서라도) 상관없다. 자유라는 것이 결국엔 우발성과 불확실성으로, 유동하는 현대 세계를 가장 분명하게 특징짓는 그 두 가지 쌍둥이 같은 해악으로 대체되기 마련이라면 인간은 차라리 권력이 다져놓은 반복적인 일상(억압적이고 구속적이기까지 한)에서만 누릴 수 있는 종류의 영적 평화와 위안을 갈망하는 존재인 것이다.

정치와 종교의 힘을 추구하는 주체들은 같은 영토에서 작전을 펼치고, 같은 고객층을 노리며, 비슷한 필요를 충족시켜주겠다고 약속한다. 그러니 그들이 흔히 수법과 전략을 서로 교환하고 상대의 방법과 주장을 거의 그대로 가져다 쓰는 것도 별로 놀라운 일이 아니다. 종교의 근본주의 분파는 정치의 세력권이자 소유지로 여겨지는 사회문제의 목록에서 아주 많은 것을 차용한다. 정치적(이고 표면적으로는 비종교적인) 근본주의 분파는 너무도 흔히 '선과 악의 최종 대결'이라는, 종교가 전통적으로 써온 언어를 활용하고, 제아무리 사소하고 무해하고 주변적인 것이라도 이단과 이교의 낌새가 보이기만 하면, 심지어 (하나뿐인) 참된 교리에 무심하거나 미온적인 태도가 감지되기만 하면 그것을 샅샅이 찾아내 저주하고 말살하는 일신교적 성향을 보인다. 요즘 '종교의 정치화'에 대해서는 많은 이야기가 오가고 있다. 그러나 그와 평행을 이루는 '정치의 종교화'에 대해서는 관심이 너무 적다. 미국의 지난 정부(부시 정부를 말한다)는 이 경향을 더 뻔뻔하고 넉넉하게 보여주었을 뿐, 사실 우리 시대의 정치 어휘에는 바로 그러한 특징이 덜 노골적이고 덜 솔직한, 보다 희석된 양상으로 너무도 흔히 나타나고 있다. (정치의 핵심 수단인) 교섭과 타협을 요하는 이해관계의 충돌을 선과 악의 최후 결전으로 묘사해서는

고독을 잃어버린 시간

그 어떤 교섭과 합의도 불가능해진다. 종교의 정치화와 정치의 종교화, 이 두 경향은 실로 분리 불가능한 샴쌍둥이와도 같다. 게다가 과거에는 각자의 내부에 있던 악마를 이제 저와 똑같이 생긴 쌍둥이에게 투사하려고 한다.

이제는 세상에 없는 철학자 레셰크 코와코프스키Leszek Kołakowski는 종교를 인간의 부족함을 명시하고 선언하는 현상으로 해석했다. 인간 공존은 인간이 이해할 수 없거나 해결할 수 없는, 또는 둘 다 할 수 없는 문제를 만들어낸다. 그러한 문제 앞에서 인간의 논리는 버둥거리고 넘어질 위험에 처한다. 세계에서 발견된 불합리함의 조각들을 아무리 돌리고 비틀어도 인간 이성이라는 뻣뻣한 틀에 끼워 맞출 수 없을 때, 인간의 논리는 그것을 인간사의 영역에서 도려내어 인간의 생각과 행동으로는 접근할 수 없다고 널리 인정된 영역으로 넘긴다(인간의 지력과 능력으로는 대응 불가능한 존재가 신의 정의이며, 인간이 가지고 싶어 하지만 결코 가질 수 없는 특질이 신성의 개념이다).

그런데 여기서 코와코프스키가 제대로 짚은 것이, 그간 유식한 신학자들이 각고의 노력을 통해 신의 존재를 '논리적'으로 '증명'하려 할 때마다 종교는 이득보다는 손해를 보았으며 지금도 마찬가지라는 사실을 지적하고 있기 때문이다. 인간은 논리에 봉사하고 논리를 찬미하는 것을 업으로 삼은 학자와 변호사를 이미 보유하고 있다. 인간에게 필요한 것은 기적을 일으키는 신이지 논리적 법칙을 따르는 신이 아니다. 비정상적인 것, 평범하지 않은 것, 상상 불가능한 것을 해내는 능력을 가진

신이지 늘 있는 일, 당연한 일, 운명처럼 정해진 일을 유지하고 강화하는 능력을 가진 신이 아니다(그런 일들을 뛰어넘거나 무시하는 것이야말로 인간은 꿈만 꿀 뿐 결코 해낼 수 없는 신의 위업이다). 인간에게 필요한 것은 불가지와 불가해의 영역에 있는 신이지 명료하고 예측 가능한 신이 아니다. 사건의 진행을 거꾸로 뒤집는 능력, 절대로 휘지 않는 것만 같은 세상의 질서를 묵살하는 능력이지 인간이 어쩔 수 없이 따라야 하는, 실제로 대다수의 인간이 거의 언제나 묵묵히 따르고 있는 그 질서에 비굴하게 고개 숙이는 것이 아니다. 요컨대 인간에게 필요한 것은, 눈도 귀도 입도 없는지 인간의 이해력과 행동력으로는 포착되지 않는 저 모든 대단한 힘들을 설명해주고 가능하다면 그것을 길들이고 교화까지 할 수 있는 전지하고 전능한 신(또는 자칭 그에게 임명된 지상의 전권공사)이다.

이 시대에 초인적인 힘을 참칭하는 두 세력—정치를 닮은 종교와 종교를 닮은 정치—모두의 미래는 인간 불확실성의 미래와 뒤얽혀 있다. 그리고 이 유동하는 현대에 인간이 처한 여러 현실은 두 종류의 불확실성을 끊임없이 악화시키고만 있다. 하나는 (결코 길들일 수 없는 자연 세계에 던져져 그 세계에 의존하며 살아가는 인간 전체의 안정과 힘에 관한) **집단** 차원의 불확실성이요, 다른 하나는 (혼자서든 여럿이서든 집단적으로든 결코 길들일 수 없는 거주환경에 던져져 그 환경에 의존하며 살아가는 인간 개인의 안정과 사회적 지위와 정체성에 관한) **개인** 차원의 불확실성이다. 우주에 버려져 홀로 남는다는 것은, 대처할 수 없는 거대한 재앙이 벌어져도 찾아가 호소할 실행력 있는 상급법원이 존재하지 않는다는 것은, 대다수 인간에게 견딜 수 없이 두

고독을 잃어버린 시간

려운 일이다. 이렇게 볼 때, 아마도 신은 인류가 소멸할 때 함께 소멸할 것이다. 단 한발도 앞서지 않고 바로 그 순간에.

집으로 돌아오는 남자들

현재의 금융 위기가 앞으로 얼마나 많은 정리 해고로 이어질지는 누구도 확실히 말할 수 없다. 경제는 세계 전역에서 후퇴 중이다. 경제활동과 부의 생산에 관한 통계 수치가 빠르게 떨어지고 있거나 곧 떨어질 전망이고, 국가보조금에 의존하는 실직자 수는 현세대가 경험한 적 없는 속도로 급증하고 있다. 최신 통계(2009년 11월 7일 자《뉴욕 타임스》참조)에 따르면 미국에서는 약 다섯 명 중 한 명이 구직 중이거나 1년을 허비한 끝에 구직을 포기한 상태다(실업률은 현재 17.5퍼센트이지만 계속 높아지고 있다. 데이비드 레온하트 기자가 추산한 바로는 1930년대 대공황 시대보다 높은 것이 분명한 "수십 년 만의 최고치"로서 "현재 실직자 수는 1600만 명에 이르고 그중 700만 명 이상이 2007년 하반기 이후에 일자리를 잃은 인구다"). 물론 실업률 역시 세계 전역에서 꾸준히 높아지고 있다…….

각국 중앙정부가 이 흐름을 저지하기 위해 할 수 있는 일은 거의 없다. 어쩌면 전혀 없을지도 모른다. 국가 경제는 세계적으로 서로 의존하고 얽혀 있기 때문이고, 따라서 국내 문제의 뿌리가 결코 닿을 수 없는 먼 곳에 있기 때문이다. 이곳에서 발생한 신용 붕괴의 영향이 저 멀리 떨어진 지역의 경제에까지 번개 같은 속도로 퍼져나간 것을 보면 지금 이 세계가 얼마나 촘촘하고 강력하게 서로 의존하고 있는지 명확히 알 수 있다. 한번 생각해보자. 미국에서 갑자기 발생한 신용 경색으로 많은 미국인이 소비를 (당분간이나마) 급격히 제한하게 되었다. 그래서 미국의 수입량이 급격히 감소했다. 그러자 공업 생산력이 매우 빠르게 발전하고 소비재 수출량도 매우 빠르게 증가하고 있던 중국이 가장 큰 수출 시장을 잃게 되었다. 그래서 지금 중국의 창고들은 팔리지 않은 상품으로 터져 나갈 지경이다. 수많은 회사가 파산하거나 생산을 중단했으며 무엇보다 사업 확장 계획을 보류할 수밖에 없는 상황인데, 지금으로선 이 분위기가 언제까지 이어질지 아무도 모른다. 그런데 중국의 발전은 지금껏 일본과 독일의 기술 생산 투자를 대거 흡수하던 터였으니, 이로써 그 두 거대 산업국 또한 상품 및 서비스의 수요가 감소하면서 어려운 국면을 맞이하게 되었다.

이런 식으로 세계적으로 점점 더 많은 사람이 '정리 해고' 당하고, 그로 인해 소비가 세계적으로 더더욱 감소하고, 그로 인해 실직자 수가 더욱 빠른 속도로 늘어나며, 그로 인해 또 무슨 일이 생기고, 그 결과가 또 어떤 결과를 낳고……. 그야말로 악순환이다. 원인과 결과가 사슬처럼 연결되어 스스로 추진되는 이 순환을 막을 방법, 아니 속도라도 늦출 방법을 아는 사람이 있기나 할까? 지금까지 세계 각국 정부가 취한 조치는 결과가 그저 그랬고, 고용 기회 창출과 관련해서는 실질적인 효과가 아예 없었다. 우리가 확신할 수 있는 것 하나는, 앞으로 얼마 동안은(이 또한 '얼마' 동안일지 아무도 모르지만) 일자리가 계속 줄어들고 일자리를 원하는 사람은 더욱 많아지리라는 사실이다.

이 모든 우울한 관측은 이제 새로운 소식도 아니다. 다만 우리는 현재 형성되고 있는, 아직 완전히는 파악되지 않은 경제적 조건들이 우리의 일상생활 중 중요한 면면에 가져올 결과를 이제야 숙고하기 시작했다. 가령 가족 내 임무의 구성 및 분담에 생길 변화 같은 문제를. 우리는 그저 심각하고 전면적인 결과가 나타나리라 추측할 뿐이다. 과연 그러한 결과는 우리가 맺는 인간관계를, 일상적인 상호작용의 패턴을 어떤 방향으로 바꿀까? 삶의 그러한 측면과 관련한 우리의 사고 방식이나 이상에 어떤 영향을 미칠까?

딱 하나만 예를 들어보자. 지금 나타나고 있는 여러 징후(및 각각의 다양한 이유)를 보건대, 가장 큰 규모의 인원 감축이 예상되는 경제 영역은 '중'공업 등, 전통적으로도 그렇고 거의 최근까지도 남성이 주도해온 분야들이다. 이에 비해 여성 노동자가 주도하는 것으로 여겨지는 부문(대다수의 서비스 분야와 소매업)은 이번 불황에서 그보다는 영향을 덜 받을 수도 있다. 실제로 일이 그렇게 진행된다면, 가정의 제1부양자라는 남편-

 고독을 잃어버린 시간

아버지의 위치는 또 한 번 커다란 타격을 입을 것이고, 일반적인 가정의 노동 분업 관습 및 생활 패턴 전체가 또 한 번 뜨거운 도가니에 빠질 것이다.

이제 밖에 나가 돈을 벌어 오는 역할은 남성만이 할 수 있는 일이 아니고 주로 남성이 하는 일도 아니다. 이미 오래전에, 여러 이유에서, 그러기를 선택해서만이 아니라 그럴 수밖에 없어서 그렇게 되었다. 수많은 가정에서 남편과 아내 모두가 바깥일을 일한다. 그러나 지금까지도 가계에서 더 큰 비중을 차지하는 것은 남자의 소득이다. 게다가 여성해방운동이 그간 일군 놀라운 성과가 무색하게도, 파트너가 직장에서 일하는 동안 집을 지키면서 집안일을 처리하는 역할을 시시한 선택지로, 견디기 힘든 상황으로 받아들이는 사람은 여자보다는 남자 쪽이다. 더욱이 두 사람의 직업상 진로가 상충하여 쉽게 조정되지 않을 때는 대체로 (상호 '합의'하에—그러나 그런 합의가 늘 완전한 진심에서 성립할 리 없으며, 양쪽이 다 기뻐하며 동의하는 경우는 더욱 드물다) 남자 쪽 직장이 요구하는 조건에 우선순위가 주어진다. 새로운 가족이 태어나는 경우에는 과거와 다름없이 여자 쪽이 '자연스러운' 충동에 따라 일을 그만두고 육아에 시간과 에너지를 바치게 된다.

(우리가 확실히 말할 순 없지만) 짐작하건대, 앞으로 이와 같이 암묵적으로 전제되는 '가정의 논리'는 지금 형성되고 있는 '경제의 논리'와 맞부딪칠 수 있고, 여러 가지 큰 난제를 마주할 수 있으며, 수정과 재교섭과 재점검을 요구하는 강력한 압력에 직면할 수 있다. 또한 이미 최종적으로

해결된 사안이라고들 하는 여성의 동등한 권리 문제, 즉 동등하게 일하고 동등하게 보수를 받을 권리, 좀 더 넓게는 동등하게 공적 영역에 접근하여 (남성과 완전히 똑같진 않더라도) 영향력 있고 무게감 있는 비중을 차지할 권리가 이제 다시 한 번 치열하고도 고통스러운 논쟁의 대상이 될 것이다.

그러한 흐름이 시작되었음을 알리는 몇 가지 징후는 이번에 우리가 갑작스러운 경기 침체를 감지하고 그 사태를 파악하기 전부터 나타나기 시작했다. 가령 미국에서는 메건 베이섬Megan Basham의《성공한 남자의 옆자리: 모든 것을 원하는 여성을 위한 가이드Every Successful Man: A Woman's Guide to Having It All》라는 책을 둘러싸고 여러 곳에서 공적인 논쟁이 열기를 더하고 있다. 저자는 부부가 각자 직장 생활을 하며 가족 예산에 돈을 보태는 것보다 아내가 남편의 승진을 돕는 편이 부부나 가족 전체에 더 이득이라고 주장한다. 순전히 숫자만 놓고 보면 여러 통계가 베이섬의 주장을 뒷받침하는 듯하다. 아내가 바깥일을 하지 않는 가정의 남편은 독신 남성보다 평균 31퍼센트를 더 벌지만, 아내와 남편 모두 상근직으로 일하는 경우에는 그 차이가 3.4퍼센트로 줄어든다. 베이섬은 이 평균적인 수치에 본인의 개인적 경험을 증거로 덧붙인다. 남편 브라이언이 방송계에서 지금의 자리에 오를 수 있었던 것은 자신이 곁에서 '내조'하면서 직장 생활에서 비롯되는 긴장과 불만을 공유하고 일부는 흡수해 준 덕분이기도 했지만, 동시에 본인이 사실상 남편의 카피라이터 겸 에이전트 역할을 (물론 무보수로) 해냈기 때문이라고 말이다. 베이섬은 자신

고독을 잃어버린 시간

의 기여를 자랑스럽게 여기고, 남편이 집에 가져오는 대단한 소득을 남편과 아내 **공동**의 성취로 생각한다. 저서의 제목이 암시하듯이 그는 남편 '뒤'에서 힘쓴 것이 아니라 **옆에** 서서 함께 노력했다(그러면서 이런 아내가 자기만은 아니라고 말한다. 다름 아니라 버락 오바마를 시카고 정치 무대에 처음 소개한 사람은 다름 아닌 미셸 오바마였다면서).

어쨌든 메건 베이섬 본인은 그렇게 생각한다. 그러나 모든 독자가 공감하기에는 근거가 충분하지 않다. 많은 사람이 (흔히 가혹한 어조로) 베이섬의 자기기만을 비판한다. 그의 논리는 자매애를 오도하려는, 진정한 해방에 이르고자 하는 여성을 구속하려는, 무엇보다 그들로 하여금 아직 끝이 보이지도 않는 해방 전쟁을 포기하도록 유인하려는 사악한 시도라고 혹평한다. 베이섬이 '곁에 서 있기'라고 해석하는 역할을, 비판적인 독자들은 '그림자에 갇히기'로 본다. 그 역시 차별이고 개인의 존엄성에 대한 부정이며, 결국 인간을 모욕하는 행위다.

이렇게 비판하는 측이 있다면, 저편에서는 저자가 반드시 원했다고는 할 수 없는, 어쩌면 예상하지 못했고 반갑지도 않은 추종자들이 나타났다. 이 책이 출간된 직후 미국의 종교적 우파는 '참여성 선언True Women Manifesto'을 발표했다. 남자와 여자는 각자 다른 역할로 서로 보완함으로써 하느님을 비추고 섬기도록 창조되었으며, 남자는 노동에 속하고 여자는 가정에 속한다는 내용이다. 두 장소의 구분이 모호해지면 하느님이 정하신 세상의 질서, 인간이 손대어선 안 되는, 영원히 지켜져야 하는 질서가 파괴된다는 것이 그들의 주장이다.

이 논쟁은 아직 끝날 기미를 보이지 않는다. 오히려 점점 더 거세어지고 있다. 그러나 이제 제3의 참가자가 처음으로 모습을 드러낼 참이다. 이 새로운 논객은 자기가 결정투표권을 가지겠다고 주장할지도 모르고 어쩌면 자동으로 결정투표권을 가져갈지도 모른다. 지금의 이 논쟁에서만큼은 자신의 말이 곧 판결이라면서 말이다. 불황 이후 가파르게 증가하고 있는 실업률, 우리는 그것의 등장을 볼 것이다.

33
위기를 벗어나는 몇 가지 방법

《라 레푸블리카La Repubblica》의 독자 다비드 베르나르디가 신용 붕괴 이후 처하게 된 이 불안한 상황에서 벗어나기 위해 우리가 할 수 있는 일이 무엇인지, 이 상황에서 벌어질 법한 최악의 결과를 어떻게 하면 피할 수 있을지 물어왔다. 바꿔 말하자면, 우리 각자가 삶과 행동에서 취할 수 있는, 또 취해 마땅한 방법은 무엇이며 그로써 한 사람의 모범이 다른 사람들에게 영향을 미칠 가능성이 있느냐는 질문이다.

오늘날 많은 사람이 스스로에게 이와 똑같은 질문을 던지고 있다. 결국 큰 타격을 받고 비틀거리는 것은 은행과 주가지수만이 아니기 때문이다. 우리가 오랫동안 매일같이 들어온 이야기들이, 우리가 좇아 마땅하다던 삶의 전략과 처세술, 나아가 성공의 기준과 행복의 전형이, 그리고 그에 대한 우리의 확신이 갑자기 원래의 매력과 권위를 크게 잃고 흔들리고 있다. 우리 시대의 우상들, 유동하는 현대의 '금송아지'들이 경제에 대한 신뢰와 함께 녹아 없어지다니! 멜버른 소재 라트로브 대학의 마크 펄롱Mark Furlong은 이렇게 말한다. "모든 것이 배수구 속으로 쓸려 내려갔다. (…) 만천하에 드러났듯이 '가장 훌륭하고 가장 똑똑한', 소위 '우리 중 가장 잘나신 분들'이 완벽하게 잘못 짚었던 것이다."25

이제와 돌아보건대, 신용 경색이 발생하기 전에는 태평하고 멋지게, '일단 즐기고 보자'는 식으로 살아갈 수 있었다. 자고 일어나면 부가 더 늘어나 있을 테니 오늘 불어난 빚은 전혀 걱정할 필요가 없던 나날이었다. 어떻게 해서든 '우리 중 가장 잘나신 분' 대열에 합류하여 그들의 모범을 따르면 되었다. 뒤늦게 돌아보건대, 과거에는 하루하루 점점 더 높은 산을 오르며 점점 더 트인 경치를 마주할 수 있었고, 어제는 우뚝하던 산이 오늘은 언덕쯤으로 내려앉고 어제의 언덕이 오늘은 완만하게 굽이치는 평원으로 낮아지는 듯했다. 그때는 영원히 그럴 것만 같았다. 젊고 유능하고 너무도 잘나갔지만 지금은 파산하고 만 어느 헤지 펀드 딜러가 인터넷의 수백만 동지에게 선언한 내용을 보라. "그때까지는 아무도 망하지 않았다. 환상적인 상승세가 영원할 듯 이어지고 있었으니까. 그러다 쾅! 갑자기 모든 게 무너졌다."

그 대단한 잔치는 끝났다. 그리고 값을 정산해야 할 나날(혹은 몇 달? 몇 년?)이 시작되었다. 이제 숙취에 시달리며 술기운을 떨쳐야 할 때다. (바라건대) 반성의 시간, 다 해결되었다고만 생각했던 문제들을 다시 생각할 시간, 처음부터 다시 고민해야 할 시간이다. 어쩌면 우리는 앞으로 세르주 라투슈Serge Latouche가 주창한 **하강**(그의 저서 《성장에 안녕을 고하다Farewell to Growth》를 참조할 것)이 길게 이어지리라 염려/예상/기대할 수 있다(각자 선호하는 표현을 택하시길).[26] 라투슈는 성장에 '역전'이 벌어지는 상황을 다음과 같이 표현했다. "잔치를 벌이기 전으로, 그러니까 (다비드 베르나르디가 우리에게 상기시키는 바와 같이) 화장품과 세제가 지금처럼 많지 않고, 거리에 자동차가 지금처럼 많지 않고, 쓰레기와 낭비가 지금처럼 많지 않고, 폐기물과 불평등도 지금보다 덜하고, 에너지와 정적은 풍부한 세상으로 돌아가는 것이다. (베르나르디가 예상하는 바와 같이) 건물은 적고 풀밭은 많아서 공기 오염도 덜할 것이다. (…) 그러나 누가 알겠는가? 정말로 그렇게 되리라고 누가 장담할 수 있는가? 과거로 돌아갈 길(할리우드 영화를 통해 안타깝게 바라만 보는 것이 아니라, 우리가 삶에서 정말로 밟을 수 있는 길)이 존재하긴 하는가? 아니면 아랍 속담처럼 사람은 제 부모를 닮기보다 제 시대를 닮기 마련인가?"

위험할 뿐인 예언과 짐작은 차치하고 실용적인 문제를 짚자면, 이 잔치가 끝나고 마침내 나타날 풍경이 어떠한 것이든, 우리가 그 안에 안전하게 발 디딜 수 있는 방법은 무엇일까? 나이 든 사람에겐 이제 기억에서 흐릿한 세계, 젊은 세대에게는 철저히 이질적이고 낯선 세계에서 우리는 하루하루를 어떻게 살아갈 수 있을까?

리사 아피냐네시Lisa Appignanesi를 비롯하여 이 난제에 대한 앞으로의 반응을 분석하는 학자들은 정신 질환의 발생 빈도와 범위가 빠른 속도로 증가·확대되리라고 예상한다. 아피냐네시에 따르면 "우울증은 곧 전세계에서 심장 질환에 이어 두 번째로 치명적인 질환이 될 것이고, 선진국에서는 가장 치명적인 병이 될 것이다." 우울은 환영이 사라지고 달콤했던 꿈이 부서질 때 나타나는 반응이다. 우울은 우리 모두가 좋든 싫든 이렇게 '개판'이 되어가는 세계에서 살아가고 있으며 무엇보다 이 급격한 하강에 저항하거나 최소한 그 방향을 바꾸기 위해 할 수 있는 일이 거의 없다는 데서 생겨나는 감정이다. 뉴캐슬 대학의 글렌 앨브레히트Glenn Albrecht는 광산업 폐쇄가 그 당사자에게, 즉 주로 광부로 이루어진 공동체의 구성원에게 미치는 심리적·사회적 영향을 조사한 뒤 "자신이 사는 환경이 극심하게 피폐해졌다는 자각이 행복 저하로 이어졌다"고 설명했다.[27] 세계 무역 센터가 국제 테러분자의 공격으로 무너진 뒤에도 쓰러지지 않았던 세계 금융이 신용 지진에 의해 산산조각 난 지금, 그 영향력은 앨브레히트가 목격한 내용과 거의 비슷할 것이며 이번에는 그 범위가 '당사자'에 국한되지 않을 것이다.

현재의 위기에서 나올 법한 또 하나의 반응은 마크 필롱이 말하는 '자기 군사화'이다. 이는 재앙 속에서도 그것을 어떻게든 자본화하여 주주의 이득으로 전환할 생각만 하는 상업 세력이 추구하기 좋은 선택지이다. 이미 제약 산업은 풀가동에 들어가 위기 후 우울증이라는 새로운 '미개척지'를 침략하고 정복하고 식민화하려는 중이다. 그들은 '차세대' '스마트 약물'을 팔기 위해 일단, 가장 확실히 수요를 창출해줄 새로운 허상을 심고 가꾸어 울창하게 키우고 있다. 다들 이미 들어본 적 있겠지

고독을 잃어버린 시간

만, 누구든 그들의 경이로운 약을 꾸준히 먹으면 "건강 이상의 건강"을 누릴 수 있고, 기억력과 기분과 성적 능력과 기력이 좋아지며, 그 결과 자기 뜻대로 스스로를 계발하고 강화하여 다른 사람보다 앞설 수 있다고 한다. 이 세계는 정말로 개판이 되어가고 있는 것 같지만, 망할 때 망하더라도 나는 제약계의 발명품에 힘입어 개중 멀쩡한 똥밭을 차지했으면 싶어지고……

그렇지만 현 위기에 대한 반응으로 아직 한 가지 가능성이 더 남아 있다. 지금 이 불행을 뿌리까지 깊이 파고 들어가기를, (필롱의 표현으로) "지금까지의 습관을 뒤집기"를 선택할 여지가. "'개인'을 중심으로 하는 사고 패턴을 뒤집어, 서로와의 관계와 맥락을 우선시하는 윤리적이고 심미적인 실천을 바탕으로 한 대안적인 사고 패턴"을 수립해보는 것이다.

이는 누가 봐도 승산이 낮은 도전이며(혹자는 억지스러운 또는 허풍스러운 전망이라고 부를 것이다) 이 목표에 이르기까지는 길고 복잡하고 때로 뼈아픈 자기비판과 재적응이 필요하다. 우리가 태어나 자란 환경은 철저하게 '개인화된' 사회였다. 개인의 자율, 독립독행, 자기중심성이라는 이 세계의 자명한 원리는 증명할 필요가 없었고(혹은 증명할 기회조차 허락되지 않았고) 그에 관해서는 (거의) 어떠한 논의도 허용되지 않았다. 자신의 세계관을 바꾸고 사회에서 자신이 점하는 위치와 역할을 다시 파악하는 일, 또 사회를 계속 이끌어나가기에 가장 알맞은 방법을 찾아 선택하는 일은 결코 빠르고 쉽게 이루어지지 않는다. 그러나 지금 우리에게 반드시 필요한 것은 바로 그 변화인 듯하다. 아니, 우리는 그러한 변화를 피하고 싶어도 피할 수 없을 듯하다.

각국 정부가 (주로 텔레비전 시청자를 의식해서) 은행들에 아낌없이 취한 극적인 '긴급조치'는 그들이 주장하는 바와 달리 장기적이고 어쩌면 만성일 수 있는 경제문제들을 즉각 고칠 수 없는바, 사실 그런 치료제는 어디에도 없기 때문이다. 이 병은 환자가 자발적이고 헌신적으로, 잦은 고통과 자기희생을 감내하며 협력하지 않으면 나을 가능성이 거의 없다. 이 특정한 사회적·문화적 질병에 관한 한 우리 모두가 환자이며, 우리 한 사람 한 사람이 치료에 협력해야만 한다. 세르주 라투슈의 '하강'이 제아무리 합리적인 예측이고 바람직한 조언이더라도, 나는 미래가 그쪽으로 예정되어 있을 리 없다고 생각한다. 그것은 여러 가능한 시나리오 중 하나일 뿐이다. 그것이 역사라는 무대에 오를지 말지를 결정하는 것은 역사라는 무대의 배우이면서 사실은 저도 모르게 역사를 쓰고 있는 우리가 어떻게 하느냐에 달렸다.

고독을 잃어버린 시간

34

불황의 끝을 찾아서

이번 불황은 끝났을까? 아직 끝나지 않았다면, 얼마나 더 기다려야 할까? 부자 나라와 가난한 나라를 가리지 않고, 성별과 세대를 가리지 않고 모든 지역의 모든 사람이 매일 이 비슷한 질문을 던지고 있다. 하지만 바라는 진짜 답변은 듣지 못한다. 물론 답이라면 아주 많다. 경제 전문가(아무렴, 그들이 모르면 누가 알겠는가?)와 여야 정치인과 그 밖에 온갖 종류의 공인 예언자 및 자칭 예언자가 저마다 답을 내놓고 있으니. 문제는 불황은 끝났다는, 혹은 이 고비만 넘기면 끝이라는 반가운 선언부터 터널의 끝은 아직 어디에도 보이지도 않는다는 암울한 경고까지 그 답이 천차만별이라는 것이다……

2009년 9월 9일 자 《가디언》은 "경제 전문가들이 불경기의 끝을 선언했다"면서 캐런 워드Karen Ward(HSBC 소속)의 의견을 상세히 전했다. "추락의 원인이었던 것들이 다시금 비상의 발판이 될 것이다. 소비자지출이 다시 증가세로 돌아설 전망이므로." 우리는 이에 기뻐해야 할까, 낙담해야 할까? 이번 사태는 애초에 '소비자지출'이 증가하고 그로 인해 (대부분 아직 벌지도 않은) 엄청난 돈이 오간 탓에 발생하지 않았던가? 같은 상황으로 '돌아선다' 함은 이번과 비슷한, 혹은 훨씬 더 끔찍한 '추락'이 발생할 가능성을 예고하는 것 아닌가? 문제의 '소비자지출'이 정점에 이르고 경제 번영의 척도요 '건강한 경제'의 속성으로 (거의) 보편적으로 인정되는 국민총생산이 유례없는 증가세를 보이던 바로 그때 경제가 붕괴하지 않았던가? 더욱이 알렉스 베런슨이 "격변 1년 후, 거의 그대로인 월스트리트"라는 명확한 제목의 기사(《뉴욕 타임스》 2009년 11월 12일 자)에서 지적하듯이 "월스트리트는 무사하다. 리먼 브러더스가 파산하고 1년이 지난 현재, 우리를 놀라게 하는 것은 금융계의 달라진 모습이 아니라 거의 달라지지 않은 모습이다."

이번 충격(일부 평자는 다소 성급하게 "뼈아픈 각성"이라고 표현한다)이 아직 생생한 기억으로 남아 있는 만큼, 우리는 예언이 실현될 확률은 예언이 거짓이 될 확률보다 결코 크지 않다는 사실, 그리고 신뢰와 기만을 구분하는 선은 그리 두껍지 않으며 그 선이 애초에 어디에 그어져야 하는지 미리 알 방법이 없다는 사실을 뼈아프게 인식하고 있다.

우리는 당연히 경계한다. 우리에겐 그럴 이유가 너무도 충분하다. 언론이 최근까지도 계속 반복했고 그중에서도 《뉴욕 타임스》가 집요하게

고독을 잃어버린 시간

펼친 주장은 "소비자들이 소비를 주저하고 있다"는 것이었다. 운이 좋아 잘사는 나라에 사는, 이제 어쩔 수 없이 그 좋은 운의 대가를 치러야 하는 사람들이 이 나쁜 소식에 특히 겁을 먹었다. 높이 올라갈수록 더 깊이 추락하는 법이다. 예컨대 미국에서는 신용 붕괴에 앞서 소비자지출이 전체 경제활동의 70퍼센트를 차지했다(이 활동은 현금 거래량으로 측정된다고 앞에서 설명한 것을 기억하실지). 70퍼센트나 되는 돈이 소비자의 손에서 소비재 판매자의 손으로 이동했으니, 상대적으로 보아도 미미한, 무시해도 될 듯한 비율인 돈(이미 번 돈이든 앞으로 벌었으면 하는 돈이든)을 쓰지 않으려 하는 소비자가 즉각 '경제 현황' 통계에 반영된다. 그러면서 그들이 돈을 쓰지 않는 탓에 지난 사태에서 회복하기가 훨씬 더 어려워지리라는 전망이 나오는 것이다.

소비재 판매자들이 특히 두려워하는 것은 소비자들이 그동안 몸에 익혔던 '충동구매' 습관을 버리고 있다는 사실이다. 그동안 마케팅 이론가와 실무자는 바로 그 습관에 가장 크게 의존했다. 한때는 모르는 것 없는 똑똑하고 현명한 소비자를 위해 설계된 신전으로 불리던 쇼핑몰이 어느 순간부터 **우연히** 물건을 사는 '충동구매자'를 부추기고 유혹하는 방향으로 하나둘 재설계되기 시작했다. 가령 새 주전자나 전구를 사러 온 사람이 화려한 볼거리와 황홀한 음향과 달콤한 향기의 홍수에 압도당하고 중독되고 무장해제 되어 이상 행복감과 황홀감에 젖어들고, 그러다보면 생전 처음 보는 물건이나 한 번도 필요하다고 생각한 적 없는 물건 앞에서 갑자기 몽롱해지고 혼이 빠져 결국 그것을 가지고 말겠다는 강렬한 충동에 무릎을 꿇는 것이다……. 그러나 최근 백화점 체인 메이시스의 판매사원 팻 베넷Pat Bennett이 (소비자를 유혹하는 업무를 맡은 수많은 사람을 대신하여) 불평하기를, 요즘에는 사람들이 "상점에 들어서면서 '속옷 한 벌이 필요해'라고 말하고는 정말 그것만 사서 나간다. '저 셔츠 멋진데? 저걸 꼭 사야겠어'라고 하는 사람은 도통 볼 수가 없다."

한때 사람들은 어떤 필요를 채우기 위해, 또는 오랫동안 길들이고 공들여 닦아온 어떤 욕망을 충족하기 위해 물건을 샀다. 소비자 사회가 이룬 가장 큰 위업은 몸에 밴 이 오랜 습관을 밀어내고 순간의 기분에 따른 충동적인 구매 습관을 확립한 것이고, 그것은 곧바로 소비자 사회의 확장을 위한 관성바퀴가 되었다. 이토록 중요한 습관이 사라진다면 이 특정한 종류의 경제는 손쓸 수 없는 재앙을 당할 것이다. 필요가 생겨야 물건을 사는 습관에는 근본적인 한계가 있다. 또한 욕망에 따라 물건을 사는 습관에는 그 욕망을 훈련하고 연습하는 길고 번거롭고 값비싼 과정이 필요하다. 이와 달리 변덕의 명령에 따라 물건을 사는 습관에는 값비싼 마중물도, 길고 번거로운 사전 훈련도 필요 없으며, 정해진 한계도 없다. 소비자의 충동적인 성향에 기대어 번영하는 소비자 사회에는 실로 하늘만이 그 한계다.

일단 그렇게 보이긴 했다는 것이다. 소비자 신용이 무한히 갱신될 수 있고, 주가지수가 영원히 부풀어 오르고, 주택의 가치가 영원할 것처럼 비가역적으로 치솟던 그 가짜 세상에서는 그렇게 보였다. 그때 우리는 실제로 버는 돈보다 더 많은 돈을 가진 것 같았고, 이 흡족한 기분이 영

고독을 잃어버린 시간

원히 이어지리라 믿었다. 그때 우리는 앞으로는 "지금과 똑같은 행운을 더 많이" 누리리라는 권위 있는 약속을 굳게 믿고 아직 오지도 않은 미래를 담보로 계속해서 주택 융자를 받을 수 있었다. 그때 우리는 정산 시기를 계속 미룰 수 있었고, '일단 즐기고 보자'는 인생 전략으로 별생각 없이 흥청망청하다가 다시 정산 시기, 즉 그런 무모한 전략에 감춰진 위험을 직시하고 진지하게 계산기를 두드려야 하는 때가 와도 또 나중으로 미룰 수 있었다. 그리하여, 그 나중이 오늘이다.

오늘의 도래는 우리 모두에게 충격적인 사건이었다. 충격은 트라우마를 낳기 마련이고, 트라우마는 사건의 직접적인 원인보다 훨씬 더 오래 가곤 한다. 그러나 트라우마의 정도와 지속 기간이 모두에게 같은 건 아니다. 요즘엔 우리 대부분이 어제의 무모했던 행동—아직 손에 들어오지 않은 돈을 미리 쓰고, 스스로 통제할 수도 내다볼 수도 없는 운명에 미래를 맡겼던 것—을 반복하지 않으려고 조심한다. 그러나 불친절한 운명이 우리의 소비 잔치에 부과한 이 달갑지 않은 제약이 얼마나 오래 갈지에 대해서는 각자 의견이 다르다.

가령 잉글랜드를 보면, "경제가 회복 중"이며 올해부터는 상황이 나아지리라는 믿음이 중부 공업지대 주민보다 런던 시민에게서 세 배 많이 나타난다. 이 차이가 놀랍지 않은 이유는, 불황의 홍수가 런던시의 강둑을 넘어 중부의 공업 현장에 이르기까지 시간이 꽤 걸렸기 때문이고, 또 한편으로 일자리를 잃은 공장노동자의 가정이 앞으로 불황의 여파를 씻어내는 데 걸릴 시간은 정부의 아낌없는 보조금을 받는 은행의 배당금과 부자를 상대하는 기업의 이윤으로 먹고사는 런던의 가정이 정상으로 돌아오는 데 필요한 시간보다 결코 짧지 않으며 어쩌면 더 길 것이기 때문이다. 이는 영국만의 특별한 상황이 아니다. 2009년 9월 7일 자《뉴욕 타임스》에는 이런 내용이 실렸다.

> 이번 대공황의 숨은 피해자가 수백만 명에 이르는 것은 구직 활동을 포기한 인구가 공식 실업률에 집계되지 않았기 때문이다. 그들이 구직을 포기했다고 해서 일자리를 마다하는 것이냐면, 그렇지 않다. 여러 인터뷰에서 확인되었듯이 그중 다수는 절실하게 일자리를 원하나 도저히 일자리를 구할 수 없는 현실에 결국 비관적인 전망을 체화한 것으로 보인다.

세대에 따른 의견 차이도 심각하다. 65세 이상 인구의 25퍼센트는 경기가 곧 회복되리라고 믿는다. 30세 이하에서는 겨우 5퍼센트만이 그렇게 생각한다. 이 또한 놀랄 일이 아니다. 65세 이상 인구는 거의 대부분이 노동시장 바깥에 있는 반면, 그 안에 있는 불운한 젊은이들은 암울한 예감에 사로잡힌 채 아직 시작되지도 않은 불황의 타격과 그에 이어질 연쇄 부도, 각종 구조 조정, 대규모 정리 해고를 기다리는 중이다. 이들의 앞날에는 사회에서의 배제와 실직이라는 수모, 그리고 그로 인한 굴욕과 내핍이 줄줄이 대기하고 있다. 이들은 장기 실직으로 인해 물질적 궁핍을 겪을 것이고, 고용 센터와 직업소개소 앞에 긴 줄을 설 것이

고독을 잃어버린 시간

며, 어서 운명이 역전되어 다시 대오에 합류할 수 있기를 헛되이 바랄 것이다. 그러나 기대가 좌절되고 희망이 부서진 것이 바로 어제 일인데, 앞으로는 운명의 바퀴가 다시 좋은 쪽으로 돌아가(이부터가 과연 가능한 일일까?) 그 사나운 회전운동을 멈출 것이라고 그 누가 장담할 수 있겠는가? 2009년 9월 5일 자 《뉴욕 타임스》에 따르면 "8월 한 달에 21만 6000개의 일자리가 감소하여 미국 전체 실업률이 9.7퍼센트에 이르렀다. 즉, 회복 조짐이 나타나고 있는데도 기업들은 고용을 적극적으로 재개하지 않고 있다." 기업이 손가락을 그슬리면 그들에게 고용되어 살아가는 사람은 목숨이 위태로워지는 것이다.

게다가 청년 인구 중에서도 가장 젊은 층은 이제 생애 처음으로 노동시장의 가혹한 현실을 경험하게 된다. (속도가 느리든 빠르든 영원할 것 같던) 발전과 번영의 땅에서 상대적으로 무탈한 어린 시절을 보낸 그들은 지금 제 앞에 놓인 것과 같은 혹독하고 의심스러운 노동시장에 대해 듣고 배운 바가 전혀 없다. 그들보다 딱 두세 살 많은 친구들만 해도 아직 사용자 친화적이던 시장, 제 쪽에서 가장 탐스러운 것을 골라 선택할 기회가 넘쳐나던 시장을 기억한다. 반면 이제 그들이 들어갈 구직 시장은 전혀 다르다. 기회는 짜고 거절은 헤프고, 계약 조건을 일방적으로 좌지우지할 수 있으며, 베푸는 데 인색하고 쥐어짜는 데는 관대하다. 우리가 잘 알다시피 현재의 노동시장은 그 자체의 변덕으로 인해 인간 삶에 발생할 수밖에 없는 비극과 혼란에 대해 무섭도록 냉정하다.

요즘 많은 사람이 '자기 경력 평가'를 써보는 것처럼, 이 편지에서 나는 우리가 가진 가능성과 한계를 짚어보았다. 카드는 아직 섞이는 중이다. 다음 게임에서 받을 패가 얼마나 좋을지, 아니면 얼마나 나쁠지는 누구도 확실히 알 수 없다. 우리는 앞으로도 수많은 놀라운 사건과 수많은 뜻밖의 반전을 겪을 것이다. 부디 이번 경험으로부터 다음번 쇼핑몰에 갔을 때 떠올릴 교훈 이상의 것을 얻어낼 수 있기를. 그 정도보다는 더 근본적인 교훈을 찾아내서, 이와 똑같은 경험이 다시 돌아와 우리와 우리 아이들을 불안에 빠뜨리지 않도록 미리 손쓰게 되기를.

고독을 잃어버린 시간

35
누가 이런 삶을 강요하는가?

위 제목은 '로케이션-인디펜던트'라는 웹 사이트www.locationindependent.com 〔지금은 다른 문장이 쓰여 있다〕 상단에 크고 굵은 글씨로 찍혀 있는 질문이다. 그리고 그 바로 밑에 질문에 대한 답이 제시되어 있다.

규칙대로 사는 데 지쳤는가? 열심히 노력해서 돈을 많이 벌어야 하고, 그래야 목돈을 대출해서 집을 살 수 있다는 규칙. 그러면 더욱더 열심히 일해서 그 대출을 갚아야 하고, 그러다 은퇴할 나이가 되면 어디 좋은 곳에 아담한 집 한 채 구해 마침내 삶을 즐기면 된다는 규칙. 우리는 그런 삶이 싫었다. 당신도 우리와 같은 사람이라면, 잘 찾아오셨다.

이 문장을 읽으면서 나는 저 옛날 유럽이 식민지를 확장하던 시절에 유행하던 농담을 떠올리지 않을 수 없었다.

한 영국 남자가 식민 지배자에 꼭 걸맞은 의관을 갖추고 머리에는 예의 사파리 모자를 쓴 채 사바나를 한가롭게 거닐다가 나무 그늘에서 단잠을 자는 원주민을 발견했다. 영국 남자는 분노가 치밀었지만, 곧 자신을 이 땅으로 이끈 계몽의 사명을 떠올리고 마음을 가라앉혔다. 그는 잠자는 사람을 발로 걷어차며 소리쳤다.

"게으름뱅이 같으니. 어쩌자고 빈둥대고 있는 거야? 이 쓸모없는 굼벵이야!"

막 잠에서 깬 원주민이 멍하니 대답했다. "저는 할 일이 없는데요?"

"일하는 시간이면 가서 일을 해야지!"

더더욱 난처해진 원주민이 물었다. "뭣하러요?"

"그야 돈을 벌기 위해서지!"

이제 원주민은 어리둥절하기 짝이 없었다. "뭣하러요?"

"쉬기 위해서지! 마음 편히 여가를 즐기기 위해서!"

"지금 바로 그걸 하고 있었는데요!" 이제는 원주민이 역정을 낼 차례였다.

그렇다면 우리는 이제야 원점으로 돌아온 것일까? 기나긴 길을 돌아 제자리를 찾은 것일까? '로케이션-인디펜던트'의 운영자, 교육을 많이 받고 수완도 좋은 유럽인인 리아 우드워드Lea Woodward와 조너선 우드워드Jonathan Woodward는 그저 듣기에 그럴듯한 말을 늘어놓는 게 아니라,

고독을 잃어버린 시간

인간이 타고나는 전근대적인 직관과 지혜를 명시적이고 직접적으로 인정하는 것일까? 근대성의 선봉과 사도와 집행자들은 그런 종류의 직관을 매도하고 조롱하며 박멸하고자 했고, 사람은 평생 열심히 일한 뒤 영원한 고역의 저 먼 끝에 가서야 "삶을 즐기기 시작"해야 한다고 주장했다. 예화 속 '원주민'에게 그랬듯이 우드워드 부부에게 그런 말은 자세히 설명하거나 반박할 필요조차 없을 만큼 어리석은 주장이다. 일을 여가보다 우선시하는 것, 따라서 결국은 그때그때 누릴 수 있는 만족을 뒤로 미루는 것—예화 속의 식민주의자 및 그의 동시대인이 경건하게 받든 신성불가침의 규칙—이 그들에겐 수레를 말 앞쪽에 묶는 것만큼이나 어리석고 쓸데없는 짓이다.

두어 세대 전까지만 해도 고약한 이단으로 취급받던 견해를 우드워드 부부가 이 정도로 확신하며 당당하게 내세우게 되기까지는 굵직한 '문화 혁명'이 필요했다. 단순히 '지식인 계층'의 세계관이 변해서 될 일이 아니라 그들이 태어나 자란 세계, 앎과 경험의 세계 자체가 혁명을 거쳐야 했다. 당연한 말이지만 그들의 인생철학에는 시대의 현실이라는 토대, 그리고 어떤 유력 집단이 원한다고 해서 갑자기 약화시킬 수는 없는 확고한 물질적 토대가 뒷받침되어야 했다.

이제는 그들의 오래된/새로운 철학이 실로 흔들리지 않는 지반 위에 서 있는 듯하다. 현대의 '유동하는' 국면에 이르기까지 세계가 얼마나 근본적이고 비가역적으로 변화하였는가는 '견고한' 국면이 끝난 이후에 발생한 최악의 경제적 재앙에 정부들이 얼마나 한심하게 대처했는지를 보면 분명히 알 수 있다. 장관과 국회의원들은 금융계를 **구하기** 위해, 더불어 자신들의 부수입, 상여금, 주식 '대박', 초고액 특별 퇴직금을 계속 보장하기 위해 거의 본능적으로 행동에 나섰다. 즉, 정부가 살리고자 한 것은 그간 규제 완화를 요구하고 그 효과를 누려온 유력 집단이다. '걱정은 닥쳐서 해도 된다'는 식의 철학, 긴 줄거리를 일화들로 잘게 나눔으로써 결과에 대한 책임을 회피하자는 철학, 신용에 기대어 빌린 시간으로 삶을 유지하는 철학, '일단 즐기고' 보는 생활 패턴을 내세우는 철학을 대대적으로 홍보하고 실천하던 그들 말이다. 바꿔 말해 정부가 살려내고자 한 것은 이번 경제 지변이 왜 발생했는지 추적하다보면 그 끝에 나타날 수밖에 없는, 특정 권력이 다져놓은 바로 그 습성이었다.

정부의 간섭은 재난의 근원을 찾아 근절하려는 방향이 아니라 오히려 범인들을 큰 목소리로 지지하면서 다시 한 번 그들의 정당성과 불가결함을 공공연하고 명시적으로 승인하고 그들의 보호와 강화를 '국가적 관심사'로 포고하는 방향을 취했다. 2009년 9월 13일 자 《뉴욕 타임스》에 따르면 "자동차 대출과 신용 대출의 경우, 정부가 개인 부채와 은행 부채 모두에 자금을 지원할 것으로 보인다." 그런데 "지금까지 오바마 대통령 경제 팀은 정부 소유 기업마저 밀착 관리하지 않았으며, 국고 지원에 기대어 겨우 파산을 면한 기업에 대해서도 어떻게든 통제권을 행사하지 않으려 하는 모습을 보였다." 여기서 미 정부가 목표한 효과는 "앞면이면 내가 이기고 뒷면이면 당신이 진다"는 대부업계의 전술에서 오명을 씻어내는 것이었고, 이를 위해 미 정부는 대부업계의 무관심한 태도와 위험할 정도의 태연함이라는 오명을 각각 신중함의 표지와 (궁극의 애국까지는 아니더라도) 국가적 관심사에 대한 바람직한 입장으로 포장하는 방법을 사용했다. 정부는 기존 전술을 직접 보충하고 보완한 새로운 계율을 보란 듯이 휘두름으로써 그 효과를 달성했다. 이제 "앞면이면 당신이 이기고 뒷면이면 당신이 구제된다"고.

우드워드 부부의 호소에 걸려 있는 것은 단순히 일터가 한 장소에 고정되어 있느냐 아니면 유동적이냐, 즉 당신이 늘 똑같은 업무 지구로 출근해야 하느냐 아니면 타이든 남아공이든 카리브해든 좋아하는 곳을 돌아다닐 수 있느냐의 문제가 아니다. 또한 "다른 사람을 위해 일하며 끝없이 경쟁하는 불안정한 삶에 신물이 난" 것도 그리 중요한 문제는 아니다(두 사람은 바로 그런 삶을 살다가 아이디어를 떠올리고 라이프스타일을 개발해 "장소 독립적인 사고방식"을 구축하게 되었다고 하지만). 본인들이 인정하듯이, 그들이 가장 우선시하는 것은 "나에게 어울리는 것을 선택할 자유"이다. **다른** 사람의 선택과 자유가 아니라 **나**를 위한 선택과 자유이며, 그런 의미에서 노동하는 장소와 이 지구를 타인들과 어떻게 공유해야 하는가는 중요하지 않다. 그러나 이 원칙을 척도로 어떤 삶의 태도가 얼마나 타당하고 훌륭한지를 판단한다는 점에서 우드워드 부부는 (그들이 이 말을 들으면 틀림없이 분노하며 부인하겠지만) 본인들이 반대하는 저쪽 사람들, 그러니까 리먼 브러더스 및 그 복제품 같은 기업에서 이사나 경영자로 일하는 윗분들, 《뉴욕 타임스》의 알렉스 베런슨이 표현한 바에 의하면 "백만 달러 단위 급여를 받는" 무수한 전문직 종사자와 한편이다.

결국 이들 모두는 한목소리로 '연대의 질서'보다 '이기의 질서'를 강조한다. 전자를 가장 풍부하게 생산하던 온실이자 가장 튼튼하게 지키던 성채는 사람들이 함께 (마치 영원할 것처럼) 오래 일하던 사무실과 공장이었다. 이 노동자 연대의 토대를 폭파하러 나선 것이 바로 다국적기업의 이사진과 경영진이었고, 정치권력은 그들을 명시적으로 혹은 암묵적으로 지원하고 응원했다. 그들의 방법은 단체교섭을 폐지하고, 노동자가 자기방어를 위해 구성한 연합을 무장해제 하고, 그런 단체를 전장 밖으로 내몰고, 고용조건을 교묘하게 이용하고, 관리직을 비롯한 각종 직무를 '외주'화하고 '도급'화하고, 노동시간 규제를 완화하고(이른바 유연화하고), 노동계약 기간은 줄이는 동시에 보직 순환은 강화하고, 개별 실적을 끊임없이 면밀히 감시하여 그것을 기준으로 계약을 갱신하는 것 등이었다. 한마디로, 그들은 집단적 자기방어의 합리성을 깎아내릴 수 있고 사측에 이익이 되는 개별 경쟁을 극단까지 밀어붙일 수 있다면 무슨 짓이든 했다.

노동자 연대—절대다수에게는 이것이 "나에게 어울리는 것을 선택할 자유"를 보장하는 유일한 수단이다—의 가능성을 완전히, 최종적으로 말살하는 과정의 마지막 단계는 '고정된 일터', 즉 노동자가 함께 일하는 사무실이나 공장을 없애는 것이었다. 리아와 조너선 우드워드가 나아간 단계가 바로 그곳이다. 그들에겐 그럴 수 있는 특별한 수완과 경력이 있으므로. 그러나 타이나 남아공이나 카리브해에 가서, 자유의 질서나 다른 어떤 종류의 질서 속에서든 자신의 부자유를 치료할 여력이

고독을 잃어버린 시간

있는 사람은 그리 많지 않을 것이다. 그럴 수 없는 많은 사람에게 우드워드 부부의 새로운 콘셉트/라이프스타일/마인드는 그들이 잃은 것을 앞으로 결코 되찾을 수 없으리라 못 박은 셈이다. 개인의 자유를 집단적으로 방어하기 위해 힘을 모을 사람이 이제 점점 더 줄어들 것이므로. 한때는 짓밟히고 뒤처진 사람들을 불행으로부터 구제하는 사명을 가졌던 '지식인 계층'이 갈수록 눈에 띄게 사라져갈 것이므로.

그런데 우드워드 부부는 결국 무슨 이득을 얻을까? 이건 두고 볼 일이다. 과연 사회가 만들어낸 문제들을 개인이 효과적으로 해결할 방도가 있을지 말이다. 최근 '로케이션-인디펜던트'에 올라온 소식에 따르면 "리아와 조너선이 (계획하지 않았던, 정말로 뜻밖의!) 딸을, 그것도 마침 독립기념일에 낳았다. 두 사람은 2009년 말부터 아이와 함께 여행을 재개할 계획이다." 그들이 그 새로운 현실을 마주하는 길에 크나큰 행운이 있기를 빌어야겠다. 앞으로 두 사람은 "계획하지 않았던, 정말로 뜻밖의!" 새로운 현실을 더 자주 마주해야만 할 테니. 그들이 현실을 직면하고 도전에 맞서는 그때 도움이 될 사람은 오직 서로뿐일 테니.

36

버락 오바마라는 현상

지난 미국 대선 몇 달 전, 나는 줄리아노 바티스톤Giuliano Battiston과의 인
터뷰에서 이런 질문을 받았다.

　　지금까지 선거 유세에서 버락 오바마는 당파적인 인종 정체성을
한 번도 주장하지 않았고(자신은 "인종이 섞인" 사람이라고 표현했다) 정
체성 정치 카드도 전혀 꺼내지 않고 있다. 이른바 문화주의 정체성
을 채택한 것이다. 일각에서는 미국 최초의 '탈脫본질주의' 대통령
을 예상할 정도다. 만약 그가 당선된다면, 미국의 정치 체제가 마침
내 '민중demos'과 '인종ethnos'의 고리를 결정적으로 끊어냈고 이제는
좀 더 의식적인 탈인종 사회로 나아가려 한다는 신호로 해석할 수

고독을 잃어버린 시간

있을까?

이에 나는 이렇게 대답했다.

　　문제를 바꾸어서 설명해보겠다. (…) 오바마는 '짓밟히고 억압당한' 민중의 이름으로 대권에 도전하지 **않는** 신중함을 보였다. 그들은 '짓밟히고 억압당했다'는 바로 그 이유에서 열등하다고 치부되는 사람들인 데다, 그들에게 고정관념으로 따라붙는 무능함, 무가치함, 불명예는 오바마가 태생적으로 지정된 종족/인종으로 인해 그에게도 묻어날 수밖에 없었다. 더욱이 그는 그 '짓밟히고 억압당한' 이들이나 '사회/정치 운동'에 의한 저항의 물결을 타고 그들의 대변인, 전권공사, 복수자로서 권력을 잡은 것이 아니다. 그의 출세와 득세에는 선택받은 개인이 집단의 낙인을 씻어낼 수 있음을 증명하려는 의도가 있었고, 실제로도 그것이 증명되었다고 봐야겠다. 즉 오바마 현상에 걸려 있는 것은, 억압당하고 차별당하는 부류 안에서도 어떤 **개인**은 본인에게 분배된 집단적, **범주적**인 열등함을 '능가'하는 특질을 소유한다는 사실, 그리고 그러한 특질은 범주적 오명으로부터 자유로운 경쟁자들이 뽐내는 특질에 맞먹을 수 있으며 심지어 더 뛰어날 수도 있다는 사실의 증명이다. 이 현상이 곧 범주적 열등함이라는 가정을 무효화할 순 없다. 오히려 바로 그것을 고집스럽게 재언명하는 효과가 발생할 수 있고, 실제로도 많은 사람이 그 전제를 인정하게 되었다. 가히 뮌하우젠 남작처럼 혼자 힘으로 저 자신을 수렁에서 *끄집어내는* 데 성공한 개인이 여기 있다는 것이다. 그 사람은 자신의 특별한 재능과 맷집을 발판 삼아서, 즉 자신의 소속에 **기대어서**가 아니라 그것을 **무릅쓰고** 성공했다. 그러나 그렇게 해서 그가 입증한 것은 자기 '동족'의 너무도 과소평가된 덕목들이 아니다. 집단에 유전되는 결점을 눈감아줌으로써, 나아가 해당 인물이 용감하게 나서서 그런 결점을 멋지게 지울 기회를 허락함으로써 기꺼이 '예외'를 인정하는 이들의 관용과 아량이다. 실로, 이야말로, 저 문제의 가정 및 그것이 가리키는 세태가 공명정대하다는 주장을 우회적으로 재언명하는 셈이다. 어떤 개인이 착실히 노력한 덕분에 성공할 수 **있었다**는 사실이, 성공하지 '못한' 나머지 절대다수는 그 자신의 게으름과 타고난 무능함 때문에 불행할 수밖에 없음을 예시하고 입증하는 것이다. (요즘 미국의 '극우파'가 오바마의 득세를 반기고 축하한다는 소식은 일견 놀라워 보이지만 위와 같이 생각하면 전혀 놀랍지 않다.)

물론 오바마의 쾌거는 차별당하는 부류 가운데 포부와 재능이 넘치는 더 많은 이들에게 희망적인 선례가 될 것이고 그들이 사회적으로나 정치적으로 인정받는 과정에서 많은 걸림돌을 제거하고 저항을 약화할 것이다. 하지만 그렇게 된다고 해서 '그런 부류'의 사회적 지위가 전보다 높아지고 그에 속한 모든 구성원에게 더 넓은 삶의 전망이 펼쳐지진 않을 것이다. 마거릿 대처의 반╋독재적인 장

고독을 잃어버린 시간

기 집권은 여성의 사회적 평등 증진과 무관했다. '사내'들의 게임에서도 승리할 수 있는 여성이 **있다**는 사실이 입증되었을 뿐이다. 19세기에 게토를 나와 독일인으로 변신한(혹은 그랬다고 믿고자 한) 많은 유대인이 뒤에 두고 온 '동포'를 가난에서 구하고 법적·사회적 차별에서 보호하기 위해 한 일은 그리 많지 않았다. 20세기에 떠오른 가장 급진적인 성격의 내셔널리즘을 가장 떠들썩하게, 가장 열성적으로 지지한 이론가과 실천가 중 다수는 '소수 인종'이었거나 (스탈린과 히틀러를 포함한) '귀화' 외국인이었다. 영국인의 제국을 가장 견고하게 강화한 인물은 유대인인 벤저민 디즈레일리Benjamin Disraeli였다. 그 모든 '동화된' 자들의 표어는 "당신이 할 수 있는 일이라면 나는 더 잘할 수 있다"였다. 그들은 교황보다도 더한 가톨릭교도가 되고 독일인보다 더한 독일인이 되고 폴란드인보다 더한 폴란드인이, 러시아인보다 더한 러시아인이 되어 **당신들**의 문화를 풍요롭게 하고 **당신들**의 '국가적 관심사'를 위해 노력할 것을 약속하고 결의했다(그런데 그러한 사실이 그들을 비난할 근거가 되고 그들의 표리부동과 음험한 의도의 증거가 되는 경우 역시 너무도 많았다). 그 모든 경우에, 동화하려는 노력의 성패를 판단할 권리는 절대적으로 도착지 주민들에게 있었고 판단 기준 역시 그들이 정했다. 동화된 자들이 원주민보다 '더 잘하려고' 애쓴 그 모든 일 중 하나는, 동화된 자들의 '출신 공동체'가 살아가는 진짜 방식 혹은 소문으로 떠도는 방식에 대해 '원주민'이 느끼고 표출하던 경멸과 비난을 그들보다 더 잘 느끼고 표출하는 것이었다.

당연한 말이지만, 유추에 의한 추론은 통계 추세에 대한 지식과
마찬가지로 우리를 곰곰이 생각하게는 할지언정 특정한 경우에 어
떤 일이 일어날지 예상하게 해주진 못한다. 또한 '추세'나 '법칙'을
말하려면 얼마나 절대적인 다수가 필요한지 몰라도, 예외는 늘 넉
넉하게 존재하기 마련이다. 그러니 부디 당신의 질문에 대한 나의
답을, 예언에 신중을 기하고 결론에 성급하게 이르지 말라는 요청
으로 해석해주었으면 한다.

1년여가 지난 지금, 우리는 저 '신중한 예언'과 성급한 결론에 대한 경
고를 오바마의 대통령 임기 첫해에 펼쳐진 이야기와 맞추어볼 수 있다.
나오미 클라인Naomi Klein은 지난 한 해 동안 벌어진 일을 이렇게 요약했다.

비엘리트 계층 흑인과 라틴계의 기반이 크게 무너지고 있다. 그
들은 백인에 비해 훨씬 빠른 속도로 집과 일자리를 잃고 있다. 지금
까지 오바마 대통령은 점점 더 악화되는 이 균열을 메우기에 가장
필요하고도 적합한 정책을 적극적으로 채택하지 않는 모습을 보였
다. 그로 인해 소수 계층은 최악의 곤경을 전부 짊어지게 될 상황이
다. 즉, 현실적인 어려움을 완화하는 정책적 혜택은 누리지 못한 채
전면적인 인종차별의 역풍을 맞아야 하는 것이다.[28]

고독을 잃어버린 시간

37
세계화된 도시의 문화

도시는, 특히 런던과 같은 거대도시는 세계화로 인해 빚어진 문제들이
버려지는 쓰레기통이다. 한편으로는 그런 문제를 (해결하는 기술까지는 아니
더라도) 안고 살아가는 기술이 실험되고 검증되고 (부디 바라건대) 개발되
는 실험실이기도 하다. 지금까지의 편지에서 우리는 세계화의 가장 중
대한 영향(그중에서도 정치와 권력의 결별, 정치 당국이 담당하던 기능이 옆으로는 시
장으로, 아래로는 개인의 생활 정치로 이동하는 양상)을 철저히 살피며 자세히 논
했다. 그래서 이번에는 세계화 과정 중에서도 문화 연구의 패러다임 변
화와 관련하여 고찰되는 경우가 너무도 드문 한 측면에 초점을 맞추려
고 한다. 이름하여, 세계적 이주 양식의 변화다.
  근현대 시기 이주의 역사에는 세 가지 국면이 있었다.

첫 번째 이주의 물결은 주권의 **영토성**, **뿌리 깊은** 정체성, **정원사**의 자세(편의상 이 셋을 '제1원인'이라고 하자)라는 세 가지 중첩된 행동 양식의 논리에 따라 이루어졌다. 이 물결로 무려 6000만 명(19세기 기준으로는 어마어마한 인구)이 '현대화된' 거점(참고로 그런 곳에서는 실로 대단한 기세로 질서가 조직되고 경제가 발전하는 과정에서 '인간쓰레기'가 점점 더 많이 생산·방출되었다)으로부터 '**빈 땅**'(참고로 '현대화된' 계산에 따르면 원거주민은 쳐내도 상관없는 인구였다. 그들은 실재하지 않거나 무의미한 존재라 아무것도 셈할 것이 없기에 말 그대로 '머릿수'에 포함되지 않았다)으로 수출 또는 축출되었다. 대량 학살과 대규모 전염병 이후에도 살아남은 원거주민은 정착자 및 그들을 점점 더 많이 내보내던 본토인에 의해 '백인의 교화'를 받아야 할 대상으로 선언되었다.

이주의 두 번째 물결은 '제국의 역이주'라는 표현으로 가장 잘 설명된다. 식민주의 제국의 해체와 함께 각기 다른 속도로 '문화 발전'의 단계를 밟던 수많은 토착민이 제 윗사람을 따라 제국의 수도로 왔다. 그곳에 도착한 순간, 그들은 대도시가 과거의 경험으로부터 내놓을 수 있었던 유일한 세계관과 전략에 따라 그 장소에 녹아들어갔다. 즉, 형성기 국민국가가 소수집단을 국민이라는 새로운 공동체에 '동화'시키고자 설계하고 수립하고 활용했던 그 거푸집에 들어갔다. 권력이 다져놓은 이 공정의 목표는 이주민의 문화적 불일치를 억누르고 제거하여 '소수'집단을 십자군과 '문화투쟁Kulturkampf'과 개종 사명(지금은 '정치적 올바름'이라는 명분하에 '통합을 위한 시민교육'이라고 부른다)의 대상으로 삼는 것이었다. 이 이야기는 아직도 끝나지 않았다. 해가 저문 뒤에야 날개를 편다는 미네르

바의 부엉이처럼, 지금도 정치가들이 대중 앞에서 출마를 선언할 때마다 그 메아리는 거듭거듭 울려 퍼진다. '제국의 역이주'라는 드라마는 첫 번째 이주 국면에서처럼 (이제는 시대에 뒤떨어진) '제1원인'의 틀 안에서 작동하고자 했지만, 성공하는 경우는 거의 없었다.

그리고 이제 전면적으로 가동되어 점점 더 기세를 더해가는 세 번째 이주의 물결은 **디아스포라들**의 시대를 열면서 인종이나 종교, 언어를 공유하는 정착지가 세계 곳곳에 군도를 이루게 되었다. 제국-식민주의자가 이리저리 열고 닦았던 길은 기억의 논리에서 사라졌고, 삶의 자원이 전 지구적으로 재분배되는 세계화 시대에 따라 새로운 길이 형성된다. 디아스포라 군도는 대체로 산만하게 널리 흩어져 있다. 여러 (명목상) 주권국의 영토에 길게 걸쳐 있는 각 군도는 해당 영토가 주장하는 지역적인 의무 및 우월성과 우위에 대한 복종의 요구를 무시하며, 그 결과 '이중(또는 다중) 국적'과 이중(또는 다중) 충성이라는 이중(또는 다중)의 구속에 처할 때가 많다. 세 번째 국면의 이주는 앞선 두 국면과 여러 측면에서 다르다. 일단 오늘날에는 이주가 양방향으로 발생하며(요즘엔 영국을 포함하여 사실상 모든 국가가 이주의 출발지이자 도착지이다) 특별히 선호되는 경로가 없다(옛 제국-식민주의의 경로는 더 이상 주요하지 않다). 오늘날의 이주는 오래된 제1원인을 갈아엎고 그 대신 새로운 삼중 양식(**탈영토성**, '뿌리'보다는 **닻**을 내리는 정체성, **사냥꾼**의 전략)에 기댄다는 점에서도 과거와 다르다.

이 새로운 이주는 정체성과 시민성 사이의, 사람과 장소 사이의, 이웃 (또는 물리적 근거리)과 소속 사이의 밀접했던 관계에 거대한 물음표를 드리운다. 빠르게 변화하는 인간 공존의 틀을 예리하게 통찰하는 조너선 러더퍼드Jonathan Rutherford에 따르면, 그가 사는 런던에는 같은 지역의 주민들이 서로 다른 여러 공동체에 속해 있다. 그중 어떤 네트워크는 겨우 옆 동네에서 끝나지만, 어떤 네트워크는 세계 전역으로 이어져 있다.[29] 이처럼 경계에 구멍이 숭숭 뚫린 도시 지역에서는 누가 내부자이고 누가 외지인인지 분간하기가 어렵다. 그러한 환경에서 우리는 어디에 소속되어 있는 것일까? 우리 각자가 '집'이라고 부르는 곳은 어디이며, 우리가 처음 이곳에 도착하게 된 경위에서 공통으로 경험한 바는 무엇일까?

많은 사람이 디아스포라 **속에서** 살아가고 우리 모두가 디아스포라 **곁에서** 살아가는 지금의 현실은 '다른 그대로 살아가는 기술'의 문제를 마침내 의제로 올렸다. 이 문제이자 과업이 의제에 올랐다 함은, 다름과 불일치가 일시적인 염증을 넘어선 현상으로 이해되기 시작했다는 뜻, 그에 따라 과거와는 달리 새로운 기술과 기능의 개발 및 교육과 학습이 시급하게 요청되고 있다는 뜻이다. 정체성이 영토적으로 결정되던 제1원인이 새로운 삼중 양식으로 대체 또는 보완되고 있는 환경에서 '인권' 개념은 '다른 그대로 살아갈 권리'의 동의어로 진화했다. 그런데 이 새로운 종류의 인권 개념이 단속적으로 덜컥거리며 축적하는 침전물은 기껏해야 **관용**이다. 즉, **연대**의 바탕을 형성하는 단계에는 아직 전혀 이르지 못했다. 나아가 이 개념으로부터 도출할 수 있는 연대의 형식이 변덕스럽고 불안정하고 대체로 가상의 것인 '네트워크'뿐인지, 즉 연결과 차단, 호출과 무응답이라는 상호작용 안에서 활성화되고 늘 재편성되는

고독을 잃어버린 시간

연결망뿐인지, 아니면 다른 어떤 것이 가능한지도 우리가 알아보아야
할 문제이다.

　오늘날의 새로운 인권 개념은 위계를 해체하고 더 높은 곳을 향하는
('진보'하는) '문화 발전'의 초상을 갈가리 찢는다. 삶의 형식들은 (게오르크
지멜의 비유를 빌리면) 똑같은 '비중'을 가지고 떠다니다가 서로 만나고 맞부
딪치고 격돌하고 서로를 장악하고 합병하고 스스로 분열·분봉한다. 확
고하고 완고했던 위계질서와 진화 노선은 주장과 반박, 인정에 대한 간
청과 저항이 힘을 겨루는 전장으로 대체되고 있지만, 그러한 싸움은 빈
약하고 허술한 데다 재교섭까지 가능한 하나의 서열이 애초에 그 앞의
질서를 (잠시) 대체했던 방식 그대로 또 다른 서열에 의해 (잠시) 대체되는
결과를 거듭 낳을 뿐이다. 아르키메데스Archimedes는 자신에게 아주 튼
튼한 지렛대만 있으면 지구를 거꾸로 뒤집을 수 있다고 (아마 그처럼 지극
히 막연한 임무가 불러일으켰을 필사적인 기분에서) 주장했다는데, 우리는 그를
흉내 내어 우리에게 문화의 위계라는 것만 있다면 누가 누구에게 동화
되어야 하고, 누구의 불일치 또는 특이성이 결딴나야 하며, 누구의 것이
꼭대기에 올라서야 하는지 판단할 수 있다고 주장할 수 있겠다. 그러나
지금 우리에겐 그런 것이 없고, 곧 주어지지도 않을 것이다.

38
로나의 침묵에서 듣다

다르덴Dardennes 형제의 영화 〈로나의 침묵Le silence de Lorna〉 중 초반의 장면. 아르타 도브로시Arta Dobroshi가 훌륭하게 연기한 주인공 로나가 우편함을 열고 이내 실망한다. 오래도록 기다리는 편지는 오늘도 오지 않았다. 나는 숨을 죽인 채 이야기의 전개를 지켜보면서 퍼뜩 이 영화 자체가 한 통의 편지임을 깨달았다. 이 영화는 유동하는 현대 세계에서 쓰인 편지이다. 그것도 나 자신이 너무도 쓰고 싶었으나 두 감독 겸 각본가가 지닌 영화적 비전과 스토리텔링 재능이 없어 결코 쓰지 못했던 편지. 그런 바람은 언제까지나 충족되지 않을 것이니, 내가 할 수 있는 유일한 일은 어째서 이 작품이 지금까지 유동하는 현대 세계에서 쓰인 가장 멋진 편지 중 하나인지, 혹은 최소한 내가 직접 읽었거나 상상할 수 있었던 범

고독을 잃어버린 시간

위 안에서 가장 훌륭한 편지 중 하나인지를 설명하는 것이리라.

영화는 편지를 찾는 장면으로 시작하지 않는다. 유동하는 현대라는 무대에 상연되는 대다수의 이야기(희극이나 비극 모두)가 그렇듯 이 드라마 역시 얼마간의 돈이 오가는 것으로 시작한다(끝날 때도 마찬가지다). 영화의 첫 장면에서, 임시 거주권을 가진 이민자로서 벨기에 시민권을 신청 중인 로나가 은행 계좌에 돈을 넣는다. 마지막 장면에서 로나는 계좌를 비운 뒤 해지하고, 벨기에 신분증과 휴대전화(그의 연결망, 그가 전화를 걸 수 있는 사람들과의 네트워크, 즉 광란하는 조류 속에서 의지할 유일한 계선줄)를 빼앗기고, 물리적 죽음과 사회적 죽음 중 한쪽을 선택해야 하는 상황에 처한다. 화면에 크레디트 타이틀이 뜨기 직전, 친구들에게 버림받고 박해자에게서도 벗어난 로나는 어디인지 알 수 없는 곳의 숲속 깊이 들어가 어느 버려진 판잣집에서, 정체성이나 소속을 드러내는 모든 증표를 벗은 채, 탁자 위에 누워 잠을 청한다.

로나는 약쟁이 클로디와 결혼했다. 그는 로나가 벨기에 시민권을 획득하도록 돕는 대가로 마약 살 돈을 벌게 되는데, 이어 우리는 여권 밀매 조직의 우두머리인 파비오로부터 이 가짜 결혼의 목적을 듣는다. 그들은 클로디의 약물중독을 이용할 셈이었다. 약쟁이는 일찍 죽기 마련이고, 그게 아니면 (본인의 실수로든, 다른 누가 악의를 품고 은밀히 손을 써서든) 약물 과용으로 갑자기 죽어도 그리 이상하지 않은 부류이기 때문이다. 그렇게만 되면 이제 엄연한 벨기에 시민이 된 젊은 과부는 시민권을 얻고 싶어 하는 또 다른 사람에게 도움을 주고 그 대가로 유로화를 받을 수 있다……. 로나와 그의 연인 소콜(그 역시 이민자이나 더욱 '유동적'인 지위에 머물러 있다)은 그렇게 모은 돈에다 은행에서도 큰돈을 빌려 가게를 열고 자신의 몸과 정체성이 아니라 샌드위치를 팔 계획이다.

소비하려면 먼저 자기 자신을 소비 시장에 상품으로 내놓아야만 하는 이 소비자 사회에서 그 사업 계획은 완벽해 보였을 것이다. 두 사람을 비롯해서 법적 정체성 등 그들의 서비스를 구매할 사람 모두가 어떻게든 들어가고자 하는 그 사회의 논리와 정신에 완벽하게 부합하는 계획 아닌가. 그러나 일은 곧 틀어지기 시작한다. 시장가격이 매겨지지 않았다는 단순한 이유로 무심코 넘겼던 요인들이 계획을 산산이 부순다. 로나가 맺은 '결혼'이라는 계약에는 공감, 연민, 배려하고자 하는 충동, 사람을 괴롭히는 일이나 누군가 괴로워하는 모습에서 느끼는 반감 등의 항목이 들어 있지 않았다.

그런 요인은 계약에서는 무시할 수 있을지언정 인간의 공존과 상호작용 과정에서 끝까지 배제할 순 없다. 이 사실은 하루가 갈수록 점점 더 분명해진다. 건강하고 근면하고 정직한 로나 앞에서 클로디는 타락한 생활로부터—필요하다면 혼자만의 힘으로—빠져나오기로, 파괴적인 습관을 끊기로 결심한다. 클로디가 도움을 청하는 안타까운 모습, 그리고 스스로를 타락시키는 불행과 힘겹게 싸우며 금단증상에 괴로워하는 더더욱 안타까운 모습은 크고 작은 영향을 미치며 두 사람의 사업 계획을 방해하고 결국엔 수포로 만든다. 로나는 인간적이다. 로나는 배려한다. 로나는 돕고자 하는 충동을 느낀다. 그런데 그것은 무엇에 의한 충동인

고독을 잃어버린 시간

가? 계약상의 의무로 인한 것은 당연히 아니다. 그렇다면 인간성 때문일까? 아니면 고뇌와 비탄에 사로잡힌 다른 인간의 얼굴 때문일까?

오래 기다리던 이혼 판결문이 마침내 도착하고, 클로디는 로나를 잃을 상황에 처한다. 그는 자기가 아는 유일한 절망 치료제를 찾기 위해 다시금 마약 밀매자와 접촉한다. 그러나 로나는 판매상을 쫓아낸 뒤 현관문을 잠그고 열쇠를 창밖으로 던져 그 병적인 유혹이 다시 돌아오지 못하게 한다. 그러고는 옷을 벗고, 클로디에게 자신의 몸을 약으로 제공한다. 다행히 이 약이 잘 듣는 것 같다…….

그러나 동시에 이혼 절차도 잘 진행되고 있다. 그다음 장면에서 우리는 클로디가 약물 과용으로 죽었다는 사실을 알게 된다. 자살일까? 실수일까? 살인일까? 알 수 없다. 로나도 그 이유를 확실히 알지 못한다. 아마 로나라는 **사람**은 그대로 끝낼 수 있었을지 모르지만, 그의 양심만은 진실을 배반할 수 없었다. 로나는 클로디를 상품으로 대했다. 그래서 그의 양심이 이렇게 속삭인다. 너는 그를 이익이 될 상품으로, 투기 자본으로, 더 높은 가격 범주에 진입하게 해줄 사다리의 한 발판으로 보고 돈을 지불했다고. 클로디가 그 때문에 겪게 된 고통을 이제 와서 보상할 순 없으며, 네가 끼친 피해를 회개하고 복구하기엔 때가 너무 늦었다고.

정말로 때는 너무 늦었는가? 깨끗한 양심을 되찾고자 기꺼이 대가를 치르고자 하는 사람에겐 늦지 않았다. 그 비용은, 정말로 치르겠다고 할 사람이 거의 없을 정도로 크다. 그런데도 로나는 대가를 치르기로 한다.

시장에서 나오자. 그는 클로디의 아이를 임신했다고 선언하고 파비오와 소콜이 막무가내로 요구함에도 중절을 거부한다. 아이를 가진 로나는 이민 시장에서 가치를 잃고 '남편' 될 사람은 환불을 요구한다. 꿈꾸던 샌드위치 가게에 걸어둔 계약금마저 잃는다. 파비오는 로나를 채무자로 보고 빠르고 신중하게 처리하기로 한다. 깊이 실망하고 꿈을 강탈당한 소콜은 이 모든 일에서 손을 떼고 좀 더 푸르른(혹은 아직 불타지 않은) 초지로 떠난다. 이제 로나는 게임을 하지 않는다. 그는 다른 이들의 게임에 걸린 현상금조차 아니고, 사냥 기념물이 될 수도 없다. 그야말로 아무 데도 쓸모가 없다. 수많은 쓸모없는 인간 중 하나일 뿐이다.

로나는 그 모든 것으로부터 도망쳐서 자기처럼 버려지고 자기처럼 쓸모없는 어느 판잣집에 도달한다. 주변은 대체 어디인지 알 수 없을 만큼 황량하고 특색 없는, 어떻게 보면 저세상 낙원 같기도 한 곳이다. 모든 소지품(지난 삶의 흔적과 퇴적물)은 전부 버리고 왔다. 이제 로나는 남은 삶을 다른 한 사람을 보살피고 보호하는 데 쏟을 작정이다. 자기 배 속에 있다고 생각하는 클로디의 아이. 의사들은 아니라고 했지만 로나는 확신한다. 의사들은 몸의 병은 잘 알아내고 치료해도 정신의 병에 대해서는 훨씬 미숙하니까……

나는 다르덴 형제의 이 영화가 우리 앞의 갈림길, 그리고 거기서 우리가 내린 선택에 치러야 할 대가를 가리키는 강력한 극적 은유라고 생각한다. 여러분의 감상도 나와 같을지 궁금하다. 과연 여러분도 나와 같은 이유에서 이 영화를 그렇게 느끼게 될지……

　　　　　　　　　　　　고독을 잃어버린 시간

39

이방인은 정말 위험한가?

각 도시에는 저마다의 역사가 있으나, 모든 도시는 하나의 변치 않는 특징을 공유한다. 도시는 이방인들이 와서 서로의 근거리에 머물고 움직이는 장소이다. 눈에 보이고 발이 닿는 곳 어디에나 이방인이 존재한다는 사실은 모든 도시 거주자의 삶에 영원한 불확실성을 대량으로 주입한다. 그들의 존재는 결코 잠들지 않는 불안의 원천이며, 평소에는 잠복해 있지만 언제든 거듭 터져 나올 수 있는 공격성의 마르지 않는 원천이기에.

한편 이방인은 우리가 모르는 것과 불확실한 것, 예측 불가능한 것에 대해 느끼는 뿌리 깊은 두려움을 편리하게 —마음대로— 배출하게 해주는 통로이기도 하다. 집과 거리에서 낯선 사람을 쫓아낼 때, 우리는 불확실성이 배태하는 불안이라는 섬뜩한 유령을 그 순간만이라도 퇴치할 수 있다. 우리를 겁에 질리게 하는 동시에 짜증이 날 정도로 파악되지 않는 그 성가신 괴물을 인형의 형태로나마 태워버리는 것이다. 그러나 이 구마 의식 후에도 우리의 삶은 멀쩡해지지 않으며, 전보다 나아지는 일은 물론 없다. 유동하는 현대의 삶은 언제나처럼 불안한 기색을 띤 채 어제와 똑같이 불확실하고 변덕스러울 뿐이다. 그 어떤 안도감도 오래가지 않으며, 그 어떤 과감한 조치로도 불확실성의 매개체로 추정되는 저들을 박멸하진 못할 것이다…….

하지만 이러한 생각으로도 이방인의 운명은 크게 달라지지 않는다. 본디 이방인이란 우리가 짐작이나 할 뿐 끝내 확실히는 알 수 없는 의도를 가지고 움직이는 행위자다. 우리가 어떤 일을 선택하고 그것을 추진할 방법에 관해 숙고할 때 세우는 그 모든 방정식에서 이방인은 미지의 변수다. 이방인은 결국 '이상한' 사람이다. 평범한(흔하고 친숙한) 사람들과는 완전히 다른 의도를 가지고 완전히 다르게 반응할 수 있는 괴상한 존재. 고로 그들은 딱히 공격적으로나 노골적으로 비난을 살 만한 행동을 하지 않아도 불쾌감을 준다. 그들이 존재한다는 사실만으로 우리가 취할 행동의 효과 및 성공 가능성을 예상하는 일이, 그러잖아도 버거운 일이 더더욱 어려워지기 때문이다. 그러나 낯선(대개 반갑지 않은 불청객인) 사람들과 가까이에 살면서 공간을 공유하는 것은 도시 거주자가 피하기 어려운, 어쩌면 불가능한 조건일 것이다.

도시 주민과 이방인과의 가까운 거리가 교섭 불가능한 운명이라면,

고독을 잃어버린 시간

둘의 유쾌한 공존과 지속 가능한 삶을 위해 타협안을 설계하고 시험하고 검증하는 것이 우리의 **의무**다. 하지만 이 필요를 어떤 방법으로 충족할지는 **선택**의 문제다. 그래서 우리는 매일 선택을 내린다. 위임을 통해서든 태만을 통해서든, 고의로든 무심하게든, 의식적으로 결정해서든 아니면 그저 맹목적이고 기계적으로 관습을 따라서든, 폭넓은 논의와 숙고를 통해서든 아니면 그저 현재 유행하기에 믿게 된 양식을 따라서든 말이다. 낯선 존재, 낯선 사람과 공존할 더 좋은 방식을 찾는 노력을 아예 그만두는 것도 선택 가능한 길 중 하나다. 이 선택지의 가장 대표적인 예가 '혼종 혐오증Mixophobia'이다.

혼종 혐오증은 다양성과 차이의 바다 한가운데에 유사성과 동일성의 섬을 만들고자 하는 충동으로 모습을 드러낸다. 혼종 혐오증의 원인들은 진부하다. 그래서 이해하기 쉽지만, 그렇다고 너그럽게 봐주기 쉬운 건 아니다. 리처드 세넷Richard Sennett에 따르면 "'우리'라는 감정, 즉 서로가 비슷하기를 바라는 욕망의 표출은 인간이 서로를 더 깊이 들여다보아야 하는 상황을 회피하는 방법이다." 이와 같이 이 감정은 정신의 편의를 약속한다. 서로 이해하고 교섭하고 타협하는 데 드는 모든 노력이 불필요해지고 결국 공존하기가 더 수월해지는 것 같기 때문이다. "인간이 공동체라는 응집된 이미지를 형성하는 과정에는 실질적인 참여를 회피하고자 하는 욕망이 내재되어 있다. 공동의 경험이 없는데도 공동의 유대라는 감정이 발생하는 일차적인 이유는 인간이 참여를 두려워하고 그로 인한 위험과 도전을 두려워하며 그로 인한 고통을 두려워하기 때문이다."[30] 요컨대 '유사성의 공동체'를 형성하려는 충동은 단순히 외부의 다름으로부터 몸을 사리는 태도만이 아니라, 활기차지만 혼란스 럽고 헌신적이지만 틀림없이 번거로울 내부의 상호작용에 몸을 던지지 않으려는 태도를 암시한다.

혼종 혐오증을 따라 도피하는 선택지에는 그 나름의 방심할 수 없는 유독한 결과가 있다. 더 오래 영속화되고 강화될수록 이 전략의 효과가 줄어든다는 점이다. 사람이 오해의 위험을 피하기 위해서나 (그보다 훨씬 더 성가시고 불쾌한) 서로 확연히 다른 의미계를 오가야 하는 필요를 없애 기 위해 '나와 비슷한' 타인들 속에서 기계적이고 사무적인 방식으로 '사 회화'하는 시간이 길어질수록, 교섭을 통해 의미를 공유하고 서로가 만 족하는 공존 방식을 찾는 기술을 상실할 가능성이 커진다. 다른 그대로 살아가는 데 필요한 기술을 잊어버렸거나 아니면 애초에 획득하지 않 은 사람은 이방인과 얼굴을 마주할 가능성 자체에 점점 더 불안해한다. 이방인이 갈수록 더 섬뜩해질 때 그들은 점점 더 이질적이고 낯설고 불 가해한 존재가 되며, 원래라면 상호 소통을 통해 그들의 '다름'을 나의 생활 세계에 수용하고 동화시킬 수 있었겠지만 이제는 소통 자체가 줄 어들거나 아예 시작되지 못한다.

영토적으로 고립된 균질한 환경을 구축하려는 충동이 혼종 혐오증에 서 비롯되는 현상이라면, 실제로 영토를 분리하는 행위는 혼종 혐오증 의 생명을 유지하는 구명대이자 영양분이다.

미국에서 시작되었지만 유럽으로도 새어 들어 이제는 유럽 전역을

고독을 잃어버린 시간

뒤덮고 있는 현상이 있다. 도시 주민 중 잘사는 계층이 무슨 일이든 일어날 수 있고 거의 아무것도 예상할 수 없는 붐비는 도시를 떠나 '빗장 동네(공동체)'로 들어가는 현상이다. 담장으로 에워싸인 이 공동체는 엄격한 기준을 통과해야만 진입할 수 있고, 무장 경비와 CCTV와 침입 경보기가 촘촘히 배치되어 있다. 빈틈없이 경비되는 '빗장 동네'로 옮겨 간 운 좋은 소수는 '보안 서비스'에, 즉 모든 혼종을 몰아내고 차단하는 데 큰돈을 쓴다. 실상 빗장을 건 '공동체'는 텅 빈 공간에 개인의 비밀스러운 고치들이 줄줄이 매달려 있는 군집이나 마찬가지다.

'빗장 동네'의 거리는 거의 늘 비어 있다. 그래서 '여기 사람'이 아닌 누군가, 즉 **이방인**이 보도에 등장하면 곧장 '평소와 다른' 사건으로 감지할 수 있다. 무슨 이상이나 피해가 발생하기도 전에 말이다. 우리 집 창문이나 현관 앞을 지나가는 저 사람이 누구인지 몰라도 일단 이방인이라면 그가 어떤 의도를 품었는지, 이 다음엔 어떤 행동을 할지 알 수 없다는 섬뜩한 기분에 사로잡힌다. 저자가 좀도둑이나 스토커일지 어떻게 알겠는가? 모든 이방인은 나쁜 의도를 가진 불청객일지 모르니. 그리고 지금은 휴대전화(및 마이스페이스, 페이스북, 트위터)의 시대 아닌가. 우리는 친구를 직접 만나는 대신 메시지를 주고받을 수 있고 우리가 아는 (거의) 모든 사람이 늘 '온라인' 상태에 있(을 수 있)기에, 상대를 갑자기 방문하기 전에 미리 알릴 수 있다. 같은 이유로 갑자기, 예고 없이 문을 두드리거나 전화를 거는 것은 평소와 다른 사건이고 어쩌면 위험을 알리는 신호인 셈이다. '빗장 동네' 내부의 거리가 비어 있는 이유는 이방인 또는 이방인처럼 행동하는 사람의 진입 시도를 아주 어렵게 만들려는 데 있다.

빈 거리의 부작용 혹은 부수 작용은 '빗장 **공동체**'라는 용어가 어떤 의미에서 봐도 틀린 이름이 된다는 것이다. 2003년 글래스고 대학이 발표한 연구 결과에 따르면, "빗장을 걸고 담장을 두른 지역에는 '공동체'와 접촉하려는 욕망이 보이지 않는다. (···) 빗장을 건 '공동체'는 공동체 의식이 비교적 낮다." 당사자들(거주민 및 부동산 중개인)이 그곳을 선택하게 된 근거가 무엇인지는 몰라도, 그들이 그 큰돈을 주고 집을 빌리거나 사는 이유는 '공동체'에 들어가기 위해서나 그런 걸 만들기 위해서가 아니다. 다들 알다시피 공동체는 주제넘고 고압적인 '훼방꾼 집단'이며, 두 팔을 벌리며 우리를 환영하다가도 결국 그 강철 겸자 같은 팔로 사람을 내리누를 뿐이니까. 그들은 말로는(때로는 생각으로도) 아니라고 해도, 오직 자신이 선택한 사람을 오직 자신이 선택한 시간에 만나고 그 외의 모든 공존으로부터 **자유로워지기** 위해 엄청난 돈을 지불한 것이다. 결국 그들이 그 돈으로 사는 것은 **혼자 있을** 특권이다. 저 빗장과 담장 안쪽에는 외톨이들이 산다. '공동체'에 관해서는 그때그때 자신이 내키는 만큼만 용인할 뿐, 그 순간이 지나면 조금도 더 참지 못할 사람들이······.

수많은 연구자가 한목소리로 말하듯 그들이 담장과 CCTV 안에 제 발로 들어가 갇히고자 하는 가장 큰 동기는, 본인이 그것을 명확히 의식하든 아니든, 분명한 말로 표현하든 그렇지 않든 간에, 늑대가 제 집 근처에 오지 못하게 하려는 욕망, 즉 이방인으로부터 멀리 떨어져 있으려는 욕망이다. 이방인은 위험하며, 모든 이방인은 위험의 매개체이자 전

고독을 잃어버린 시간

조이다. 실상은 그렇지 않더라도 그들은 그렇게 믿는다. 나아가 그들이 그 무엇보다 갈망하는 것은 위험이 없는 안전한 삶이다. 그러나 더 정확히 말하면, **불안으로 인한** 그 버겁고 끔찍하고 압도적인 **두려움**이 없는 안전한 삶이다. 그들은 벽이 그 두려움을 막아주리라 기대한다.

그러나 문제는 우리가 불안을 느끼는 이유가 유일하지 않다는 데 있다. 범죄가 늘고 있다든지, 여기저기에 강도나 성범죄자가 적당한 기회를 기다리며 숨어 있다든지 하는 소문은 (그것이 사실이든 공상이든) 여러 이유 중 하나일 뿐이다. 우리는 일자리를 잃을까봐, 고로 소득과 사회적 지위와 존엄성을 박탈당할까봐 불안해한다. 우리는 불필요한 존재가 되어 배제당하고 추방당할 위협, 그래서 영원토록 누릴 줄만 알았던 소중한 지위를 잃을 위협에 불안해한다. 우리가 소중히 여기는 동반자 관계에도 무조건적인 보장은 없으니, 이미 저 밑으로부터 느껴지는 진동은 지진을 예고하는지도 모른다. 아늑하고 친숙한 우리 동네가 재개발을 위해 갈아엎어질 위험도 있다. 이 모든 점을 생각할 때, 확실한 이유로나 부실한 이유로 느끼는 온갖 종류의 근심을 담장과 무장 경비와 카메라로 에워싼 공간에 스스로 갇힘으로써 진정시키고 해결할 수 있으리라 희망하는 것은 어리석기 짝이 없다.

그러나 '빗장 동네'를 선택하는 (표면상) 가장 중요한 이유, 즉 신체적 폭행이나 강간, 강도나 자동차 절도, 고압적인 걸인 등에 대한 우리의 두려움은 어떻게 되는가? 그런 종류의 두려움만큼은 해소되지 않을까? 아쉽지만, 그쪽 전선에도 이득이 상실보다 큰 경우는 거의 없다. 현대 도시 생활을 가장 예리하게 분석하는 학자 대부분이 경고하듯이, 담장 안에 몸을 사리는 방법이 폭행이나 강도를 당할 가능성을 줄여줄 수는 있을지언정(최근 캘리포니아에서 '빗장 공동체'에 대한 집착의 본진일 '안전감'이라는 감정을 연구한 학자들에 따르면, 빗장이 있는 장소와 없는 장소 간에 차이가 전혀 없긴 하지만) 불안에 대한 두려움 자체는 끈질기게 남는다. 《대지의 통제: 21세기 도시의 두려움과 행복Ground Control: Fear and Happiness in the Twenty-First Century City》[31]을 쓴 애나 민턴Anna Minton은 모니카라는 사람이 "전자적으로 통제되는 현관문이 고장 나서 문을 잠그지 못한 어느 날 밤, 평범한 거리에서 살던 20년간은 한 번도 느껴보지 못했던 공포에 사로잡힌 채 밤새 잠들지 못한" 사례를 언급한다. 담장 안쪽에서도 불안은 희미해지기는커녕 점점 **커진다**. 그러면 위험 및 위험에 대한 두려움을 멀리 쫓아주겠다고 약속하는 '새롭고 더 좋아진' 첨단 장비에 대한 의존도가 함께 커진다. 그리고 더 많은 장비에 에워싸일수록 그중 뭔가가 '잘못'될 두려움도 함께 커진다. 이방인이 매개하는 위험을 걱정하는 시간이 길어질수록 이방인과 함께 시간을 보내면서 그 걱정을 잠재울 기회는 줄어든다. "예상 밖의 존재에 대한 관용과 공감이 축소"될수록 도시 생활의 활기와 다양성, 열정을 마주하고 이해하고 즐기고 음미할 가능성은 축소된다. 두려움을 물리치겠다고 빗장을 친 공동체에 스스로 갇히는 것은 아이들이 완벽하게 안전한 상태에서 수영을 배우게 하겠다며 수영장의 물을 전부 **빼내는** 것과 다를 바가 없다.

고독을 잃어버린 시간

40
하늘만 바라보는 사람들

앞서 나는 다른 사람이 쓴 편지에 대해 편지를 쓴 적이 있는데, 그와 비슷한 시도를 한 번 더 해보려고 한다. 이번에도 이유는 같다. 지난번에 다룬 영화 〈로나의 침묵〉도 그랬지만, 이번에 여러분에게 한번 유심히 읽어보기를(그리고 즐기기를!) 추천하는 편지는 이 기이한 유동하는 현대 세계에 대해 나 자신이 쓰는 편지보다 훨씬 더 예리하고 통절한 보고서이며, 그 안에 담긴 이야기는 나로서는 감히 맞설 수 없을 정도의 풍부한 상상력과 문학적 솜씨와 미학적 아름다움을 담고 있다. 이탈로 칼비노가 알레고리 기법으로 쓴 단편 〈하늘만 바라보는 부족The Tribe with Its Eyes on the Sky〉이다.

칼비노가 묘사하는 이 '부족'은 코코넛을 채집하며 살아가는데, 제목이 암시하듯이 '하늘을 바라보는' 습관이 있다. 그들이 뭔가에 사로잡힌 양 열심히 바라보는 하늘은 너무도 환상적이고 실로 만족스러운 광경이다. 제트기, 비행접시, 로켓, 유도탄 등 "새로운 천체"가 가득하므로. 부족의 주술사들은 부족민에게 이 광경의 의미를 권위 있게 설명해야 할 의무를 느낀다. 그들은 지금 하늘에서 벌어지고 있는 일은 수백 년간 그들을 괴롭혀온 노예 생활과 가난이 마침내 끝나는 그날이 곧 다가오고 있음을 알리는 징후임이 확실하다고 말한다. 곧 "척박한 사바나가 기장과 옥수수를 생산하게 될" 것이고, 그러면 그들은 더 이상 살아남고 살아가느라 매일매일 코코넛을 따지 않아도 된다. 그러니―바로 이 대목이 중요한데―"지금 상황에서 벗어날 새로운 방법을 찾겠다고 머리를 쥐어짜봐야 별 소용 없다. 우리는 대예언을 믿어야 하고, 그 유일하고 정당한 해석자들을 따라야 하고, 더 알고자 묻지 말아야 한다."

한편 지상에도, 즉 이 부족이 짚과 진흙으로 헛간을 짓고 사는 그 계곡, 그들이 매일같이 코코넛을 찾으러 나갔다가 되돌아오는 땅에도 변화가 생긴다. 과거에는 상인들이 이따금 계곡을 찾아와서 코코넛을 사갔다. 그들은 가격을 속였지만, 영리한 부족민도 때때로 한 수 앞서 그들을 속여 보기 좋게 복수하곤 했다. 그러나 그들은 이제 오지 않는다. 대신에 계곡에는 '더 좋은 코코넛 회사'라는 새로운 회사의 전초기지가 들어선다. 이 회사의 대리인들은 수확한 코코넛을 도매로 모조리 사들인다. 돌아다니며 상품을 사는 구식 상인과 달리 이들은 에누리나 속임수의 기회를 허용하지 않는다. 가격이 이미 정해져 있고, 그 가격에 팔든가 말든가 한쪽을 택해야 한다. 물론 팔지 않기로 했다가는 다음번 코코넛을 수확해 올 때까지 생존할 가능성에 큰 문제가 생길 것이다. 그러나 어느 시점에 이르러 '더 좋은 코코넛 회사'의 대리인과 부족 주술사가 한목소리를 낸다. 그들 모두가 하늘의 미사일과 그것이 예고하는 소식에 대해 같은 이야기를 한다. 대리인들은 "우리의 운명 전체가 저 유성의 힘에 걸려 있다"고 주술사와 똑같은 주장을 편다.

이야기를 전하는 화자도 다른 부족 사람과 똑같은 운명과 습관을 가졌다. 부족의 모든 사람처럼 그도 밤이면 짚과 진흙으로 지은 헛간 입구에 앉아 하늘을 유심히 바라본다. 다른 부족민처럼 그도 주술사와 '더 좋은 코코넛 회사'의 대리인이 반복하는 말에 귀 기울이고 그것을 믿고 명심한다. 하지만 그는 혼자 생각하기도 한다(더 정확히 말하면, 그에게 허락을 구하지도 않은 생각들이 그의 마음속에 생겨난다. 그가 고백하듯이 "도저히 머릿속에서 쫓아낼 수 없는" 생각이 떠오르는 것이다). 그 생각은 이런 것이다. "유성의 의지에 모든 것을 맡기는 부족이라면, 앞으로 어떤 운명이 다가오든 영원히 코코넛을 싼값에 넘기겠지."

또 다른 단편 〈참수Beheading the Heads〉에서 칼비노는 (이번에는 유성 가득한 하늘이라는 알레고리를 생략하고 곧바로 정곡을 찌르면서) 텔레비전이 "많은 것을 바꾸었다"고 말한다(여기서는 '텔레비전' 그 자체가 강력한 은유로, 유동하는 현대를 살아가는 우리 삶의 여러 측면을 지시한다). 하지만 이것이 기술적으로 발전한, '새롭고 더 좋아진' 우리 시대의 주술사들(지금의 이름으로는 '홍보 전문가'들)이 비공식적인 자리에서 바로 자기가 교묘하고 은밀하게 바꾸어냈다고, 특히 텔레비전 덕분에 해낼 수 있었다고 자랑하는 일들과 꼭 일치하는 것은 아니다.

칼비노에 따르면, 정말로 텔레비전이 바꾼 것 중 하나는 우리가 지도자를 바라보는 방식이다(여기서 우리의 '지도자'라 함은, 예전에는 저 멀리에만 있어서 찬찬히 지켜보기는커녕 한번 쳐다보지도 못하고 이야기로만 전해 듣곤 하던 이들만을 가리키지 않는다. 이제 우리는 아이돌과 스타와 유명인 등 그 모든 사람을 매일 유심히 지켜보면서 즐거움과 재미, 새겨들을 만한 설명과 조언을 기대하고, 텔레비전도 그들 모두를 똑같은 방식으로 다룬다). 과거에 그들은 저 멀리, 연단 높은 곳 어딘가에 있거나 "전통적인 자부심을 드러내는 표정으로" 묘사된 초상 속에 있었다. 이제는 텔레비전 덕분에 "누구나 그들 얼굴의 아주 미세한 움직임까지 뜯어볼 수 있다. 스포트라이트 밑에서 실룩거리는 눈꺼풀이며, 단어와 단어 사이에 입술을 신경질적으로 축이는 모습까지." 우리와 이토록 가까워진 순간 우리의 지도자들은 우리 모두와 똑같은 아주 진부한 존재로 여겨지게 되었다. 또한 우리 모두와 똑같이 죽을 운명인 인간, 왔다가 다시 떠나갈 뿐인 존재가 되었다. 그들은 사라지기 위해 나타나는 존재, 힘을 잃기 위해 힘에 매달리는 존재다. 그들이 우리, 평범한 필멸자보다 단 하나 더 가진 듯한 것은 **사적인** 공간이 아니라 **공적인** 무대에서 맞는 죽음, "우리 모두가 틀림없이 지켜보는 가운데 죽는" 운명이다…….

칼비노는 우리가 바로 이 사실을 새롭게 자각했기에 정치인에게 관심을 가지는 것이라고 조롱하기에 이른다(물론 조롱이 전부는 아니다). 공적인 죽음이 예정된 "정치가는 살아 있는 동안 우리의 앞당겨진 관심을 누리게 된다." 그리고 마침내, 쓰인 그대로 옮기지 않을 수 없을 만큼 통절한 문장이 시작된다.

우리의 민주주의는 저 예정된 날, 텔레비전 카메라들이 우리의 지배계급이 내뱉는 죽음의 단말마를 마지막 한 사람 것까지 다 담아내리라고 약속된 뒤에야 시작될 수 있다. 그리고 바로 그 프로그램의 에필로그에서(아마 그 시점에 텔레비전을 끌 사람이 많겠지만) 비슷한 기간 동안 우리를 통치할(그리고 목숨을 유지할) 새로운 얼굴들이 임관한다.

그 모든 장면을 수백 만 시청자가 "거듭거듭 하늘에 원을 그리는 저 별들의 움직임을 관찰하는 사람처럼, 낯설어 보일수록 오히려 더 위안이 되는 광경을 보듯이, 고요히 몰두한 채 지켜보"는 것이다.

'하늘의 유성'을 바라보는 관습은 한 부족만의 것이 아닐 테고, 꼭 어디 먼 공간이나 시대에 사는 부족만의 것도 아닐 것이다. 또한 사람들의 눈이 별들에 고정되어 있는 이유는 부족마다 크게 다르지 않다. 별만 바라보는 관습의 결과도 크게 다르지 않다. 다른 것은 그 활동/비활동에 쓰이는 장비뿐이다. 물론 부족의 이름과 그들이 보는 별의 이름, 그들이 눈을 떼지 못하는 그 모든 유성의 의미에 대해 주술사가 내놓는 이야기도 다르긴 할 것이다. 그러나 그 이야기의 메시지는, 그 화자의 의도와 목적은 다르지 않으리라.

41
경계를 긋는다는 것

프랑스의 위대한 인류학자 클로드 레비스트로스Claude Lévi-Strauss는 첫 저
서《친족의 기본 구조Les Structures elementaires de la parente》(1949)[32]에서 문화
의 기원이 되는 행위로 근친상간 금지를 꼽았다(더 정확히는 '근친상간' 개념,
즉 **행할 수는 있으나 행해서는 안 되는** 성교, 인간의 영역에서 실행 가능하며 실행하고 싶을
수도 있으나 실행이 금지된 종류의 성교라는 **개념**이 발명되었을 때 문화가 시작되었다고
보았다).

　'반드시' 지켜야 할 일과 '실제로' 하는 일이 나뉘는 동시에 너무도 자
주 맞부딪치는, 문화라는 인간만의 독특한 존재 양식은 경계가 없던 곳
에 경계를 긋는 데서 시작되었다. 그 경계는 특정한 종류의 여성을 성교
가능 대상에서 제외함으로써 ('자연적'으로나 생물학적으로는 모두 성교 상대로

　　　　　　　　　　　고독을 잃어버린 시간

적합한) 여성 전체를 '문화적'으로 성교가 금지된 여성과 성교가 허용된 여성으로 구분했다. 인간은 자연적인 유사성과 차이점에 인간이 상상한 인위적인 구분과 차별을 부과했다. 더 구체적으로 말해, 자연적 특성에다 인식, 평가, 행동 패턴 선택에 관한 특수한 규칙들을 결합함으로써 추가적인 의미를 주입했다.

문화는 기원 이래 긴 역사 내내 그러한 패턴을 따랐다. 즉, 문화는 어디서 발견되었거나 의도적으로 제작한 시니피앙signifiant을 이용하여 인식과 평가의 대상들, 또 그러한 대상에 대응하는 바람직하거나 당위적인 대응 방식들을 구분하고 구별하고 차별화하고 분류했다. 문화는 그 첫발을 뗀 순간부터 지금까지 늘, 원래라면 균일했을 것에 차이를 만들고 무작위적이었을 것을 '구조화'하고 변덕스러운 것을 '조직화'해왔다. 바꿔 말해 문화는 **인간이 가진 선택지들을 관리**하는 데 특화된 양식이다.

경계 긋기의 목적은 **차이를 만드는** 데 있다. 이 장소와 다른 모든 장소에 차이를 만들고(가령 집과 '밖'), 어떤 시간 범위와 다른 모든 시간에 차이를 만들고(가령 아동기와 성인기), 인간의 한 범주와 다른 모든 인간에 차이를 만드는(가장 중요한 예로 '우리'와 '그들') 것이다. 우리는 '차이를 낳는 다름', 즉 각각 다른 행동 패턴을 적용해야 하는 차이를 만듦으로써 확률을 조종할 수 있다. 어떤 경계의 이편 또는 저편에서는 특정 사건이 발생할 확률이 높아지는 반면 다른 사건이 발생할 확률은 낮아지거나 사라진다. 형태 없던 덩어리에 **구조**가 생긴다. 그러면 우리는 자신이 어디에 있고, 무엇을 예상해야 하고, 어떻게 행동해야 할지를 알게 된다. **경계**

는 확신을 제공한다. 경계가 있으면 언제, 어디로, 어떻게 움직여야 하는 지 알아낼 수 있다. **확신**을 가지고 행동할 수 있는 것이다.

그러한 역할을 담당하려면 경계는 반드시 **표시**되어야 한다. 사람들의 집에는 담이나 울타리가 있어 '안'과 '밖'을 구분하는 동시에 그 경계를 신호한다. 입구나 문에 붙은 명패는 내부인과 외부인, 거주자와 손님의 차이를 신호한다. 인간이 그 신호가 명시하거나 암시하는 지침에 복종 할 때 '질서 있는 세계'가 계속 만들어지고, 그 모습이 명확히 드러나고, '자연'의 일부로 자리 잡는다.

메리 더글러스Mary Douglas가 획기적인 연구서 《순수와 위험Purity and Danger》(1966)에서 인상적으로 설명했듯이, 질서란 사물들이 제자리에 있 는 상태를 뜻한다. 어떤 사물이 '제자리'(즉, 그 사물이 권리를 가지는 장소)에 있는지 아니면 '벗어났는지'를 결정하는 것이 바로 경계다. 욕실의 물건 이 부엌에 있어선 안 되고, 침실의 물건이 식당에 있어선 안 되고, 집 밖 의 물건의 집 안의 물건과 섞여선 안 된다. 달걀 프라이는 아침 식사 그 릇에 담겼을 땐 바람직하지만, 베개 위에선 전혀 그렇지 않다. 잘 닦은 신발은 바닥에선 바람직하지만, 식탁 위에선 전혀 그렇지 않다. 제자리 를 벗어난 사물은 **오물**이다. 오물과 똑같이 쓸어내거나 버리거나 파괴하 거나 다른 곳으로, 그것이 '속한' 자리로 옮겨야만 ─물론 속한 자리가 있어야 말이지만(그런 장소가 반드시 존재하는 것은 아님을 소속국이 없는 난민과 집 없는 유랑자가 증언해줄 것이다) ─한다. 공간에 어울리지 않는 사물을 제 거한 뒤의 상태를 우리는 '깨끗하다'고 표현한다. 접시를 선반이나 벽장

고독을 잃어버린 시간

에 넣고 바닥을 쓸고 식탁과 침대를 정리할 때 우리가 목표로 하는 것은 **질서의 보전 또는 복원**이다.

공간에 그어지는 경계는 **공간적 질서**를 만들어내고 유지한다. 특정 공간의 질서는 특정한 사람과 사물을 불러 모으는 한편 그 외의 사람은 막아낸다. 쇼핑몰, 음식점, 관공서, '빗장 공동체', 극장, 국가 등의 입구를 지키는 경비는 어떤 사람은 들여보내는 한편 어떤 사람은 돌려보낸다. 이를 위해서 티켓, 통행증, 여권 등 소유자의 입장할 권리를 증명하는 서류를 확인하는 경우도 있고, 안으로 들어가려는 사람의 외양을 훑어보면서 그들의 능력과 의도를 짐작하고 이들이 안에 들어가서 '진짜 내부인'과 다름없이 그 장소의 요구와 기대를 충족할 수 있을지를 가늠하기도 한다. 모든 공간적 질서는 '정당한가 그렇지 않은가(허락을 받았는가 아닌가)'의 여부로 인간을 '바람직한' 부류와 '바람직하지 않은' 부류로 나눈다.

요컨대 경계의 핵심 임무는 대상의 구별과 분리이다. 그러나 이처럼 분명히 선포된 중요한 목적이 있음에도 경계는 순수하고 간단하기만 한 장벽이 아니다. 경계는, 그리고 경계를 긋는 사람은 그것이 **접면**이 되는 결과를 막지 못한다. 즉, 경계는 결국 그것이 나누는 장소들을 붙이고 연결하고 대면시키는 역할을 한다. 고로 서로 반대 방향으로부터 오는 상충하는 압력을 받게 된다. 경계는 긴장의 장소가 되고, 나아가 논쟁과 대립, 영원히 이어지는 갈등, 타오르는 교전의 소재가 될 수 있다.

입구나 문과 같은 균열이 없는 벽은 (거의) 없다. 벽은 원칙적으로 통과 가능한 장애물이다. 그러나 통상적으로 벽의 이쪽과 저쪽을 지키는 경비는 정반대의 목적을 가지고 행동하면서 각자가 '삼투', 즉 경계의 투과성과 관통성이 한쪽으로 쏠리는 양상을 끌어내려 한다. 이 비대칭이 (거의) 완벽하게 나타나는 곳은 소속이 모두 같은 무장 경비들이 양방향의 통행을 통제하는 장소인 감옥이나 수용소, 게토 또는 '게토화된 지역'(현재의 가장 극적인 예로는 가자 지구와 웨스트뱅크)이다. 그런데 도시 안의 악명 높은 '위험 구역'(이른바 암흑가나 우범지대) 또한 비슷하게 극단적인 패턴에 근접하는 경우가 많은바, 그러한 장소에 대해서는 외부인의 '우리는 들어가지 않겠다'는 태도와 내부인의 '우리는 나갈 수 없다'는 조건이 맞물리기 때문이다.

공적인 관심과 정부의 명시적인 개입으로부터 멀리 떨어져 어둑한 그늘 속에 반쯤 숨어 있는, 그곳 사람들만 알아볼 수 있는 이 **표시 없는** 경계는 현재 점점 늘어나고 있다. 이러한 장소는 우리의 도시 공존 양식에 점점 더해지고 있는 다문화적(디아스포라적) 성격의 부산물이다. 노르웨이의 저명한 인류학자 프레드리크 바르트Fredrik Barth에 따르면, 어떤 지역에 경계가 그어지고 강화된 뒤 사후적으로 제시되는 흔한 설명은, 그곳이 주변 지역과 격심한 차이를 보이고 그 차이가 위험 가능성을 내포하기 때문이라는 것이다. 그러나 실제 순서는 정반대인 경우가 많다. 원래라면 눈에 띄지 않았거나, 작고 무의미했거나, 무해하고 사소했거나, 아니면 순전히 상상에서 비롯한 소문에 그쳤을 지역 특징이 '격심한' 수준으로 올라서고 의미를 가지게 되는 이유는, 이미 그어져 있는 경계가 존재 근거와 감정적 강화를 요구하기 때문이다.

고독을 잃어버린 시간

그러나 이것이 전부는 아니다. '그곳 사람들'만 알아볼 수 있는, 감각이 아니라 정신에만 보이는 비물질적인 경계, 즉 해자나 벙커, 감시탑, 콘크리트 벽이나 철조망이 아니라, 재화나 식사나 잠자리를 공유하지 않음으로써 형성되는 경계는 이중의 기능을 수행한다. 모르는 것에 대한 두려움과 안전을 향한 욕망이 촉구하는 분리 기능 외에, '접면'으로서의 역할 또는 운명이 있는 것이다. 경계가 있는 한, 만남과 대화가 발생하고 결국 인지적 지평과 일상의 관습이 하나로 융화할 수 있다.

가능성은 바로 여기, 얼굴과 얼굴을 마주 보는 '미시 사회적' 차원에 있다. 서로 다른 전통과 믿음, 문화적 발상과 생활양식―정부가 '거시 사회적' 수준에서 감독·관리하는 경계는 이러한 것들을 애써 분리하려 하지만 늘 성공하는 것은 아니다―이 아주 가까운 거리에서 전면적으로 조우하고 일상을 공유하고 마침내 대화를 시작할 기회가 거기에 있다. 그 대화는 평화롭고 우애 넘치는 대화일 수도 있고 적대적이고 난폭한 대화일 수도 있으나, 어느 경우든 서로 친숙해지고 덜 소원해지는 결과를 낳을 것이며 그러다보면 상호 이해와 존중, 연대로 이어질 수도 있다.

우리의 유동하는 현대 세계에는 서로 다른(게다가 계속 달라야겠다고 고집하는) 삶의 형식들 간의 공존을 가능케 할 건강하고 호혜적인 수단이 필요하며, 그것을 구현할 조건이 구축되어야 한다. 지금까지 이 복잡한 과업은―다른 많은 세계적인 문제와 함께―주로 도시의 특정 지역에 쓰레기처럼 방치되어왔다. 도시는, 동의했든 아니든, 자발적으로든 비자발적으로든, 인간이 이 세계화된 행성에서 공존할 방법과 수단을 발견하거나 발명하고 그것을 실험하고 현실적으로 검증하여 마침내 획득할 수 있는 실험실이다. 공동체와 공동체를(더 정확히는 디아스포라와 디아스포라를) 분리하는 동시에 연결하는 (물질적이거나 정신적인, 구체적이거나 상징적인) 접경은 여러 원천에서 형성되는 공통의 불안과 절망이 쏟아져 들어오는 전장이 될 때도 있지만 동시에 공존 기술이 만들어지는 창의적인 작업장이기도 하며, 이편이 극적 효과는 덜해도 더 오래 유지되고 더 중요한 결과를 낳는다. 인류 미래의 모습은 바로 그 땅에 (알게든 모르게든) 씨를 퍼뜨리고 싹을 틔운다.

역사에 예정되어 있는 것은 아무것도 없다. 역사란 인간이 내리는 다양하고 분산되고 이질적인 선택이 시간에 남기는 흔적이고, 인간의 선택은 조화와는 거리가 멀기 때문이다. 서로 연관된 경계의 두 가지 기능 가운데 결국 어느 쪽이 우세해질지를 예측하기엔 아직 때가 이르다. 그러나 한 가지만은 꽤 분명하게 말할 수 있다. 우리(와 우리의 아이들)는 지금 우리가 한 집단으로서 스스로를 위해(그리고 아이들을 위해) 깨끗하게 정리하고 있는 침대 위에 누울 것이다. 이 침대를 정리하는 방법은 경계를 긋고 그 접경지에서 삶의 규준들을 교섭하는 것이다. 우리는 그 사실을 알 수도 있고 모를 수도 있다. 의도할 수도 있고 아닐 수도 있다. 적극적으로 나설 수도 있고 그러지 않을 수도 있다. 그러나 우리가 원하든 원하지 않든, 미래는 그렇게 되어 있다.

고독을 잃어버린 시간

42

선인은 어떻게 악인이 되는가?

이 편지의 제목은 필립 짐바르도Philip Zimbardo가 쓴 《루시퍼 이펙트The Lucifer Effect》[33]의 부제에서 따온 것이다. 읽다보면 간담이 서늘해지고 신경이 곤두서는 이 연구서는 사람들과 잘 어울려 살던 착하고 평범한 미국 젊은이들이 괴물로 변하는 과정을 이야기한다. 그들은 이라크라는 먼 나라에 파병되어 열등한 인종으로, 또는 아예 인간 이하로 여겨지는 악랄한 포로들을 담당한 병사들이다.

끔찍한 짓을 저지르는 자들이 정말 괴물이고 괴물만이 끔찍한 짓을 저지른다면 이 세상은 얼마나 안전하고 쾌적하고 안락하고 따뜻할까. 괴물에 대해서라면 우리는 꽤 튼튼하게 방비하고 있으니까. 괴물만이 저지를 수 있고 저지를 법한 악행은 우리를 어쩌지 못한다고 자신 있게 말할 수 있으니까. 우리의 심리학자들이 사이코패스와 소시오패스를 가려내주고, 우리의 사회학자들은 그들이 주로 어디에서 발생하고 번식하고 회동하는지 알려주며, 우리의 판사들은 그들을 감금하고 격리하라고 선고해주고, 경찰과 정신과 의사가 그들을 그곳에 잘 가둬놓으니까.

슬프게도 그들, 사람 좋고 평범한 이 미국 청년들은 괴물이 아니었다. 그들에게 아부그라이브 교도소를 지배할 임무가 주어지지 않았더라면 우리는 그들이 무슨 짓을 할 수 있는 사람인지 결코 (지레짐작이든, 추측이든, 상상이든, 공상이든 그 무엇으로도) 알 수 없었을 것이다. 우리 중 그 누구도 슈퍼마켓 카운터의 저 상냥한 직원이 해외에 파병된 뒤 점점 더 영리하고 기발하고 사악하고 심술궂은 방법을 고안하여 수용자를 괴롭히고 폭행하고 고문하고 그들의 인간성을 말살하리라고는 예상하지 못했을 것이다. 그들의 고향 주민들은 지금까지도 자신이 어린 시절부터 보아온 동네 아이와 아부그라이브 고문실을 찍은 스냅사진 속 괴물이 동일인이라고 믿지 않는다. 그러나 그들이 그들이다.

고문을 자행한 패거리의 주도자이자 안내자로 알려진 칩 프레더릭 Chip Frederick을 장기간 심리학적으로 철저히 연구한 짐바르도는 다음과 같은 결론에 이를 수밖에 없었다.

프레더릭의 이력을 아무리 들여다보아도 그가 어떤 종류이든 사디즘적 학대 행위에 관여할 만한 사람임을 예상하게 하는 대목은 전혀 발견되지 않았다. 오히려 그의 이력에는 그가 어쩔 수 없이 그

고독을 잃어버린 시간

러한 비정상적인 상황에서 근무하고 생활하지만 않았다면 미군의 신병 모집 광고 포스터에 등장할 법한 모범적인 군인이 되었으리라 짐작하게 하는 대목이 많다.[34]

그뿐 아니라 칩 프레더릭은 우리가 상상할 수 있는 모든 심리검사를 높은 점수로 통과할 만한 사람이었고, 법질서를 수호하는 공무 등 책임이 막중하고 윤리적 민감성이 높은 직무에 인원을 선발할 때 흔히 수행되는 품행 기록 조사 같은 것도 당연히 통과할 사람이었다…….

칩 프레더릭, 그리고 그의 가장 악명 높은 측근인 린디 잉글랜드Lynndie England의 경우, 혹자는 그들이 명령에 따라 행동했으며 스스로도 끔찍하게 생각하는 잔학 행위에 어쩔 수 없이 가담했던 것이라는 주장을 (사실에 반해서까지) 굽히지 않을지도 모르겠다. 그들은 약탈하는 늑대가 아니라 굴종하는 양이었을 뿐이라고 말이다. 그렇다면 그들에게 적용할 유일한 죄목은 비겁함, 또는 상급자에 대한 과잉 충성이다. 혹시 그 이상이라고 해봐야, '평범한' 삶을 살아가며 잘 따르던 도덕적 원칙을 그곳에 와서 너무 쉽게 포기한 죄 정도이다. 하지만 관료제 사다리의 꼭대기에 있는 자들에 대해선 뭐라고 할 것인가? 명령을 내리고 복종을 강제하고 복종하지 않는 자를 처벌하던 그들은 무엇인가? 그들만큼은 정말 괴물이었을까?

아부그라이브 잔학 행위에 관한 조사는 끝내 미국 군사령부의 꼭대기에 닿지 못했다. 군 고위급이 재판에 회부되어 전쟁범죄와 관련한 심리를 받으려면 일단 그들이 해당 전쟁의 수용소에 있었어야 하는데, 그들은 그곳에 없었기 때문이다. 이와 달리 "유대인 문제"를 "최종 해결"할 수단과 절차를 주재하고 집행자들에게 명령을 내린 아돌프 아이히만Adolf Eichmann은 수용소 현장에 있었고, 이후 전승자에게 체포되어 그들의 법정에 세워졌다. 이 사건은 '괴물 가설'을 극히 면밀하게, 그야말로 철두철미하게, 그것도 심리학계와 정신의학계의 가장 뛰어난 학자들이 주체가 되어 검토할 좋은 기회였다. 그러나 그렇게 철저하고 믿을 만했던 조사의 최종 결론은 애매하기 짝이 없었다. 여기, 한나 아렌트Hannah Arendt가 전하는 결론을 보자.

정신과 의사 대여섯 명이 그가 '정상'임을 보증했다. 개중 한 사람은 "그를 조사한 뒤의 나보다 그가 오히려 더 정상적이다"라고 표현했고, 또 한 사람은 그의 심리 상태 전반을 비롯하여 아내와 자식, 부모, 형제자매, 친구에 대한 태도가 "정상적일 뿐만 아니라 아주 바람직하다고 해야 할 수준"이라고 평가했다.

(…)

아이히만에 관한 문제는 다름 아니라, 그와 비슷한 행위를 한 그 많은 사람이 모두 정신이상자도 아니고 사디스트도 아니었다는 사실, 그들은 그때나 지금이나 지극히, 무서울 정도로 평범한 사람이라는 사실에 있다. 우리의 법 제도와 우리의 도덕적 판단 기준에서 바라보았을 때, 그 모든 잔학 행위를 합친 것보다 훨씬 더 무서운

고독을 잃어버린 시간

것이 바로 그 평범성이었다.[35]

실로 그것이 더 무서울 수밖에 없었을 것이다. 괴물이 아니라 평범한 사람("당신이나 나와 똑같은 사람"이라고 덧붙여도 될까?)이 잔학 행위를 저지르고 도착적이고 가학적인 행동까지 할 수 있는 것이 사실이라면, 그동안 우리가 인류 전체에서 비인간성의 보균자를 걸러내기 위해 발명한 모든 체는 불량품이든가 아니면 완전히 잘못 설계된 것이며 어쨌든 소기의 역할을 하지 못한다는 뜻이 된다. 그렇다는 것은 한마디로, 우리가 무방비 상태라는 뜻이다("또한 우리 자신의 병적인 능력을 막을 수 없다는 뜻이다"라고 덧붙여도 될까?). 우리 조상들도 그렇고, 그들의 생각과 행동을 이어받아 인간의 풍습과 인간 공존의 양식을 '교화'하기 위해 자신의 창의력을 최대한 발휘하고 노력을 다하는 이들은 결국 헛다리를 짚고 있는 셈이다…….

가학성과 야만성의 격발은 누구에게나 일어날 수 있다. 아이히만이 '평범한 사람'이었다면, 그 누구도 **선험적으로** 의심의 대상에서 벗어날 수 없다. 하품이 나올 정도로 평범한 우리의 친구와 지인도, 그리고 우리 자신까지. 칩 프레더릭과 아돌프 아이히만의 동족은 백주에 우리와 함께 거리를 활보하고, 쇼핑몰 계산대에 줄을 서고, 영화관과 축구장의 특별석을 채우고, 열차와 버스를 타고 다닌다. 어쩌면 그들은 우리 옆집에 살 수도 있고, 우리 집의 식탁에서 밥을 먹을 수도 있다. 그들 모두가, 조건만 잘 갖추어진다면, 칩 프레더릭과 아돌프 아이히만이 한 일을 똑같이 할 수 있다. 그렇다면 나는?! 나는 어떨까? 그렇게 많은 사람이 '인간적인' 행위를 저지를 수 있다면, 나는 얼마든지 그 우연한 희생자가 될 수도 있다. 그들이 그렇게 만들 수 있다. 그러나 나 또한 얼마든지 '그들'이 될 수 있다. 나 역시 '평범한 인간'이기에 타인에게 그런 행위를 할 수 있는 것이다.

존 스타이너John M. Steiner는 개인의 폭력 성향을 설명하기 위해 '잠복자sleeper'라는 개념을 도입했다. 이 용어는 개인 안에 이미 존재하지만 눈에는 보이지 않다가 특정한 조건이 갖추어지면, 즉 지금까지는 그것을 억누르고 엄호하던 요인들이 갑자기 약화되거나 제거되고 나면 표면으로 떠오를 수 있는(어쩌면 떠오를 수밖에 없는?) 성향을 가정한다.[36]

어빈 스토브Ervin Staub는 여기에서 한발(매우 널찍하게) 더 나아가 스타이너의 명제에서 '특정한 조건'이라는 언급을 들어내고 대다수의 인간에게, 어쩌면 모든 인간에게 사악한 '잠복자'가 존재한다는 가설을 세운다. "악은 평범한 사람이 저지르는 정상적인 일이지 예외 상황이 아니다."[37] 정말 그러한 것일까? 이 짐작을 경험적으로 입증하거나 반박할 방법이 전혀 없기에 우리는 그 답을 알 수 없고 앞으로도 확실한 답은 결코 찾을 수 없을 것이다.

그렇다면 확실히 말할 수 있는 것은 무엇일까? 짐바르도 본인이 스탠퍼드 대학에서 수행한 실험, 즉 무작위로 선정한 사람에게 각각 '간수' 역과 '죄수' 역을 맡겼던 이른바 '교도소 실험'에서 그는 "사디스트형'이 아닌 사람에게서도 어렵지 않게 사디즘적 행동을 끌어낼 수 있었다"고

고독을 잃어버린 시간

결론지었다.[38] 스탠리 밀그램Stanley Milgram의 하버드 대학 실험도 있다. 역시나 무작위로 선정한 사람들에게 고통스러운 전기 충격(사실은 아니었지만)을 점점 높은 강도로 가하라고 요구한 실험이다. 밀그램의 결론인즉, 권위자가 어떤 성격의 명령을 내리든 상관없이 "권위에의 복종은 인간의 몸에 깊이 배어 있는 행동 경향"이며, 이는 피험자가 명령받은 행동에 대해 저항감과 불쾌감을 느끼는 경우에도 마찬가지다.[39] 여기에다 사회화 과정의 거의 보편적인 퇴적물인 충성, 의무감, 규율 같은 속성을 더하면 "인간은 아주 쉽게 살인을 저지르는 방향으로 유도될 수 있다."

다시 말해, 악인이 아닌 사람을 자극하여 악행을 저지르게 만드는 것은 쉬운 일이다. 크리스토퍼 브라우닝Christopher R. Browning은 독일 101 예비 경찰대 소속원들의 얽히고설킨, 그러나 하나같이 끔찍한 여정을 조사했다. 최전선에서 근무하기에 적합하지 않다는 이유로 경찰대에 징병된 이들은 폴란드 지역 유대인을 대량 학살하는 임무에 배치되었다.[40] 그러자 그때까지 살인은커녕 폭력 행위 한 번 저지른 적 없고 그럴 능력이 있다고 여겨지지도 않던 이들이 살인 명령을 그대로 따랐다. 여자와 남자, 아이와 노인, 무기 따윈 가지지도 않았고 어떠한 범죄 혐의도 없었기에 당연히 무고한 사람들, 경찰에게 해를 끼치려는 의도는 조금도 품지 않았던 사람들에게 총을 쏘았다. 그러나 (《아주 평범한 사람들Ordinary Men》이라는 인상적인 제목의 책에 썼듯이) 브라우닝이 알아낸 바에 따르면, 그들 가운데 약 10~20퍼센트는 명령 수행에서 제외되기를 요청했다. "유대인을 '사냥'하는 첫 총살형에 자원한 핵심 살인자들은 점점 열광을 더해갔다. 하지만 그보다 많은 수의 경찰은 총살과 게토 청소 임무에 배치되었을 때 명령을 수행하긴 했지만 살인할 기회를 적극적으로 찾지는 않았다(일부는 살인 행위를 기피했다). 그리고 나머지 소수(20퍼센트 미만)는 명령을 거부하고 회피했다." 이 발견에서 가장 놀라운 지점은, 열광자와 거부자와 '이도 저도 아닌' 중간의 통계 분포가 짐바르도와 밀그램의 실험에 참가한 이들이 권위자의 명령에 보인 반응의 분포와 매우 비슷하다는 것이었다. 세 사례 모두에서 일부는 매우 열성적으로 상황을 이용하여 자신의 사악한 충동을 발산하고자 했고, 그와 얼추 비슷한 수의 또 다른 일부는 어떤 상황에서든 악행을 저지르지 않으려 했다. 그리고 그 사이의 넓은 '중간 지대'를 채운 무관심하고 미온적인 사람들은 이 스펙트럼의 어느 한쪽에 특별히 관여하거나 열성적으로 가담하지 않았다. 그들은 특정한 입장을 취하지 않으면서 저항이 가장 덜한 노선을 따라 그때그때 가장 안전한 길, 별생각 없이 갈 수 있는 길을 선택했다.

다르게 표현하면, 세 사례 모두에서(또한 너무도 인상적이고 강력한 이 세 연구가 대표하는 비슷한 범주의 다른 무수한 사례에서도 아마) 악행 명령이 지켜질 확률의 분포는 바로 '가우스의 종', 즉 확률의 가장 일반적이고 '정상적인' 분포라고 하는 정규분포곡선을 그린다. 위키피디아에 따르면 가우스의 종이라는 개념은 결과가 "평균 주변에 모이는" 경향을 나타낸다. "이 확률밀도함수의 그래프는 평균에서 정점을 형성하는 종 모양"이며 "중심극한정리에 따라, 많은 수의 독립적인 요인에서 도출되는 변수일수록 정규분포에 가까운 그래프를 형성한다."

고독을 잃어버린 시간

나쁜 짓을 하라는 압력에 노출된 사람들이 취하는 다양한 행동 반응이 흔히 정규분포와 비슷한 확률밀도를 형성한다는 사실에서 우리는 이러한 사례 역시 **수많은** 종류의 **독립적인** 원인이 상호 간섭한 결과라는 가정을 세워볼 수 있다. 위에서 내려온 명령, 권위에 대한 본능적인 또는 몸에 밴 존중과 두려움, 의무감이나 주입된 규율을 바탕으로 한 충성심 등이 함께 작용했을지도 모른다고, 그 외에도 많은 원인이 있었을 것이라고 말이다.

유동하는 현대의 두 가지 특징은 관료적인 권위 체계가 느슨해지거나 사라져간다는 점, 그리고 "권위 있는 권고의 목소리가 다양한 장소에서 들려온다"는 점이다. 그런 목소리의 힘이 상대적으로 약해지고 줄어드는 상황에서는 다른 원인, 가령 (다음 편지에서 논할) 인격과 같이 보다 개인적이고 개성적이고 개별적인 요인들이 점점 더 중요한 역할을 담당하게 되리라고 예측해볼 만하다. 그렇게만 된다면 우리의 인간성은 분명 나아질 것이다.

43
운명과 인격

"실수를 두려워하지 않고, 모든 저항에 반드시 따라붙는 비논리성의 위험을 두려워하지 않고 행동할 수 있는 방법은 무엇인가요?"《라 레푸블리카》의 독자 마르티나 씨가 나에게 던진 질문이다. 이에 대한 나의 답변, 내가 그나마 책임지고 내놓을 수 있는 유일한 대답은 이것이다. "안타깝지만 그런 방법은 없습니다."

우리에겐 행동에 나서기 전에 실수를 피할 능력이 없고, 하루를 마칠 즈음 그날의 임무를 제대로 해내게 될지 미리 알아낼 능력이 없다. 이 법칙은 저항이라는 행동에만 적용되는 것이 아니다. 우리의 행동에 "성공 보장, 아니면 전액 환불"처럼 덮어놓고 믿을 수 있는 틀림없는 비결은 (거의) 존재하지 않으며, 특히 나 자신에게나 타인에게 중요한 행동일수록 그 결과는 대체로 더 불확실하다고(심지어 예측 불가능하다고) 할 수 있다. 방금 사 온 '새롭고 더 좋아진' 도구로 통조림을 여는 경우와는 다르다. 우리가 살면서 마주하는 선택에는 한 줄 한 줄 읽고 한 줄 한 줄 따라 할 지침 따위가 붙어 있지 않다. 살아간다는 것은 위험을 감수하는 일이다. 사랑에 관해 멋진 의견을 내놓은 로마 시인 루카누스Marcus Annaeus Lucanus의 말을 빌리자면, 살아간다는 것은 사랑하는 것과 마찬가지로 운명에 미래를 맡기는 일이다.

그런 삶은 불편하고 두렵고 어쩌면 섬뜩하지 않을까? 물론 그럴 수 있다. 아니, 그럴 수밖에 없다. 그러나 우리에게 주어진 삶이 이뿐이라는 게 문제다. 미셸 푸코의 말마따나, 우리는 우리 삶의 여정을 **창조**할 수밖에 없고, 그 과정에서 우리 자신을 **창조**할 수밖에 없다. **예술가가 작품**을 **창조**하는 것과 마찬가지다. 삶의 경로와 그 '전반의 목적', '궁극의 행선지'는 지금도 그렇고 앞으로도 영원히 '본인 스스로' 만들어나가야만 하며, 그 밖의 가능성은 존재하지 않는다. 오늘날에는 모든 사람이 삶의 예술가다. 각자 그러기를 선택해서가 아니라 **보편적인 운명이 그렇게 명령**해서다. 모두가 삶의 예술가라 함은, 행동하지 않는 것도 하나의 행동으로 보아야 한다는 뜻이다. 이 세계를 조용하게 받아들이는 행동, 그럼으로써 우리가 말로는 반대하는 부도덕한 문제가 산처럼 쌓여가는 세태에 협조하는 행동 역시 하나의 선택이다. 부정의가 만연한 삶의 방식을 고분고분 따르라는 이 세계의 압박에 항의하고 적극적으로 저항하는 것이 하나의 선택인 것과 마찬가지로. 그래서 삶은 하나의 예술 작품이다.

인간적인 삶이라면, 즉 의지와 선택의 자유를 부여받은 인간의 삶이라면 예술 작품이 아닐 수 없다.

　근현대의 가장 영향력 있는 사상가와 그 추종자들은 훌륭한 선택을 통해 삶을 영위한 인물의 본보기로 고대의 현자이자 지금도 살아 있는 정신, 지치지 않고 진실과 고귀함과 아름다움을 탐색했던 소크라테스Socrates를 꼽았다. 그의 삶은 의미 있고 존엄한 삶, 살아갈 가치가 있고 칭송해 마땅한 삶의 모델이었다고 말이다. 더욱이 그들이 한목소리로 소크라테스를 꼽은 이유는 거의 똑같았다. 이 고대의 현자, 현대적 사상의 시조는 충분히, 참으로 (무엇보다 자의식적으로!) '스스로를 만든' 사람이며 자기 창조와 자기 언명의 대가였음에도, 본인이 선택하고 집요하게 추구한 존재 방식을 삶을 훌륭하게 사는 **유일한** 길로, 보편타당한 모델로, 즉 다른 모든 사람이 모방해야 할 본보기로 내세운 적이 없었다는 점이다. 스스로 삶을 구성한 귀감으로 소크라테스를 추천한 근현대의 위대한 철학자들에게 '소크라테스를 흉내 낸다' 함은 소크라테스가 창조한 그 자신의 인격이나 다른 누구의 인격을 베끼는 행동이 아니었다. 그것은 **자신만의** 자아, 인격, 그리고/또는 정체성을 의식적으로 만들어내는 행위, 무엇보다 자유롭고 자율적으로 그렇게 하는 행위를 의미했다. 가장 중요한 것은 **자기**규정과 **자기** 언명, 삶은 하나의 작품**이며** 작품**이어야** 한다는 사실을 기꺼이 받아들이는 태도, 작품의 장점과 단점을 삶의 '아욱토르auctor(창조자)', 즉 작가author 겸 배우actor, 설계자 겸 설계의 집행자가 온전히 책임지는 자세였다. 다시 말해 '소크라테스 흉내'란

'소크라테스'라는 사람이나 다른 어떤 사람을 **흉내 내지 않는 것**, 타율과 모방과 복제와 복사 따위를 거부하는 행위다. 소크라테스가 모든 역경에 맞서서 스스로 선택하고 고통스럽게 구성하고 공들여 구축한 (끝에 가서는 그 모델을 포기하느니 독약을 마시고 죽기를 선택하기까지 했던) 삶의 모델이 소크라테스 같은 사람에게는 완벽하게 어울렸을지 몰라도 '소크라테스를 닮기'로 결정한 모든 사람에게 다 어울리지는 않을 것이다. 소크라테스가 마지막까지도 주저하지 않고 확고하게 지켰던 그만의 특정한 존재 방식을 맹종하듯 모방하는 것은 오히려 그의 유산에 대한 **배반**이며, 무엇보다도 개인의 **자율**과 각자의 **책임**을 핵심으로 하는 그의 메시지를 **거부**하는 행위다. 모방은 복사기에나 완벽하게 어울리는 방식이지 (소크라테스가 주장한) 인간의 삶이 마땅히 추구할 목표인 **독창적**이고 예술적인 창조로는 결코 이어지지 않는다.

모든 예술가는 재료의 저항과 씨름하며 그 위에 자신의 비전을 새겨 넣고자 한다. 모든 작품에는 그러한 싸움의 흔적이 담겨 있다. 그 투쟁에서의 승리와 패배, 피할 수 없는, 그렇다고 덜 부끄러워할 수도 없는 여러 번의 타협이 작품에 고스란히 나타난다. 이 법칙은 삶이라는 작품과 그 창조자에게 그대로 적용된다. 삶의 예술가가 삶을 조각하는 데쓰는 끌은 (알고든 모르고든, 그것을 쓰는 솜씨가 좋든 나쁘든) 바로 그들의 **인격**이다. 이에 관하여 토머스 하디Thomas Hardy는 "인격은 그 사람의 운명이다"라고 선언했다. **운명**, 그리고 그것의 유격대인 우연한 사건들은 삶의 예술가에게 주어지는 선택지의 범위를 결정한다. 그러나 그중 무엇을 선택할지를 결정하는 것은 그 사람의 **인격**이다.

《빛이 어둠을 가를 때When Light Pierced the Darkness》에서 사회학자 네차마 텍Nechama Tec은 홀로코스트의 목격자 가운데 저 자신의 목숨을 걸면서까지 희생 예정자의 생명을 구하려 한 이들에게 어떠한 요인이 작용했는지를 상세히 조사하고 그 결과를 밝혔다. 저자는 자진해서 남을 돕고 기꺼이 자신을 희생하는 태도에 관하여, 인간의 행동을 결정한다고 여겨지는 모든 요소, 가령 사회적 환경과 사회계층, 교육 수준, 재산, 종교적 신념과 정치적 노선 등과의 상관관계를 면밀히 계산했지만 그 어떤 관계도 발견되지 않았다. 도덕적 선택을 **결정**하는 '통계적으로 유의미한' 요소는 전혀 없는 것으로 나타난 것이다. 통계적으로 볼 때, 희생자를 도운 사람은 돕지 않은 다른 모든 사람과 다르지 않았다. 그러나 그들 행동의 도덕적 가치, 그리고 그 결과의 인간적인 의미는 더 일반적이었던 대다수의 반응과는 철저히, 근본적으로 달랐다.

그렇다면 그들은 왜 문을 잠그고 커튼을 내린 채 희생자들이 괴로워하는 모습을 외면하는 대신 자기가 희생당할 위험을 무릅쓰고 그들을 도왔을까? 이에 대한 유일한 답변은, 그들과 똑같은 사회계층에 속하고 똑같은 교육을 받고 똑같은 종교적·정치적 신념을 가진 다른 수많은 사람과 달리 그들은 **그렇게밖에 행동할 수 없었다**는 것이다. 정말 그러는 수밖에 없었다. 자기 몸이 안전하고 안녕한 것으로는 다른 사람이 괴로워하는 모습을 보는 데서 오는, 그리고 양심의 쓰라린 상처에서 오는 정신적인 피로를 보상할 수 없었다. 그들은, 저 자신의 안위를 먼저 생각하

고독을 잃어버린 시간

며 자신이 구할 수 있었을 이들을 적극적으로나 소극적으로 외면했다면 스스로를 결코 용서할 수 없었을 사람들이었다.

　운명과 사건은 행위자의 통제 범위 바깥에서 특정한 선택지에 더 높은 개연성을 부여한다. 그러나 인격은 모든 통계적 확률을 뛰어넘는다. 운명과 사건이 내세우는 전능한 힘, 혹은 사람들이 운명과 사건에 달려 있다고 믿는 그 힘을 인격은 허용하지 않는다. 상황의 완력 앞에서 체념하고 인정하는 것과 그것을 뛰어넘기로 결단하는 것, 그 사이에 인격이 있다. **확률**이나 **핑계**라는 시험을 당당하게 통과한 다음, 이번에는 앞의 것과 비교할 수 없이 까다로우며 타협과 변명의 여지는 훨씬 좁은 또 한 번의 시험에 다시금 자신의 선택지를 제출하는 것은 행위자의 인격이다. 이 시험의 이름은 **도덕적 정당성**이다. 마르틴 루터Martin Luther가 만성절 전날 밤인 1517년 10월 31일, "나는 달리 어쩔 수 없노라"라고 선언하며 감히 비텐베르크 성당의 문 앞에 95개 조 논제를 붙이도록 그를 다그친 것은 그의 인격이었다.

44

알베르 카뮈, 또는
"나는 반항한다, 고로 우리가 존재한다."

우리를 들볶고 들쑤시고 도발하고 격려하던 알베르 카뮈Albert Camus
의 그 통렬한 논평이 세상에 들리지 않게 된 지 반세기이다. 그사이에
도 《이방인L'Étranger》,《페스트La Peste》,《전락La Chute》,《최초의 인간Le Premier
Homme》의 저자에게 헌정하는 책과 논문과 에세이의 목록은 거침없이
불어나기만 해왔다. 연구자들이 가장 많이 참고하는 "단행본 및 학술지
전자도서관"인 '퀘스티아(questia.com)'에서 2009년 10월 1일 현재 카뮈
의 사상 및 그 사상사적 의의를 논하는 자료는 단행본 2,528권을 포함
하여 전체 3,171건이 검색되며, 사용자층이 그보다 훨씬 광범위한 '구글
북스Google Books'에서는 9,953건으로 집계된다. 그런데 그 많은 책과 논
문의 저자 대다수는 결국 하나의 질문과 씨름하고 있었다. 만약 카뮈가

고독을 잃어버린 시간

그의 때 이른 죽음 이후에 나타난 세계, 즉 우리가 살고 있는 이 세계를 보았더라면 어떤 입장을 취했을까? 과연 그는 어떤 논평과 호소와 충고를 내놓았을까? 그가 없어서 듣지 못하는 그것들을 우리는 몹시 그리워하고 있다.

하나의 질문에 수많은 대답, 그것도 **제각각 다른** 대답들……. 아무렴, 카뮈는 프란츠 카프카Franz Kafka에 대해 이렇게 평했다. "카프카의 예술성은 무엇보다도 독자로 하여금 작품을 다시 읽게 만드는 데 있다." 어떻게? 카프카의 해법 또는 해법 없음은 "분명하게 밝혀지지 않는" 해석들을 끌어내는바, 그 해석들을 명확히 밝히려면 독자는 어쩔 수 없이 "새로운 시각"에서 이야기를 다시 읽어야만 한다. 바꿔 말해, 카프카의 재주는 받아들일 수 없는 것을 받아들이고자 하는 충동을, 또 영원히 열려 있을 수밖에 없는 매혹적이고도 소모적인 쟁점들을 봉합하고자 하는 충동을 피하는 데 있다. 그는 그럼으로써 독자에게 끊임없이 질문을 던지고 동기를 부여하는 동시에 독자가 힘들여 다시 생각하도록 고무하고 응원하는 것이다. 카프카의 영감이 언제까지나 시들지 않는 것은 바로 이 독자성 덕분이다. 나는 그의 영감으로부터 계속 태어나는 주장과 논쟁이 마치 옛 연금술사들이 꿈꾸던, 불로장생의 묘약을 영원토록 얻을 수 있다는 '현자의 돌'과 같다고 말하고 싶다. 카뮈는 카프카를 설명하는 과정에서 불멸하는 모든 사상의 원형을 스케치했다. 다른 모든 위대한 사상가의, 그리고 카뮈 본인의 트레이트마크가 바로 그것이다.

카뮈의 유산이 지금까지 배태한 수천 가지의 재해석을 다 검토한 시늡은(또는 그러려고 착실하게 노력한 시늉도) 감히 하지 않겠다. 나는 지금도 계속되는 그 논쟁의 형국을 평가하기는커녕 간추릴 수도 없으며 그 향후 진행 방향을 예측할 능력은 더더욱 없다. 이 논평에서 나는 **나의** 카뮈에 대해 말할 수밖에 없다. 내가 카뮈를 읽는 법, 그리고 50여 년이 지나 다시 한 번 귀 기울이는, 이번에는 유동하는 현대 시장통의 시끌벅적한 소음 사이로 들려오는 그 목소리의 음향을 이야기할 수 있을 뿐이다. 한마디로, 나에게 그는 《시시포스의 신화Le Mythe de Sisyphe》와 《반항하는 인간 L'Homme révolté》을 쓴 사람이다. 두 책은 어린 나에게 이 세계의 기이함과 부조리함, 또 우리가 현재와 같은 거주 양식을 통해서 매일같이, 의식적으로든 무의식적으로든 끊임없이 이 세계에 더하고 있는 기이함과 부조리함을 받아들이는 법을 알려준 거의 유일한 책이었다. 다른 열성 독자들, 그가 후세에 남긴 메시지를 찾는 탐구자들이 나의 이해가 자기 것과 다르다고, 또는 이상하다고, 나아가 뒤틀려 있다고 주장해도 난 놀라지 않을 것이다. 인간 처지의 진실을 집요하게 탐사한 카뮈는 자신이 뒤쫓는 대상이 다양한 해석과 판단에 열려 있음을 놓치지 않으려 했다. 그는 이 사안에 대해 성급하게 독점권을 주장하는(인간의 본성과 가능성이라는 불가해한 미스터리에 대해서는 그 어떤 독점권 주장도 성급한 것일 수밖에 없으니) 모든 시도에 단호히 저항하는 동시에, 자신의 내러티브에 논리와 명료성을 부여하겠다는 목적으로 인간 역경의 묘사에서 (그 정의를 이루는, 축소 불가능한 속성일) 모호함과 모순됨을 말끔하게 쳐내고자 하는 모든 유혹을 막아냈다. 떠올려보면 카뮈가 정의한 지식인은 "스스로를 지켜보는 정신의 소유자"이다.

수년 전 한 인터뷰에서 "당신의 관심사를 한 문단으로 요약"해달라는 요청을 받았을 때, 나로서는 사회학자가 인간 경험이라는 얽히고설킨 행로를 탐사하고 기록하려고 애쓰는 이유를 카뮈에게 빌린 다음 문장보다 효과적이고 간결하게 설명할 방법을 찾을 수 없었다. "세상에는 아름다움이 있고 굴욕을 당하는 사람들이 있다. 이 일에서 어떤 어려움을 겪더라도 나는 언제까지고 그 둘 중 어느 한쪽에도 불성실해지지 않으려 한다." 세상에는 인간이 행복해지는 비결을 설파하는 과격하고 자신만만한 저자가 참으로 많은데, 그들 입장에서는 카뮈의 신앙고백이 바리케이드에 걸터앉으라는 무리한 권유일 뿐이라고 비난할 만하다. 그러나 합리적 의심을 넘어서는 나의 견해를 피력하자면 다음과 같다. 카뮈는 두 과제 중 하나를 (표면상) 더 잘 충족하려는 목적으로 한쪽을 '편'들고 다른 쪽을 희생한다면 결국엔 두 과제 **모두**를 내팽개치게 됨을 보여준 것이다. 그는 본인의 표현대로 "불행과 태양의 중간"에 서기를 선택했다. "불행은 태양 아래 모든 것이 행복하다 믿을 수 없게 했고, 태양은 역사만이 전부는 아님을 가르쳤다." 카뮈는 자신이 "인간 역사에 대해서는 비관적이고 인간에 대해서는 낙관적"이라고 고백하면서, 인간은 "자신의 현존재이기를 거부하는 유일한 피조물"임을 역설했다. 그에 따르면, 인간의 자유란 "더 나아질 기회"에 다름 아니며 "부자유한 세계를 상대하는 유일한 방법은 나라는 존재 자체가 반역 행위가 되도록 절대적으로 자유로워지는 것이다."

카뮈가 그리는 인간의 운명과 전망은 시시포스와 프로메테우스의 그것 사이 어딘가에 위치한 채,—부질없이, 그러나 끈질기고 집요하게—그 둘이 재회하고 합병되는 방향으로 나아가려 한다. 《반항하는 인간》의 주인공 프로메테우스는 "인간 조건의 부조리함"을 해결하는 방법으로 **타인**을 위한 삶, 타인의 불행에 저항하는 삶을 선택한다. **저 자신**의 불행에 짓눌리고 사로잡힌 시시포스는 자신의 인간적인, 너무나 인간적인 역경에 대처하고 벗어나는 유일한 방법을 자살에서 찾았다(이 선택은 고대의 대大플리니우스가 '자기애amour-de-soi'와 '자긍amour propre'의 결합을 실천할 모든 사람이 끌어다 쓰도록 명확하게 기록해둔 것 아닌가 싶은 오래된 지혜를 충실히 따른다. "우리가 이생의 불행에 둘러싸여 있을 때, 자살은 신이 인간에게 내린 최고의 선물이다"). 카뮈가 시시포스와 프로메테우스를 병치했을 때, 그 사이에서 발생하는 취사선택은 긍정에 이르기 위한 것이었다. "나는 반항한다"로부터 그가 끌어낼 결론은 "고로 우리가 존재한다"이므로. 인간은 논리와 조화, 질서와 명료성이라는 이상을 발명했으나, 그래봐야 인간의 처지와 인간이 내리는 선택은 실행을 통해 그런 이상을 하나하나 전부 거부하라고 우리를 다그치는 것만 같다. 바위와 비탈과 자멸적인 임무만을 곁에 둔 외로운 시시포스로는 '우리'가 불려 나오지 않는다.

그렇지만 어떠한 희망도 전망도 없는 듯한 시시포스의 곤경 속에도, 그가 제 존재의 더없는 부조리함을 마주하고 있는 그곳에도, 여지가 존재한다. 물론 고약할 정도로 작지만 어쨌든 프로메테우스가 들어서기엔 충분한 여지다. 시시포스의 운명이 비극인 것은, 그의 수고가 결국은 무

고독을 잃어버린 시간

의미함을 그 스스로 알고 의식하고 있기 때문이다. 그러나 카뮈가 설명하듯 "그에게 고통을 주었던 그 투시력이 똑같은 이유에서 그에게 승리를 안긴다. 경멸로써 극복되지 않는 운명은 없다."[41] 시시포스가 병적인 자의식을 떨치고 프로메테우스의 방문을 반긴다면, 일에 매인 노예라는 비극적인 인물에서 그 일을 즐기는 **행위자**로 변모할 가능성은 아직 존재한다. 카뮈는 말한다. "행복함과 부조리함은 한 땅에서 태어난 두 아들이다. 이 둘은 분리되지 않는다." 그런 뒤 덧붙인다. "주인 없는" 이 우주가 시시포스에게는 "무익하지도 않고 헛되지도 않다. 그가 굴리는 그 돌의 원자 하나하나가, 그가 오르는 어둠뿐인 산의 광물 조각 하나하나가 그 자체로 한 세계를 이룬다. 정상을 향하는 고된 노력은 그 자체로 한 인간의 심장을 가득 채운다. **우리는 시시포스가 행복하다고 상상해야 한다.**" 시시포스는 있는 그대로의 세계를 감내하며, 바로 그 인정 행위가 반항에 이르는 길을 닦는다. 나아가 인정 행위가 있기에 반항이 (필연적이진 않더라도, 최소한) 매우 가능성 높은 결과가 된다.

이 같은 인정과 반항의 결합, 아름다움과 불행한 사람들에 대한 관심 걱정의 결합이 카뮈의 기획을 양 전선에서 지켜준다. 하나는 자살의 충동으로 가득 찬 체념이요, 다른 하나는 인간이 반항하며 겪는 손실에 무심한 자기 확신이다. 카뮈는 자유를 향한 반란과 혁명과 싸움이 인간 존재의 필연적인 측면이라고 말하지만, 이 바람직한 노력이 끝내 횡포로 변질되지 않도록 그 한계를 정하고 지키라고도 말한다.

진정 카뮈가 50년 전에 죽은 사람이란 말인가?

|주|

1 *Guardian Weekend*, 4 and 11 Aug. 2007.

2 다음 글을 볼 것. 'The thoughtful', FO/*futureorientation*, Jan. 2008, p. 11.

3 At www.wxii12.com/health/16172076/detail.html.

4 다음 책을 볼 것. Michel Foucault, *The History of Sexuality*, vol. 1, trans. Robert Hurley (Penguin, 1978), pp. 42ff.

5 다음 글을 볼 것. 'Les victimes de violences sexuelles en parlent de plus en plus', *Le Monde*, 30 May 2008.

6 Frank Furedi, 'Thou shalt not hug', *New Statesman*, 26 June 2008.

7 Neal Lawson, *All Consuming* (Penguin, 2009).

8 Georg Simmel, 'Zur Psychologie der Mode: Soziologische Studie', in *Gesamtsausgabe*, vol. 5 (Suhrkamp, 1992).

9 Zygmunt Bauman, *The Art of Life* (Polity, 2008).

10 Andy McSmith, 'Cultural elite does not exist, academics claim', at www.independent.co.uk, 20 Dec. 2007.

11 다음 글을 볼 것. R. A. Petersen and A. Simkus, 'How musical tastes mark occupational status groups', in M. Lamont and M. Fournier (eds), *Cultivating Differences: Symbolic Boundaries and the Making of Inequality* (University of Chicago Press, 1992).

12 See his summary of, and illuminating reflection on, two decades of his own and related studies in 'Changing arts audiences: capitalizing on omnivorousness', presented at a workshop on 14 Oct. 2005. At culturalpolicy.uchicago.edu.

13 다음 글을 볼 것. Philip French, 'A hootenanny New Year to all', the *Observer* television supplement, 30 Dec. 2007-5 Jan. 2008, p. 6.

14 Richard Wilkinson and Kate Pickett, *The Spirit Level* (Allen Lane, 2009). [리처드 윌킨슨, 케이트 피킷 지음, 전재웅 옮김,《평등이 답이다》, 이후, 2011)

15 다음 글을 볼 것. Goran Therborn, 'The killing fields of inequality', *Soundings* (Summer 2009), pp. 20-32.

16 Richard Rorty, *Philosophy and Social Hope* (Penguin, 1999), pp. 203-4.

17 다음 책을 볼 것. Italo Calvino, *Invisible Cities* (Secker and Warburg, 1974).

18 Luc Boltanski and Eve Chiapello, *The New Spirit of Capitalism* (Verso, 2005).

19 Ulrich Beck, *Weltrisikogesellshaft* (Suhrkamp, 2007). Here quoted after Ciaran Cronin's translation, *World at Risk* (Polity, 2009), pp. 4-6.

20 John Gray, *Gray's Anatomy: Selected Writings* (Allen Lane, 2009), pp. 223, 236.

21 In *Quaderni del carcere*; here quoted after Antonio Gramsci, *Selections from the Prison Notebooks*, ed. and trans. Quintin Hoare and Geoffrey Nowell-Smith (Lawrence and Wishart, 1971), p. 276.

22 다음 글을 볼 것. Keith Tester, 'Pleasure, reality, the novel and pathology', *Journal of Anthropological Psychology*, no. 21 (2009), pp. 23-6.

23 Gray, *Gray's Anatomy*, p. 231.

24 Roberto Toscano and Ramin Jahanbegloo, *Beyond Violence: Principles for an Open Century* (Har-Anand, 2009), p. 78.

25 다음 글을 볼 것. Mark Furlong, 'Crying to be heard', *Overland*, no. 194 (22

Mar. 2009).

26 Serge Latouche, *Farewell to Growth* (Polity, 2009).

27 In Furlong, 'Crying to be heard'.

28 Naomi Klein, 'Obama's big silence', *Guardian Weekend*, 12 Sept. 2009.

29 Jonathan Rutherford, *After Identity* (Lawrence and Wishart, 2007), pp. 59-60.

30 Richard Sennett, *The Uses of Disorder: Personal Identity and City Life* (Faber, 1996), pp. 39, 42. [리처드 세넷 지음, 유강은 옮김, 《무질서의 효용》, 다시봄, 2014]

31 Anna Minton, Ground Control (Penguin, 2009).

32 영역본: Claude Levi-Strauss, *The Elementary Structures of Kinship* (Beacon Press, 1969).

33 Philip Zimbardo, *The Lucifer Effect* (Rider, 2007).

34 Ibid., p. 344.

35 Hannah Arendt, *Eichmann in Jerusalem* (Penguin, 1994), pp. 25-6, 276. [한나 아렌트 지음, 김선욱 옮김, 《예루살렘의 아이히만》, 한길사, 2006]

36 다음 책을 볼 것. John M. Steiner, 'The SS yesterday and today: a sociopsycho-logical view', in: Joel E. Dimsdale (ed.), *Survivors, Victims, Perpetrators* (Hemisphere, 1982).

37 Ervin Staub, *The Roots of Evil* (Cambridge University Press, 1989), p. 126.

38 Craig Haney, Curtis Banks and Philip Zimbardo, 'Interpersonal dynamics in a simulated prison', *International Journal of Criminology and Penology*, 1 (1983), pp. 69-97.

39 Stanley Milgram, *Obedience to Authority: An Experimental View* (repr. Harper, 2009). [스탠리 밀그램 지음, 정태연 옮김, 《권위에 대한 복종》, 에코리브르, 2009]

40 Christopher R. Browning, *Ordinary Men* (Penguin, 2001). [크리스토퍼 R. 브라우닝 지음, 이진모 옮김, 《아주 평범한 사람들》, 책과함께, 2010]

41 다음 책을 볼 것. Albert Camus, *The Myth of Sisyphus* (Penguin, 2005).